LE CORBUSIER

アレグザンダー・ツォニス 著

ル・コルビュジエ
機械とメタファーの詩学

繁昌 朗　訳

鹿島出版会

今は亡き彼らを偲ぶ
ル・コルビュジエと共に仕事をした
シャドラック・ウッズとエディス・オージャム、
アーカイヴを出版したガーランド・パブリッシング社の
ギャヴィン・ボーデン社長、そして
建築家アレクサンドロス・ツォニス

LE CORBUSIER
The Poetics of Machine and Metaphor
by Alexander Tzonis
This work was originally published under the title
Le Corbusier : The Poetics of Machine and Metaphor
by Universe Publishing, a division of Rizzoli International Publications, New York in 2001.
Copyright © 2001 by Universe Publishing.
All rights reserved including the right of
reproduction in whole or in part in any form.
Published 2007 in Japan by Kajima Institute Publishing Co., Ltd.
Japanese translation rights arranged with
UNIVERSE PUBLISHING through The Sakai Agency.

目次

  序 「すべては建築である」 7

第01章 「観察すること、それは発見し発明することだ」 11

第02章 「新時代の道具を鍛造する」 37

第03章 「宮殿」「シー・スクレーパー」「ヴェルギリウスの夢」 83

第04章 「過ちと新時代の幕開けのはざまで」 127

第05章 「小屋」「ボトル棚」「客船」 139

第06章 「風景の音響学」「光の大砲」 165

第07章 「石のドラマ」 191

第08章 「デカルトの構造体」 217

  エピローグ 「すべては海に還る」 235

  参考文献 238

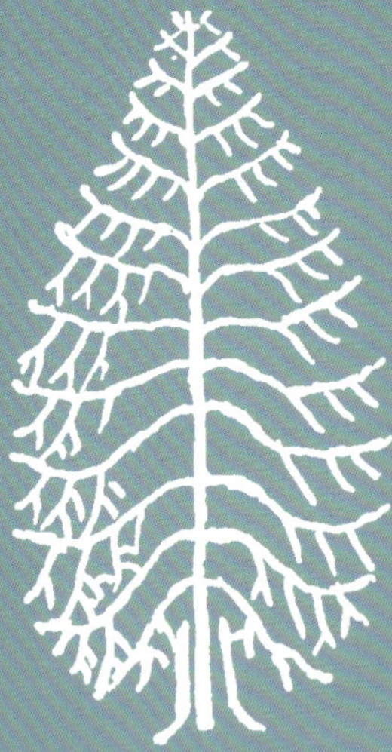

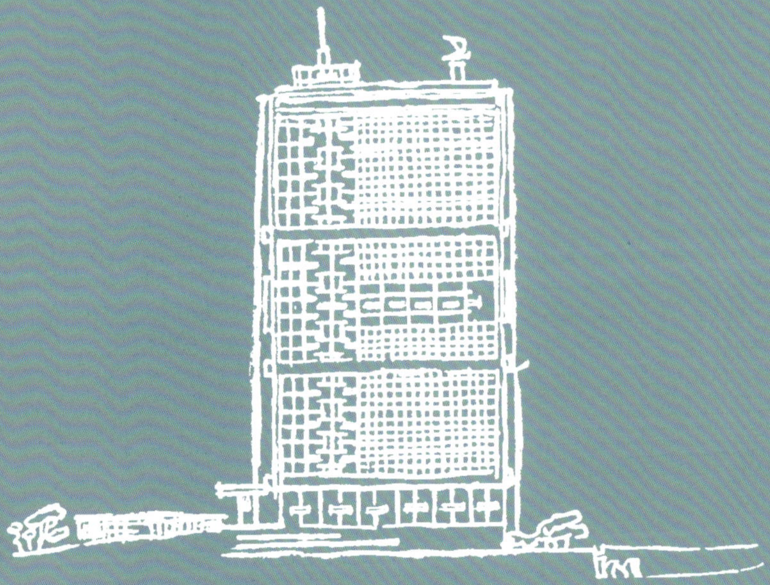

「すべては建築である」

　ル・コルビュジエは建物の分類やデザイン上の規則といった既成の枠組みをそのまま受け入れることを拒否し、当時の人々がもつ建築に対する通念や願望を「すべては建築である」と宣言することによって新たに描き換えてしまった。つまり、この世に存在するあらゆるものが創作行為の契機となり得るのであり、建築という行為は限られた枠内ではなく、すべての創作物を対象にしなければならないと。本書は大変革のまっただ中にあった当時の工業技術、社会経済、政治との関連に視点をおき、ル・コルビュジエの作品について包括的に論ずる。そしてこうした時代背景のもと、天賦の認識力と空間的思考力、蓄積された膨大な記憶からどのようにしてル・コルビュジエが「機械とメタファー」の詩学を発展させていったかを探求する。建築を見る、使う、作るといった営みの有り方を根本から変える詩だ。しかし一方で、新しい空間を生み出す土壌となったこの歴史的条件、社会状況、類い希な認識力は、彼が新たな可能性を拒む要因ともなった。誤解と偏見を生み、予期せぬ、意図と反した失敗を招いた。したがって私たちは、「近代的人間像」を構築したル・コルビュジエから、創造性が及ぼす力とその限界について知るとともに、20世紀という時代の失敗と成功が何であったかを学ぶことができる。

ル・コルビュジエに関する本や論文は、一大産業というに相応しい。膨大な量とそれに必ずしも比例しない質は、ル・コルビュジエの作品に近づくことをますます困難にしている。しかし、それでも読者に推薦したいと思うのは、ジャン・プチ、ポール・ターナー、アレン・ブルックス、エドゥアルドとパトリシア・セクラー、ウィリアム・カーティス、マーク・トライブ、ダニエル・ポーリー、ジャン＝ルイス・コーエン、ブライアン・テイラー、ジル・ラゴ、マティルド・ディオンの著書である。それぞれの書名については巻末におさめた参考文献一覧を参照されたい。もちろん、ル・コルビュジエについて知ろうとする人間が誰しもそうであるように、私も『全作品集 *Œuvre Complète*』の編者であり著者であるル・コルビュジエ自身に感謝している。最後に、私が編集長を務めた *Garland Architectural Archive* シリーズの中の一つ、アレン・ブルックスの編集による *The Le Corbusier Archive* が大いに役に立ったことにも触れておきたい。

　この本のきっかけは、第二次世界大戦直後、祖父がル・コルビュジエ『全作品集』第1巻をもらってきた時まで遡る。このとき祖父と生まれて初めて建築について話し合った。テッサロニキ生まれの祖父は実用を重んじる建築家であり、ちょうど現役を引退したばかりだった。その本に描かれている現実、あるいは架空のプロジェクトについて、彼はあまり肯定的ではなかった。しかし、当時10歳の私は、その本によって「開眼した」のである。私はル・コルビュジエに直接会ったことはないが、幸いにして彼と親しくしていたパートナーや友人たちと親交があった。特にルシアン・エルヴェとシャドラック・ウッズの助言と協力なしにこの本は実現しなかっただろう。彼らはル・コルビュジエにつ

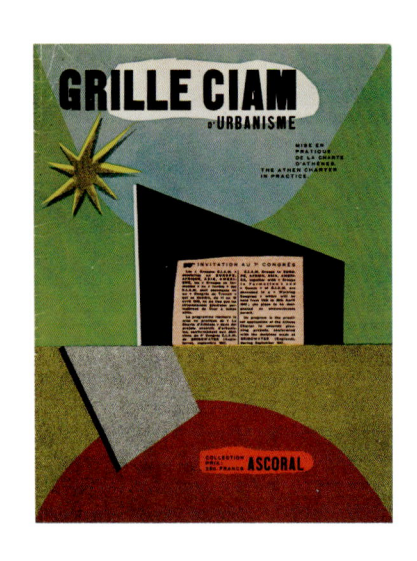

Grille CIAM d'Urbanisme の表紙

いての数々の持論を私に語ってくれた。またジュディス・エルヴェ、ジャージー・ソルタン、ジャン＝ルイ・ヴェレット、エディスとロジャー・オージャム、そして、亡くなる直前、まる一日を割いて『全作品集』の出版までの経緯について話してくれたW.ホジガーにとても感謝している。
　本書の内容の一部はコレージュ・ド・フランスで2001年5月に行った一連の講義にて取り上げたものである。貴重な機会を与えてくれたジャック・グロウィンスキー教授に謝意を表する。出版の最終段階では、そこで出会った人々の協力を得ることができた。友人であるジャック・フェリアとジャン・フランソワ・ドレヴォンの助言によって気づかされたことも多く、大いに感謝している。過去30年間に執筆したもの全てがそうだが、本書が実現したのはリアーヌ・ルフェーヴルの協力のおかげである。F. H. シュローダー教授、メルセデス・ラッスス、ミーチャとタルマ・レヴィン、そしてデルフト工科大学 Design Knowledge Systems Research Center ではアサフ・フリードマン、カリーナ・ザーザー、アルキスティス・ロディにお世話になった。そして秘書のヤネケ・アルケンスタイン、学生のマイケル・ウッドフォードとイヴォンヌ・モッダーマンは、この仕事に膨大な労力と時間を費やしてくれた。ル・コルビュジエ財団のエヴリン・トレヒン女史、本書のデザイナーであるヨセフ・チョーとステファニー・リュウ、忍耐力と断固たる信念でもって幾多の困難を克服してくれたユニヴァース社のテレンス・マイケルスにも感謝の意を表したい。

「観察すること、それは発見し発明することだ」　　　　　　　　第01章

I

　シャルル゠エドゥアール・ジャンヌレは、1887年10月6日、スイス、ヌーシャテル州ラ・ショー゠ド゠フォンに生まれた。海抜1千メートル、大都市から遠く離れ、ヌーシャテル湖とショーモン山に程近い小さな町である。母のマリー゠シャルロット゠アメリー・ジャンヌレ゠ペレはピアノ教師、父のジョルジュ゠エドゥアール・ジャンヌレは時計製作、装飾細工の職人であった。ジャンヌレの地味な生い立ちと1965年にパリでおこなわれたル・コルビュジエ——彼は後にこう名乗ることになる——の壮麗な葬儀との間には、一見、大きな隔たりがあるように思える。葬儀には世界中の名士が参列し、インドからはガンジス川の水が、ギリシャからはアクロポリスの土が供えられた。感極まりながら弔辞を述べたアンドレ・マルロー大臣は、日本とブラジルでも同時に追悼式が催されていることを会衆に知らせた。建築や都市デザインの方向を転換し、建築を「見る」ということにパラーディオ以来の革命をもたらした人物にささげるに相応しい、壮大なオマージュである。

　ル・コルビュジエは、同時代の人々を批判するときに「もの見ない目」という表現をたびたび用いる。「見る」ことは網膜上の現象ではなく、認識的なものだと強調する。それは物事の特性や用途を見きわめ、理解することであり、学習によって可能となる行為であると。彼が示そうとしたのは、眺めるために人工物を作るのではなく、いかにして人工物を「見る」かということである。事実、ル・コルビュジエの建築や絵画、彫刻、出版物はどれも消費、もしくは体験するのみでなく、学ぶべき内容を含んでいる。ル・コルビュジエは建築、都市計画、家具、アートによって、そして我々のもつ通念や願望を新たに描きなおすことによって世界を変えた。また歴史に作品を残す一方で、叙事詩的な

彫刻「Totem」とル・コルビュジエ、パリ、1961年、写真：ルシアン・エルヴェ

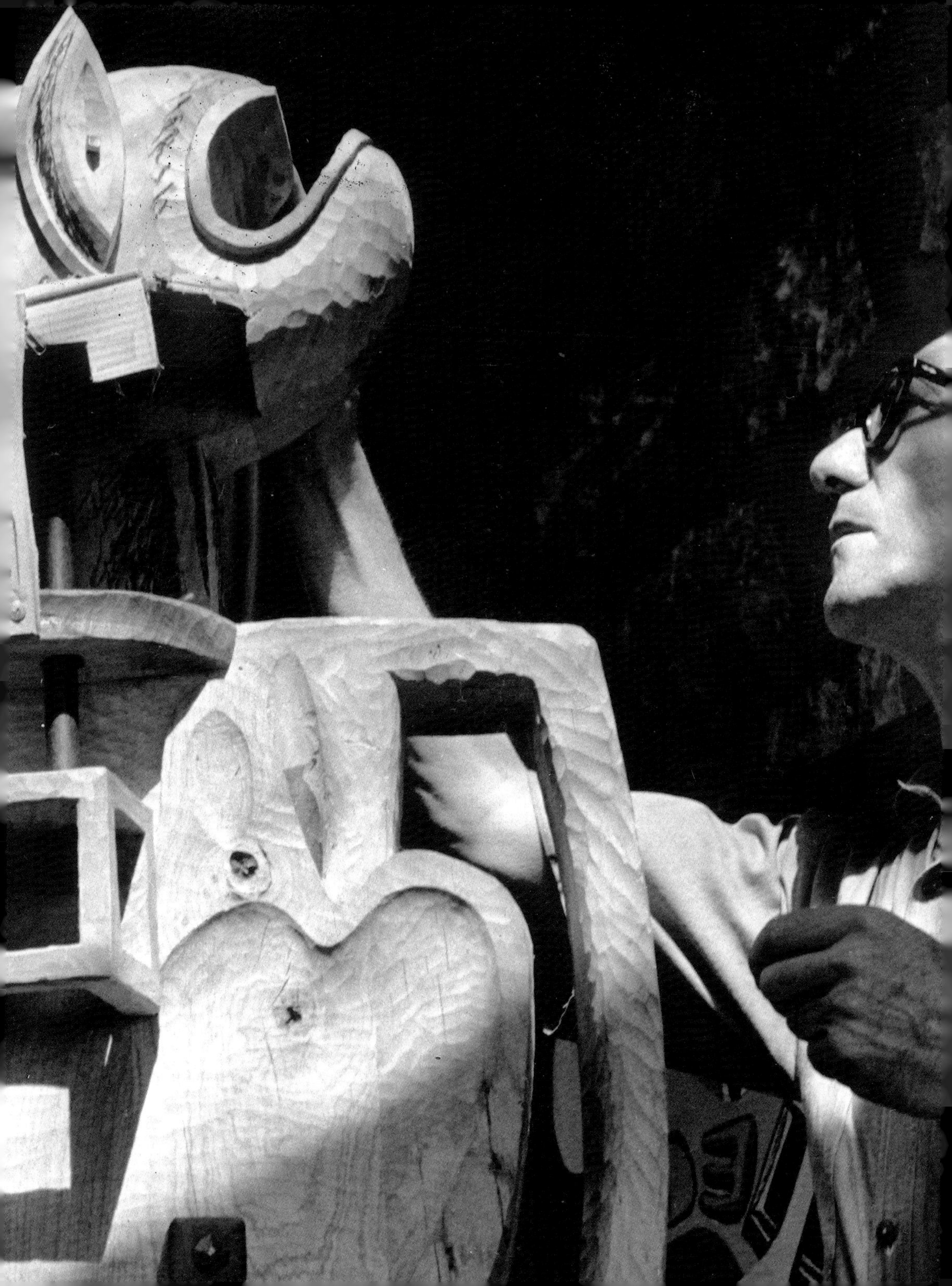

著書『全作品集』の中に自ら翻訳したもう一つの歴史を記述した。ピカソやアインシュタインのように、ル・コルビュジエは、建築という分野をこえて世界中に影響をあたえ、「近代的人間像」を構築したのである。

　何がそのような偉業を可能にしたのか。ル・コルビュジエの作品についてより深く知るためには、彼の創造力に満ちた思考について理解しなければならない。天性の視覚的、空間的思考能力があったことは明らかである。しかし、彼の創作活動を根底で支えていたものは、理性と感情の根底にある生まれながらの「気質」である。それを理解するためには、幼少時の環境に目を向ける必要があるだろう。ラ・ショー＝ド＝フォンがル・コルビュジエの人生や仕事を決定づけたとはいえないまでも、彼を成功に導いた思考方法の源はそこにある。

　ニーチェが描く人間の超越的イメージ、ルソーの自然回帰の思想、そして1920年代パリの機械主義的精神がル・コルビュジエにあたえた影響については、既に多くが語られている。確かに、彼はこれらの思想に精通していた。若い頃にニーチェの文章を下線や書き込みを入れながら読み、ルソーも読んでいた。パリにおける前衛主義（アヴァンギャルド）については、自身が属する以前から詳しく研究している。しかしラ・ショー＝ド＝フォンは、これら幼少期以降の知識よりも、根底の部分で彼の人格形成と関わっている。ル・コルビュジエはラ・ショー＝ド＝フォンの歴史について、学校の授業、もしくは言い伝えを通して知っていた。これが、未知の状況や逆境に対処する能力、M. ポラニーのいうところの「暗

貝殻のスケッチ

黙知」となり、何が前衛かを識別し、その先頭に立つことを可能にした。シャルル＝エドゥアール・ジャンヌレがル・コルビュジエになったとき、前衛主義の思想は、当時の世界観に匹敵するほどの決定的な役割を果たした。

　ル・コルビュジエはラ・ショー＝ド＝フォンの歴史について正確に記述している。自分の先祖を「南フランス人」と表現していることから、ラングドック地方からの移民の末裔であることを知っていたのだろう。彼らは理論的であると同時に、社会主義者、改革論者、楽天主義者であり、批判精神に富んでいた。商業活動を重んじ、聖像崇拝を嫌い、キリスト教会の権威や聖書にたいしても疑問を投げかけた。異端カタリ（*cathari*：清浄派、ピュリストの意）とよばれた彼らは「北フランス人」による虐殺を逃れ、14世紀半ばには未開の山地ヌーシャテルへと移住してきたのである。以来、この地は迫害から逃れた人々が身をよせる場所となる。ナントの勅令廃止によりフランスから大量の難民がヌーシャテルに避難してきたとき、住民の親切さとは裏腹に、痩せた土地と厳寒は彼らを容赦なく痛めつけた。しかし、この地の人々の厳格で頑強、好戦的な気質はこの危機を直視し、乗り越えるだけでなく、繁栄をももたらすこととなった。ル・コルビュジエもまた、先祖と同じく楽天主義者であり、聖像崇拝を否定し、そしてピュリストであった。1918年には「ピュリズム」という芸術運動を立ち上げ、自分は「聖像破壊者」であるとし、他の同時代人を「聖像崇拝者」として糾弾した。非難を浴びると彼はむしろ奮い立ち、社会的スキャンダルをも最大限に利用した。

ラ・ショー＝ド＝フォンの痩せた土地で作物をつくるためには、すさまじい苦難とリスクを背負わなければならない。移民たちは、この悪条件に対処するために時間厳守と将来予測というルールをつくった。「奇異なもの」「場当たり的なもの」を嫌悪するル・コルビュジエにとって、このルールは建築、都市理論における絶対的な価値基準となる。こうした思考は「エスプリ・ヌーヴォー（新精神）」──当時の工業、機械、科学などの分野における客観性、精度、堅固さ、鋭さ、秩序──がもたらしたとする研究者もいる。たしかにル・コルビュジエは、パリに出てエスプリ・ヌーヴォーに接した。しかし彼の価値観はラ・ショー＝ド＝フォンで成長する過程で定着した、より根源的な精神に根ざしている。何世代にもわたり受け継がれてきた精神である。

　ラ・ショー＝ド＝フォンの移民たちは農耕に向かない土地で重労働に耐えるほかにも、生計を立てる術があることに気づく。必要なものは輸入し、何か代わりに売るものがあればよいのだ。彼らの場合、それは時計だった。工芸についての最高レベルの知識をフランスから持ち込んでいた彼らは、生産技術を革新し、地域の経済構造を組みなおすことができた。地域の人々が刺繍やレース、宝飾において培った器用さを活かし、その技術を付加価値のきわめて高い時計産業へと「加工」することに成功したのだ。ル・コルビュジエは既存のものを最解釈し、再利用し、条件に応じて刷新する。それは経験的知識を活かすための一種の経済学であり、彼のデザインに創造性をあたえている。

　18世紀末になると人口の移動は逆転し、ヌーシャテルからフランスへの移住の方が多くなる。ヌー

シャテルの商人は海外に出たいという並々ならぬ願望をもち、暮らしの安定よりも市場の開拓の方をとる。放浪生活は、ヌーシャテルの人間にとって珍しいことではない。ユグノー教徒、カルビン教徒、ユダヤ教徒のように彼らは世界的なネットワークを駆使して各国で貿易や投資をし、新しい知識を広めた。その範囲はアムステルダム、マルセイユ、コンスタンチノープルから中国まで及ぶ。彼らの成功を物語る次のような18世紀のことわざがある。「1人のジュネーブ人は6人のユダヤ人の、1人のヌーシャテル人は6人のジューネーブ人の値打ちがある」。自動車メーカー、シボレーの創業者でありデザイナーでもあるルイ・シボレーは、19世紀にラ・ショー＝ド＝フォンで生まれ、自分のデザインを実践するために渡米した。ル・コルビュジエも同じような方法で知識を得、クライアントを見つけ、アイディアを売り込んだ。彼は次のように言っている。「私たちは世界のあちこちに懲りずに現れる旅人なのだ」。何世紀にもわたって受け継がれてきたこの営みを、ル・コルビュジエも同じようにヌーシャテル出身者やスイス人ユダヤ教徒、前衛主義芸術家のネットワークに支えられながらおこなったのである。

やがて、ラ・ショー＝ド＝フォンは次なる歴史的危機に直面する。ジュネーブなど、他の時計生産地が低価格化、高品質化を進め、この町の産業を脅かすようになったのである。もはや、規律と勤勉だけでは対抗できない。ラ・ショー＝ド＝フォンの人々は、かつて農業を棄てて時計産業を興したときのように、経済と生産方式の再編を迫られた。それには発明が必要だ。活路を開いたのは、生産技

「Poesie sur Alger」、パリ、1950年、表紙

術をシステムとして捉え直すというデカルト的思考である。製品自体、そして製造過程を要素に分解し、標準化をおこない、工程を分業化、専門化することにより時計産業を「再設計」した。女性や子供を含めた町ぐるみの改革であった。生産現場への機械、動力の導入がそれに続く。マルクスが『資本論』の中で工業技術のシステム化、大量生産の模範例として言及したように、ラ・ショー＝ド＝フォンの町は、やがて「一つの巨大な時計製造会社」となる。こうして、時計産業の市場競争力は向上し、それだけでなく時計部品や特殊工具といった新しい商品を生んだ。1793年には、ラ・ショー＝ド＝フォンの時計部品の輸出総数は年間およそ50万個に達する。発明、デカルト的思考、団結力によって危機を克服した経験はラ・ショー＝ド＝フォンの人びとの潜在意識に刻み込まれた。この経験的の知識は危機に直面したときの道標となり、歴史書の記述と言い伝えの両方をとおして、それは世代から世代へと受け継がれた。ル・コルビュジエにおいても自分の危機、そして後述する世界の危機への対処のしかたにその影響が見られる。彼は科学的管理法、工業化、計画、量産住宅といった現代思潮をすぐに取り入れた。それが、彼のいうところの「過酷な競技場」での生存競争に役立つことを知っていたのである。

　移住と経済危機を経てもなお、ラ・ショー＝ド＝フォンは開かれた社会であり続けた。多くのユダヤ人がこれに惹かれ商業を営み、土地を所有するよろこびを満喫し、19世紀末になると、若いデザイナーに近代的思想を教えることで、町の文化にも影響力をもつようになる。この町の庇護的で、吸収

力に富み、進歩的な気風の中でル・コルビュジエは、初めての師匠、仕事、そして彼の人生においてかけがえのない価値となる開放性、共同体といったパラダイムを手に入れる。

　少年時代はクラスで最も貧しい生徒の1人だった。精神的に不安定であり、反抗的で、勉強よりは絵を描いていることの方が多かった。1902年、14歳のときに2年後の卒業を待たずして高校をやめて美術学校に入学し、父の仕事である時計装飾細工を学びはじめた。彼はすぐに頭角をあらわし、その後の3年間はデザインの才能を遺憾なく発揮する。この分野で高く評価され、建築家にたいしてはむしろ嫌悪感さえ抱いていた彼であったが、4年生のときに突然建築に転向する。父親は、息子の将来を案じてこの転向には反対した。ル・コルビュジエに決心をさせたのは、美術学校の教師であり信頼できる相談相手でもあったシャルル・レプラトニエである。ル・コルビュジエは、レプラトニエが自分を「息子同然に扱ってくれた」と述べている。

　レプラトニエは、ブダペストとパリで美術を学び、建築についてもある程度は心得があった。ラ・ショー＝ド＝フォンを愛する彼は、時計産業をとりまく状況や地理的限界を憂慮し、より広い視野に立った建築、デザイン教育を促してきた。ル・コルビュジエは情熱的で、才能に恵まれ、進取の気性に満ちた青年として彼の目に映った。1905年、まだ18歳のル・コルビュジエに彼は『ファレ邸』の設計を斡旋した。レプラトニエは、たとえ自分が海外滞在中であってもル・コルビュジエにアドバイスを書き送るという熱の入れようだった。また、1912年にル・コルビュジエが長旅から戻ったときには、

ドローイング、1902−1908年頃

ラ・ショー＝ド＝フォンの美術学校の新設科に彼を講師として招いた。
　ル・コルビュジエは父親のことを「むさくるしく、気分が悪くなるような仕事……時計文字盤細工」をし、大して成功しなかった「庶民の出」の人間だったと書き記している。時計装飾という産業は、1912年の時点で既に衰退しつつあった。時にはル・コルビュジエの原稿の複写係を引き受けたほど協力的だった母親とは対照的に、父親は頑として息子の選んだ進路に反対した。彼は日記の中で息子の行いを批判するとともに、息子の将来を不安に思う気持ちと期待の両方を綴っている。ル・コルビュジエは青年時代、自分を認めない父親の代わりになる（レプラトニエのような）強力な賛同者をいつも求めていた。その一方で、自分に否定的な人物と戦うことによろこびを見出していたことも事実である。この習癖がもととなり、地域性や民族の攻撃的気質とあいまって、ル・コルビュジエは他者の拒絶反応をあえて迎え入れ反撃を楽しむようになる。しかし、残された手紙からわかるのは、ル・コルビュジエを成功に導いた原動力の一つが、父親の、言葉にならない夢や、落胆に応えようとする彼の強い気持ちだったということである。

II
　1907年にル・コルビュジエは美術学校を卒業する。学校での教育は、施工や技術的内容よりもデザインに比重を置いていた。主な教材は地域主義的な考えにもとづいたジョン・ラスキンの文章や著作、

古典主義的規範を賛美する文学作品などである。そしてその年の初秋、クラスメートのレオン・ペランとともに長旅に出発する。彼らは65日間かけて北イタリアの都市を旅してまわった。ラヴェンナで見たビザンチン建築のモザイクなど、ル・コルビュジエは建築よりもアートに魅了されることが多く、ルネッサンス建築よりもゴシック建築の遺構に惹かれた。彼はビチェンツァとそこにあるパラーディオの建築作品―ある批評家たちによれば彼に影響を与えたはずのもの―を見ずに素通りした。何よりもル・コルビュジエを感動させた建築は、ガッルッツォのカルトゥジオ会エマ修道院である。レプラトニエに宛てた手紙の中で、彼はそこを「この世の楽園」といい、「僧房……こう名付けられた場所で……一生を過ごしたい」と書いた。また、これが「住宅問題にたいする」解決策であるとも書いている。のちに、ル・コルビュジエは、エマ修道院が「個人と共同体が表裏一体である」ことを示す建築だと述べている。彼はこの建築を生涯参照し続けた。

　レプラトニエの賛同を得ることができたことも、この旅の大きなきっかけの一つであった。古代の遺構や芸術作品があるその地に滞在して研究することは、経済的に可能ならば、19世紀もしくは20世紀初めの芸術、建築教育において一般的であった。しかし、ル・コルビュジエの衝動にかられた旅程、旅行と就業の散発的な繰り返し、そして「学校で教わることと現実との乖離ゆえ……アカデミックな規範から解放されたい」という情熱的願望は、美術学生の通常のイタリア旅行というよりもむしろ、ランボーの家出に近い。のちに彼は、旅をしていた1907年10月から1917年10月までの頃を回想し、

ル・コルビュジエの母を描いたドローイング、1951年頃、ル・コルビュジエ財団

嵐のような時代だったといっている。

　当時の若い学生が教わった折衷主義的なデザインプロセスは、古くはヘレニズム時代まで遡って歴史的作品の良い部分を抽出、描写し、将来の作品に使用するために保存しておくというものだった。ル・コルビュジエもまた、将来参照する知識を蓄積するために未知の世界を探求した。自伝的短編 *New World of Space*（1948年）の中で彼はこう述べている。「我々の目の前にひろがるもの……インスピレーションの宝庫……頭では捉えきることのできない豊かさがそこにある。」彼は手帖に記録し、両親やレプラトニエ宛てに何通も手紙を書き、写真を撮り、絵はがきを買い集めた。そして何にもまして、スケッチを描いた。ある意味で彼の本当の教師はジョン・ラスキンだったともいえる。ル・コルビュジエはラスキンが「ものを見る方法を知っている」と述べている。これは自然の中に抽象的、幾何学的図式やリズムを見出すことを意味し、ル・コルビュジエもこれを実践した。のちに彼は「描くこと」を「観察し、発見し……発明、創造すること」であると定義している。特筆すべきは発明が観察よりも後にあることである。（ここでの創造とは）「頭の中に」何かを「一生のものとして刻み込む」はたらきをもつ。そして描くことは「観察し、それにより発見するための手段」である。

　1907年11月、ル・コルビュジエは次の滞在地ウィーンに到着する。当時のウィーンは建築界で最も注目される都市であったが、ル・コルビュジエは新旧を問わずほとんどの建築をひどく嫌った。唯一の例外はヨーゼフ・ホフマンの設計したキャバレー『フレーダーマウス』くらいである。彼は多くの時間を絵画教室、読書、オペラやコンサート鑑賞に費やした。また両親に宛てた手紙の中で告白し

「もの見る目」のスケッチ、『モデュロールⅠ』（1948年）p.76より

たように、生まれて初めて若い女性を見ることに深いよろこびを覚えた。奇妙なことだが、ウィーンでの時間の大半は郷里ラ・ショー＝ド＝フォンに計画中の二つの住宅、『シュトッツァー邸』と『ジャクメ邸』の設計に費やされた。これらの作品には1905年に設計したファレ邸と同じようにレプラトニエの「ジュラ」的地域主義の影響が色濃く見られる。造りは一見素朴だが、敷地にたいする建物の配置のしかたが洗練されている。もっと興味深いのはファサードの構成—3層構成と4層構成の間の移行—、それと平面—左右対称な3分割構成—である。これらは古典的規範をしっかりと習得していたことを示し、将来の展開を予告している。

　1908年3月、二つの住宅の設計が完了するとまもなく、ル・コルビュジエは4か月しか滞在しなかったウィーンに見切りをつけパリへ向かう。パリでは近代建築の巨匠オーギュスト・ペレの事務所で18か月間働くこととなる。ル・コルビュジエの意図を理解したペレは彼が非常勤で働くことを許したのである。ペレはやがてレプラトニエに代わってル・コルビュジエが師として仰ぐ人物となる。レプラトニエとは対照的に、ペレは鉄筋コンクリート造建築のパイオニアとして実験的な試みをおこなう一方で、古典的伝統を見きわめる目ももっていた。ペレの指導のもと、ル・コルビュジエはラ・ショー＝ド＝フォンで得られなかったこれら2分野における建築的知識を吸収する。彼はヴェルサイユ宮殿を訪れ、エコール・デ・ボザールで歴史の講座を履修し、サント＝ジュヌヴィエーヴ図書館で研究し、自分の書架には初任給で買ったヴィオレ・ル・デュクの『中世建築辞典』をはじめとする本を買い集めていった。ペレの事務所では「住宅は瓶である」というペレの考えのもと、メゾン・ブテイユ

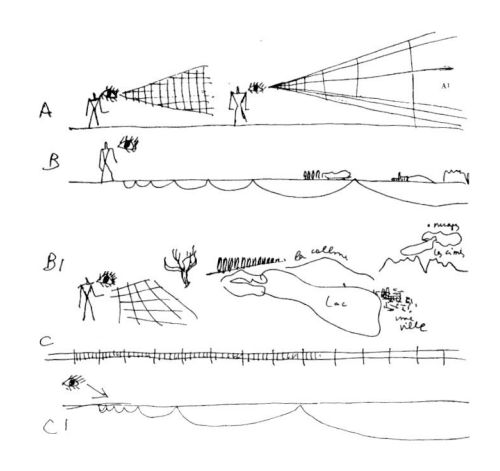

ダイアグラム、『モデュロールⅠ』（1948年）より

（Bouteille、瓶の意）と名付けられたペレの邸宅を担当した。このアナロジーは彼の辞書の中に蓄積され、将来使用される。

　ル・コルビュジエは1909年末にE. モルシュ著の鉄筋コンクリート構造についての本 *Le Beton Armé* ―同郷の構造技術者マックス・デュ・ボアが翻訳し贈った―を携えてラ・ショー＝ド＝フォンに帰る。1910年の冬、彼はレプラトニエから離れたジュラ山脈の農場にこもり建設技術にかんする本を読みあさった。施工知識の不足を克服するために、彼には鉄筋コンクリート造の新技術が必要であった。しかし、そのうちレプラトニエに再び招かれて別の課題に取り組むようになる。それをまとめたものが著書『都市の建設』である。編集作業においては、彼の母親が原稿の複写係を引き受けた。ここからル・コルビュジエと「都市計画」という主題との関わりが始まる。彼は一生を通じて極端な合理的手法、あるいは、デカルト的、機能主義的、幾何学的手法でアーバニズムに関わるようになる。しかしながら、1910年に書かれたこのエッセイはウィーンのカミロ・ジッテが書くピクチャレスクでロマンチックな文章、レプラトニエの教育、中世の遺構を見ながら旅をした経験などの影響のもとに書かれたものである。ル・コルビュジエはこの本の中で直角を、最も美しく自然界にはない形態だとしながらも、否定している。それよりも「最も無理のない」線であり、自然界に存在する、たとえばロバの歩く経路のようなジグザグ形を好んだ。（彼はよく、効果を得るために「ロバの教訓に学ぼうではないか」と述べている。）しかし12年後の1922年にル・コルビュジエが構想した『300万人のための現代都市』では「ロバの道」は各街区の中に隠れ、全体構成は「直線」が支配している。彼の言

葉によれば、ロバとは違って合理的人間には「目的があり、行き先を知っているので直線上を歩く」からである。徐々にル・コルビュジエはこれら両極のアプローチが互いに補い合うものであることを知る。最初は小規模なプロジェクトにおいて、そして20年後にはアーバニズム—リオ・デ・ジャネイロの都市計画において。

　1910年春、ル・コルビュジエは再び旅路についた。ミュンヘンに少し滞在したあと彼はベルリンに移動する。ベルリンではもう1人の近代運動の指導者ペーター・ベーレンスのもとで正所員として働く。仕事に忙殺され、パリほどは存分に街を見て回ることはできなかった。ウィーンと同じく、彼はどうしてもベルリンが好きになれなかった。時間のほとんどは読書に費やされた—古典、ヴェルサイユやフォンテンブローにかんする本、グレコラテン文化を強く支持するアレキサンドル・サングリア＝ヴァネイルの本など。1911年には地中海地方に逃避したいというかねてからの願望を実現した。ドイツ人のクリプスタインとともにル・コルビュジエは旅立つ。それから7か月間のうちに、バルカン、コンスタンチノープル、アトス山、アテネ、そして中央イタリアを訪れた。

III

　ル・コルビュジエは旅で見たものを何冊かの手帖に記録し、のちに『東方への旅』と題して出版した。当初から出版するつもりだったようだが、書くことにかんしては素人だったとも告白している。手帖の中では美と幸福への道程とともに、嫌悪と怒りも表明されている。彼は地中海の自然や建築、

『東方への旅』の中のスケッチ：
パルテノンとテンプル・オブ・ヴィクトリーの風景（左頁）／プロピュライアとランドスケープ、アテネ、ギリシャ、1911年（右）

都市、コンスタンチノープルの混沌とした光景—家屋や木々、墓場の間に残った空間—そして中庭やカフェの生き生きとした様子を賞賛した。そしてアテネの『アクロポリス』に圧倒される。「説明のつかない問題」……「なぜこの建築であって他のものではないのか」という問いかけがなされる。彼はフロイト的な表現でこの建築にたいする期待、すぐさま直視することが「不可能」である気持ちを「実現することを想像できなかったほどの夢、非現実への狂おしいあこがれ」と表現している。観光客を「見るに耐えない」として軽蔑し、9000もの家屋が一日で焼失するのを放置して消防隊をパレードに参加させたイスタンブール市当局や、「がらくたを法外な値で」売るギリシャ人の「偏狭な愛国心」を非難した。しかし「カルネ（手帖）」の果たした本当の役割は、見たものを記憶に刻み込むことであり、それによってものを「見る」ことができ、将来ひもとくために自身の辞書に蓄積しておくことができる。文と図絵はさまざまな構築物やランドスケープを見る目にとって「ポインター」と「フレーム」として機能する。この旅はル・コルビュジエの芸術家、建築家としての将来を方向づける重要な期間だったといえる。

　彼が旅の途中で描いたスケッチは、以前イタリア旅行で描いたものとは異なる。ラスキン的傾向が薄れ、記憶や雰囲気を描き出すこともなく、ムードや郷愁に訴える要素も減っている。それは「数学的な明解さ」でもって建築を数もしくは幾何学的構造として、あるいは「ソリッドとヴォイド」、「光と影の戯れ」、「造形的ドラマ」として見ることを教えてくれる。彼が古典建築における3分割構成の

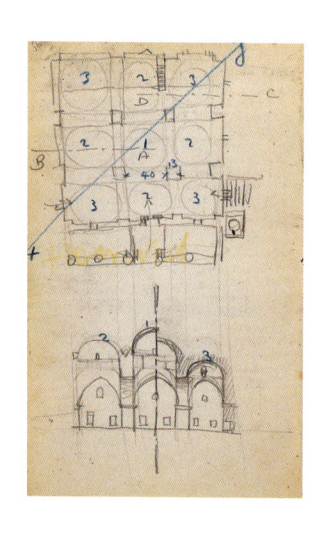

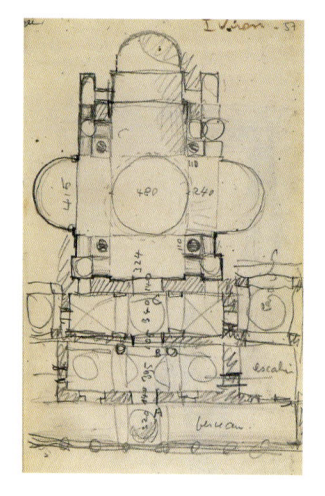

『東方への旅』の中のスケッチ：
エスキ・ジャーミ、アドリアノープル（左）／フィロテウー、カリエ（右）

図式に興味をもっていたことは、ビザンチンとオットマン様式の遺構についての記述をみると明らかである。たとえば7月1日にアドリアノープルで記録した『エスキ・ジャーミ』には3−2−3、2−1−2という分割比が書き込まれており、アトスの『フィロテウー』修道院の平面にも寸法が記入されている。

　見ることの鍛錬は建物単体から、周囲の地形との関係へと広がってゆく。ル・コルビュジエはアクロポリスの遺跡を山や海、空と調和しているとして絶賛する。彼はパルテノンの「最上段の基壇」を指摘し、「アイギナ湾の水平線と同じ高さにあり、列柱がとぎれるところ」といっている。1940年代後半、『ユニテ・ダビタシオン』の屋根をデザインするときに再びこれを参照しており、パルテノンの遠景をフレーミングするプロピュライアの列柱の効果も「ピロティ」として取り入れている。ル・コルビュジエはとりわけ建物内の特定の地点と太陽の位置関係に興味をもった。パルテノンで彼は夕日の輝きが柱の間を抜け、戸口へと達し、薄暗い内陣(セラ)に差し込む直線経路を認識していた。他のある神殿では「(建物の) まさに軸線上で太陽が地平に沈む」ことを発見する。さらに、パルテノン神殿の内陣(セラ)から現れた聖職者たちがいかに「背後や側方の山々に抱かれていること」を感じていたかに思いを馳せている。彼はこのときの感情を半世紀近くも後に『ロンシャン礼拝堂』の設計において呼び戻そうとする。ときには常識をも覆してこう主張する。「宮殿によってランドスケープが正当化される。」

　「見ること」はしばしば形態の分析や記号的な解釈を超える。通常のものの在り方を切り分けてゆ

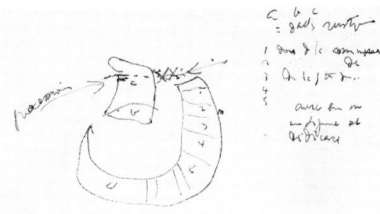

旧ロンシャン礼拝堂の廃墟、カルネ・スケッチブック50パリ—マルセイユ、1950年（上）／『ロンシャン礼拝堂』へのアプローチ、カルネ・スケッチブックE18−ロンシャン、1950年（下）

くと、強力な視覚的、シュールレアリスト的なアナロジーが喚起され、「詩的感情を喚起するオブジェ」が生まれる。『エステルゴン城』の「奇妙なシルエット」は、形態的には「山々を望み、立方体とたくさんの柱で支えられたドーム」と分析し、「祭壇に献ぜられた品」と読みとっている。「モスクの幾何学形態上を旋回する鷲」を見て「巨大な円盤」と形容し、「ドームのまわりの無数の鳩」を指して「翼がつくる雲」といっている。旅の記録をとおして潜在的であったエロティシズムはやがて表面化し、シュールレアリスト的で肉欲的なイメージを描くようになる。「宮殿が建つ高台で砂上に横たわるブロンズの大砲」が金色の輪で飾られている様子は、「美貌の、挑発的な女奴隷」が「金無垢の蛇を足首や腕に巻いて……爪を朱色に塗って」いるさまとして表現されている。しかし最も強力であり重要な例は、パルテノン神殿がもたらした精神的衝動であろう。「海を望み、支配する立方体」「恐るべき機械」。パルテノン神殿が力に満ち溢れていた頃の純粋さ、厳格さが現在に引き継がれたことを象徴的にあらわすためにル・コルビュジエは機械のメタファーを用いた。

IV

7か月間の旅を終え、1911年11月にル・コルビュジエはラ・ショー＝ド＝フォンに帰郷する。以後3年間は彼にとって重要な時期となる。たびたびの断絶を経ながらも長く続いたレプラトニエとの関係、美術学校での仕事、ジュラ山脈の地域主義的様式とのつながりは終焉を迎える。彼は「地方独特の建築は意図して作り出すものではない」と述べている。彼はますます古典建築の規範や地中海地方を旅して記録したものに目を向けるようになる。この傾向は両親の住宅『ジャンヌレ＝ペレ邸』と時

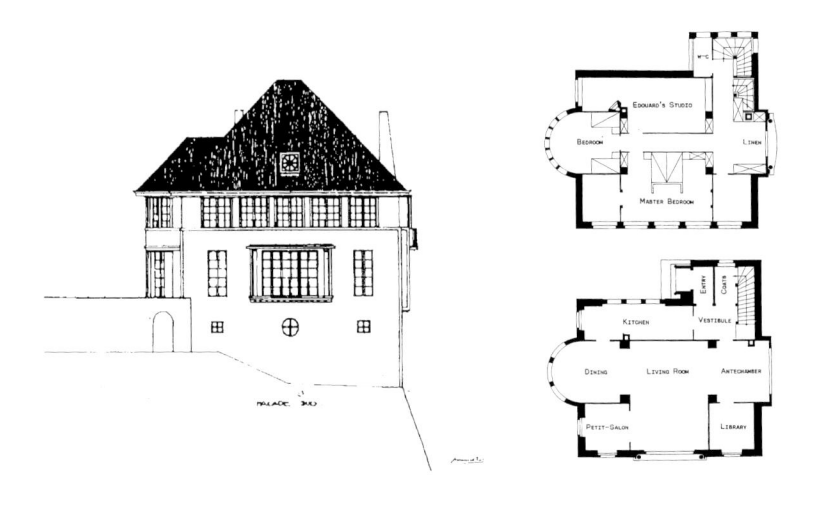

Façade Sud.

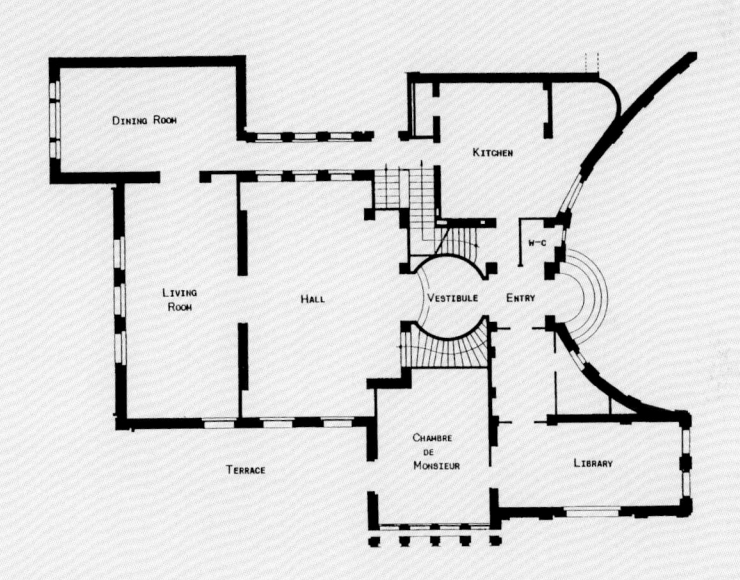

『ジャンヌレ゠ペレ邸』立面図、平面図（左頁）／『ファーヴル゠ジャコ邸』立面図、1階平面図（上）

『シュウォブ邸』内観、
ラ・ショー＝ド＝フォン、
スイス、1916年

計製造会社ゼニスの創業者のために設計した『ファーヴル＝ジャコ邸』において明らかである。ファーヴル＝ジャコ邸では古典の規範は敷地の特徴を受け入れるために拡張され、逸脱を許している。彼は敷地条件に対応するために「4つの顔をもつ生き生きとした宮殿」—旅行中に見たエレクテオン神殿について述べた言葉である—からカリアティードのあるポルティコを引用しながら「4つの正面をもつ」建物とした。7年後にアドルフ・ロースがポール・エンゲルスマンと協同してコンスタント邸を設計したときにエレクテオン神殿を同じような手法で参照したが、それほど成功しなかった。

　クライアントを求めて、1914年にル・コルビュジエは「ヌーヴォー・サークル」の会員となる。これはユダヤ人コミュニティCFのメンバーたちによって設立された有名な団体で、会員の知的、職業的発展を目的とする開かれた集まりであった。真剣さとおどけた感じを混ぜたようなル・コルビュジエ独特の人柄、革新をもたらすことへの情熱、旅や本から得た豊富な知識、意欲と才能は会員たちを魅了した。まもなく彼はこのクラブの内装、ディティシェイム家やシュウォブ家からも住宅やオフィスの内装設計を依頼される。そしてラフィ・シュウォブ夫人とその友人ディティシェイム夫人（彼女たちにジャンヌレ＝ペレ邸を見せている）に気に入られたル・コルビュジエは、1916年4月にラフィの推薦がきっかけで、彼女のいとこであり Schwob Frèes & Co S.A. と Tavannes Watch Company の重役を務めるアナトール・シュウォブ（1874-1932年）から住宅の設計を依頼される。

　ル・コルビュジエは使用する色の見本を全て提出するなど、『シュウォブ邸』を細部まで綿密にデザインした。シュウォブ氏は当初これを非常によろこんでいたが、建設中に費用がかさみ問題となった。再度見積を要求したところ、金額は当初の3倍近くに膨れ上がっていた。シュウォブ氏はこれを

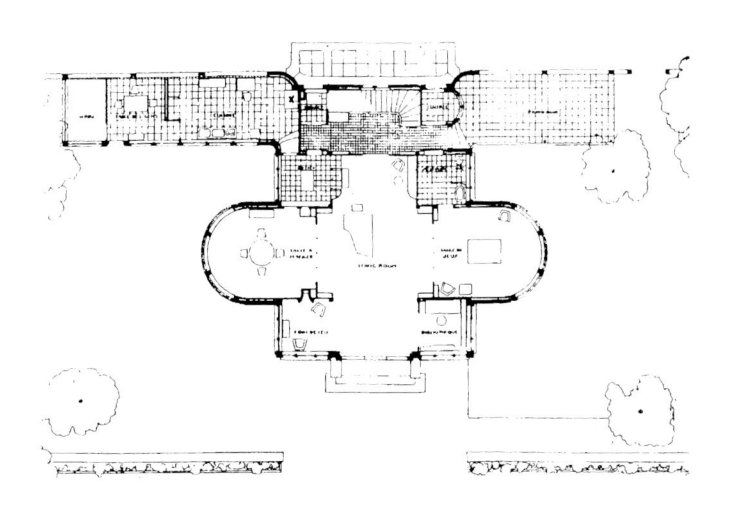

『シュウォブ邸』1階平面図

詐欺だとして訴訟を起こす。判決は両者とも非があるとし、双方が訴えを取り下げるかたちで決着した。この争いは地元では伝説となり、小説の題材にもなったほどである。

シュウォブ邸はラ・ショー＝ド＝フォンに建てられた一連の邸宅（ヴィラ）の中で最後のものであり、新たな展開への布石となる最も重要な作品だといえる。平面と立面の単純化という点ではそれまでのどの作品よりもモダンであるが、一方では最も古典的な面も備えている。後者の理由は左右対称の3分割構成が空間配列としてますます強調されていることである。新しい主題もあらわれている。オーギュスト・ペレのメゾン・ブテイユにヒントを得た中央部分の2層分の吹き抜け空間がそれであり、ル・コルビュジエは後にこれをさまざまなかたちで繰り返し使用する。

ル・コルビュジエはシュウォブ邸を『全作品集』の中には収めなかったが、マニフェスト的著作『建築をめざして』においては重要な場所に位置づけている。プチ・トリアノン宮殿とローマのキャピトールと並置し、幾何学によって立面に「秩序」を与え「気まぐれな」部分を排除する「指標線（トラセ・レギュラトゥール）」の好例として取り上げている。シュウォブ邸とは対照的に、同時期に計画された「ドミノ」型住宅は『全作品集』に収録された。これはある意味で当然といえる。シュウォブ邸と異なり、ドミノは建設＝製造システムのプロトタイプであり、より一般性の高い問題を扱っているからである。

1913年、ル・コルビュジエは邸宅や豪奢なインテリアを設計しながらも、実は自分の設計事務所の設立準備のまっ最中であった。彼は本気で集合住宅の運営、建設における革命をもたらそうと考え、鉄筋コンクリートを用いた工法の研究に取り組もうと考えていた。またほとんどの計画案は同郷の友

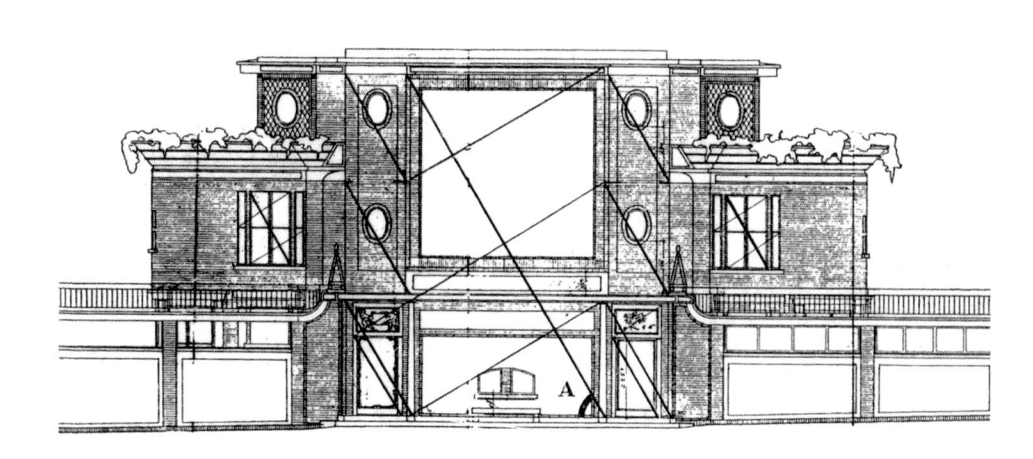

人で、パリ在住の構造エンジニア、マックス・デュ・ボアとの共作だった。この年、ル・コルビュジエは彼の依頼を受け、空間を立ち上げるための新たな建設システムの最初のスケッチを描いた。これがドミノの原型となる。1914年8月に第一次世界大戦が勃発するとル・コルビュジエは事の緊急さを認識する。これから起こる悲劇を克服するために彼は技術革新による解決策を求めた。スイス人であり、健康上の理由からも戦地へは赴かなかった彼は戦争の直接の影響は受けなかった。しかし惨劇の報道は彼の考えを大きく揺さぶった。戦時中であるにもかかわらず、彼は1915年夏にはパリに戻り、マックス・デュ・ボアとプロジェクトの検討を始める。そしてついに1915年の暮れ頃、アイディアを凝縮したあの「象徴的な図式」が描かれたのである。

ドミノの計画案は図式的な長方形の「スケルトン」と単位の組合せや配置のバリエーションを示すいくつかの平面と透視図から成る。構造体は鉄筋コンクリート造であり、6つの基礎によって地面からわずかに持ち上げられた標準寸法の6本の柱が床スラブと階段を支えている。床スラブは平滑であり、それを受ける梁はない。柱は外周部に配置されているが床の端には接しない。したがって立面、間仕切壁、窓、ドアは構造から独立している。この計画は運営、建設、そしてデザイン上の提案を含む包括的なものである。戦後の巨大な建設需要に対応して考案された、どんな種類の建物にも応用できる建設システムであると同時に、これは新しい建設技術、工業生産技術の広大な可能性を利用しようとする試みでもあった。

ドミノ型住宅は純粋に技術的提案として発表された。その点においてE. モルシュの一体式鉄筋コンクリート構造、F. エンヌビックのコンクリートフレーム構造に多くを負っている。しかし一方で、ド

『シュウォブ邸』立面図（左頁）
『ドミノシステム』1913年（右）

ミノ型住宅には技術的な図式以上のものがある。歴史という深い土壌に基礎を置いたル・コルビュジエは、より普遍的な価値のために知性の構築を試みたのである。この価値は啓蒙運動の中で建築に厳格さが求められた時代、ロジェが描いた最小限の部材から成る「原始の小屋」のスケルトンに通じるところがある。しかしさらに歴史を遡ると、ドミノが示す最小限の図式は「形態、方法、概念を、もともと在るというだけで、疑うこともせず……真の自我を介入させずにただ受け入れる」者たちと敵対するカタリ派の思想、聖像破壊主義へとつながる。ル・コルビュジエは「慣習、しきたりといった言葉は降伏を意味する」といっている。「奴隷的状況」を拒否するためにル・コルビュジエは伝統的な建築の全体像を「基本的な原子」に分解して思考する。ここで見えてくるのはラ・ショー＝ド＝フォンが町をあげて分業化に努めたこととの類似性、そして何よりも自分が理解できることのみを規定しようとするデカルト哲学的価値基準である。

ル・コルビュジエがドミノをどのように作っていったかは、1930年に出版された『プレシジョン』の文章と図版が物語っている。彼は伝統的な概念を「麻痺」、「浪費」、「不健康」、「時代錯誤」と形容し打ち捨てる。石造の壁がもつ支持と分割という役割は、内外を問わず二つの「純粋な」要素……「柱」と「間仕切り＝隔膜」とに置き換えられる。同様にして「部屋」と「廊下」は「機能」と「水平動線の器官」に、「家具」は「設備」に変換される。建物にもはや「表」と「裏」はない。概念の純粋化と分析は新しい自由をもたらす。「自由な平面」と「自由な立面」、ユニットから無限の組合せをつくる自由である。「私たちは今や現代住宅の問題を解決するための道具を手にしている。」突然に

水道橋、『スケッチブック』A1、ランデロン、9、ル・コルビュジエ財団

して「すべてが可能となった。」「光、空気、緑」が「通り抜け」、「住宅の下を流れてゆく。」「屋上庭園」、景色を邪魔しない「水平窓」を手に入れ、間仕切りを自由自在に配置することが可能になった。そして、もう一つ重要なのは再定義され、純化されたドミノが建築の標準化、工業化、大量生産をめざしていたということだ。

『プレシジョン』の中でル・コルビュジエは「今日私は革命的だと考えられている」と明言している。ドミノはゴットロープ・フレーゲ、バートランド・ラッセルや他の同世代の分析的な哲学者たちが取り組んだ、言語の純化、再構成に匹敵するほどの、革命的なプロジェクトであった。権力の再分配ではなく工業化という名の革命だ。しかし彼ら哲学者と異なり、ル・コルビュジエの革命は白紙の上に書かれたのではなく、歴史の上に成り立っている。ドミノの形態は東方への旅で描かれたアクロポリスの最小限のスケルトンと水平屋根のスケッチからきている、という見方もあるかもしれない。ル・コルビュジエも自身の「革命的な思想は歴史の中、あらゆる時代、あらゆる国に偏在している」と述べている。

ドミノの思想は1935年までの住宅作品の理論的基盤となり、その後2階建住宅の規模をはるかに超えて拡張される。ユジーン・エナードの未来の道路（Rue Future）のアイディアと組み合わせることで柱上都市（Ville Pilotis）やユニテ・ダビタシオンのようなプロトタイプ的建築が生まれた。1917年1月にル・コルビュジエはドミノの構想を温めながら、そしてシュウォブ邸の問題を未解決にしたまま、ラ・ショー＝ド＝フォンに別れを告げパリに居を定める。

アイギナ神殿、1933年、『スケッチブック』B5、p.312、ル・コルビュジエ財団

「新時代の道具を鍛造する」 第02章

1917年にパリへ移ったル・コルビュジエには、手持ちの資金も人脈もほとんどなかったが、彼の頭の中は十分に準備が整っていた。計画案が既にいくつかできており、それまでに得た豊富な知識を実らせ、計画を実施する機会を待っていた。真摯な友人であり、以前共に仕事をしたマックス・デュ・ボアは既にパリにおける社会的、職業的地位を確立していた。彼はすぐにル・コルビュジエをエンジニアや企業経営者、銀行家など施主となりうる人物に紹介する。その多くはスイス人であり、バーゼルの銀行家、フランス商業銀行重役のラウル・ラ・ロッシュもその1人であった。マックス・デュ・ボアはル・コルビュジエのために建設と建材の生産に関わる組織的ネットワークを準備した。この年にトニー・ガルニエの『工業都市』が出版されたが、ル・コルビュジエはドミノの計画案で生み出したアイディアを継承しつつ、その本が提示する新しい諸問題に対応するために、建設技術を刷新しようと考えた。1919年には自らコンクリートブロックの製造工場の経営を始める。この半ば技術者的、半ば起業家的な意欲を高めるのと並行して、彼は何の躊躇もなく、絵画を描くことに没頭していった。3年後にコンクリートブロック工場の経営の方は破綻してしまう。しかし新しい建設システムの開発、新素材の使用、さらに特許の取得まで、ル・コルビュジエの意欲的な活動は一向に衰える気配はなく、一方で絵画のさまざまな方法を試しながら、積極的に社交的生活を営んだ。

　パリでの1年目が終わろうとする頃、「芸術と自由」協会（Art et Libertè）での昼食の最中、オーギュスト・ペレは彼にアメデ・オザンファンを紹介した。オザンファンの父は鉄筋コンクリートの先

駆者エンヌビックから技術の使用認可を得た建設業者であり、ル・コルビュジエよりわずか1歳年上であるにもかかわらず、既に前衛主義芸術家としての地位を築いていた。彼は1915年にギョーム・アポリネール、マックス・ヤコブらと共に雑誌『レラン』（飛躍）を創刊したことで知られていた。

　ル・コルビュジエとオザンファンとの、親密でありながらも真剣な、そして実り多い知的関係が始まった。しかし、以前の友情もそうであったように、それも長くは続かず、5年で終わりとなる。この間ル・コルビュジエとオザンファンはスタジオを共にし、絵の制作と展示を一緒におこなった。ラ・ロッシュの資金的援助とアドバイスのもと、彼らは詩人ポール・デルメと共に雑誌『エスプリ・ヌーヴォー』（新精神）を創刊する。それはモダンアート、文学、音楽（ル・コルビュジエの兄であり音楽家のアルベール・ジャンヌレが音楽について執筆していた）、そして建築を横断的にあつかうユニークな刊行物であった。この誌上で、はじめてシャルル＝エドゥアール・ジャンヌレの筆名であるル・コルビュジエが登場する。エスプリ・ヌーヴォーは世界中で読まれ、多くの雑誌がこれを模倣した。

　オザンファンとル・コルビュジエによる最も重要な作品は『キュビズム以後』であろう。この本は1918年11月に出版され、新しい芸術運動「ピュリズム（純粋主義）」の宣言となる。彼らの目的はモダンアートを、キュビズムがもたらした「デカダンス（退廃）」という袋小路から救い出すことであった。本の冒頭で、ヴォルテールから引用しながら、彼らはキュビズムが「創作があまりに平易で、

怠惰、美の飽和状態、奇怪なものへの傾倒」という状況を生んだとして批判した。彼らは自分たちの運動をピュリスムとよび、芸術と建築をデカダンスから遠ざけるために「偶然」や「印象派的」要素を排除し、「不変なるもの」を表現することを標榜した。彼らは「不変なるもの」の在りかを探すための「カント的」「ヘーゲル的」な二つの方法を提示した。カント的方法は人間に本来備わる秩序へ回帰せよというものである。ヘーゲル的方法は工業施設や構造技術、機械を生み「自然の法則を投影した」新しい時代精神に追いつけというものである。両アプローチはまったく内容を異にしながらも同じ処方箋に辿り着く。キュビスムと当時存在した全てのデカダン芸術の「装飾」と「偽装」によって破壊された「純粋形態」の芸術を取りもどすことである。求められたのは「計算」された幾何学形態による芸術であり、数学によって幾何学的「グリッド」や「基準軸」——のちにル・コルビュジエが「指標線」とよぶもの——を生成した。「絵画は方程式以外の何ものでもない」という彼の言葉は、建築にも通じる「基本原理」を表明している。

　『キュビスム以後』でル・コルビュジエが扱ったのは同時代のアートに関する議論である。しかしピュリスムは芸術の形式論的な宣言にとどまらず、知的あるいは倫理的立場、「ピュリスト的」思考や生活様式を宣言するものであった。興味深いことに、この運動の名称「ピュリスム（純粋主義）」はル・コルビュジエの先祖、ラングドック地方のカタリ派の訳称でもある。ギリシャ語でcatharesは「純粋」を意味する。また議論の概念的枠組みからも、聖像破壊主義的「異端」たちの気質と彼らが

『シトロアン住宅』1922年

理想とする人生との深い関連性が見えてくる。こうした関連性は1925年、オザンファンとル・コルビュジエが決裂した年に出版された『今日の装飾芸術』の中でいっそう明確になる。インテリアと家具について述べられたこの本の中で、ル・コルビュジエは当時の文化および芸術が二つの陣営—「聖像崇拝者」と「聖像破壊者」に分かれていると指摘する。後者がカタリ派的な立場である。ル・コルビュジエは自分を過去何世紀にもわたる宗教的対立と結びつけ、「倫理」のため、あるいは文化を「内面へむかう道」と考えた「尊敬すべき勤勉な先祖」の名において「抗議」する偶像破壊者であると明言した。

しかし聖像破壊主義者の例として、白い小さなカップでコーヒーをすすりながらパイプ椅子に掛け、山高帽をかぶり、大量生産によるさまざまなピュリスト的日用品に囲まれたレーニンを挙げるなど、文化的、歴史的な飛躍がある。これはル・コルビュジエがしばしば用いる類推的飛躍である。これと似た類推的飛躍は、雑誌『エスプリ・ヌーヴォー』上でオザンファンとともに執筆した一連の記事をまとめて1924年に出版された『建築をめざして』の中に既にみられる。パルテノンと1921年式グラン・スポーツカーとの類似性を指摘する有名な一節である。この本はル・コルビュジエの精神構造に修辞、創造、啓蒙にかかわる圧倒的能力—人々に世界の新しい見方を教える力—が備わっていることを示している。また人類の文化と歴史が普遍的であるというル・コルビュジエの深い信念の宣言でもある。

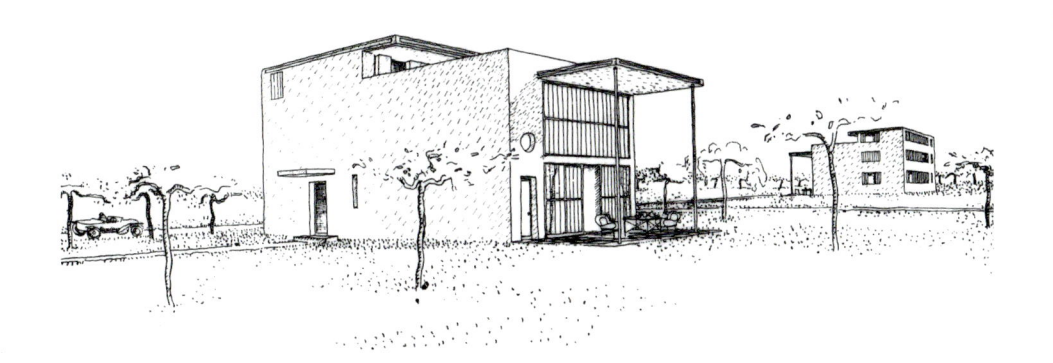

II

　当時パリにいた多くの芸術家や知識人がそうしたように、ル・コルビュジエとオザンファンの緊密な共同作業は気取りのないカフェ・モロアにておこなわれた。中2階の床によって分けられた純粋かつコンパクトな内部空間は、ル・コルビュジエの原型的な空間図式の一つとして蓄積される。これを適用した最初のプロジェクトは、1920年、ボーリュー・シュル・メールに計画された『シトロアン住宅』である。パートナーシップを解消するまでの全プロジェクト同様、この住宅もいとこのピエール・ジャンヌレとの共同設計によるものである。ドミノと同じくシトロアンは実現しなかったが、ル・コルビュジエの生涯にわたる仕事の原型だといえる。彼はこれを量産住宅のプロトタイプとして考えていた。だからフランスの有名な量産自動車の名「シトロエン」にちなんだ名がつけられているのである。ここで提案された図式とは、二つの平行な耐力壁と中2階の床、「屋上庭園」として使われる平らな屋根という最小限の要素で構成された、「真実」の「純粋直方体」である。1922年の案では直方体は「ピロティ」―新たに導入された建築要素―によって持ち上げられている。このプロトタイ

『ヴァイゼンホフ・ジードルング』、シュツットガルト、ドイツ、1927年

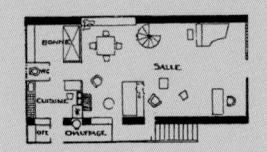

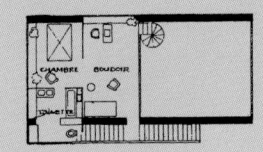

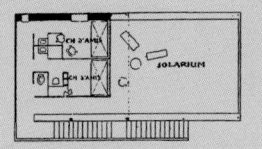

『シトロアン住宅』1920年（上）／『シトロアン住宅』1920年、
1階、中2階、屋上階平面図（中）／『シトロアン住宅』1922年（下）

プを応用したものが1927年、シュツットガルトに建てられた『ヴァイゼンホフ・ジードルング』である。

　一方こうした大規模な住宅地計画以外でも、ル・コルビュジエはカフェ・モロア的構成とピュリズムの思想を適用した。『オザンファンのアトリエ』はその一つである。設計は1922年、ル・コルビュジエがいとこのピエール・ジャンヌレ—彼とは第二次世界大戦の始まり頃までパートナーシップを組んでいた—と協同で設計事務所を始めた年である。図式的にはシトロアン住宅を基本としていた。原型を敷地条件に適応させるためにル・コルビュジエはセルリオ的手法—この手法をル・コルビュジエはフランス古典文学を通じて習得していた—を用い、2つの正方形からなるシトロアン住宅の平面をこの敷地にあてはまるように変形した。前後の開口部は採光と視界の必要に応じて異なるものとなり、片方の側面には採光を十分に得るために開口が追加された。このような原型からの逸脱を許容しながら、ル・コルビュジエは全体を秩序によって統合する。事実、誰しもこの作品にたいして完成度そして首尾一貫性を感じずにはいられないだろう。それは『今日の装飾芸術』の中の、カタリ派の精神に共鳴した「純粋を愛せよ」という「命令」に従っている。さらにそれはル・コルビュジエがよぶところの「リポリンの道徳律」、つまり「汚れた隅、暗い隅をつくらない」という主義に従い、建物全体に白いエナメル塗装が施される。「誤り」を取り除く「指標線」という道具によって構成が調和に達し、生産品が純化される。ル・コルビュジエは建物が「純白」であることは「貧しい者、富める者」、「奴隷と王」に平等に豊かさを与え、「重要でないもの」を排除する厳格さは「生きる喜び」へとつながるとした。

『オザンファンのアトリエ』、パリ、フランス、1922年、ル・コルビュジエ財団

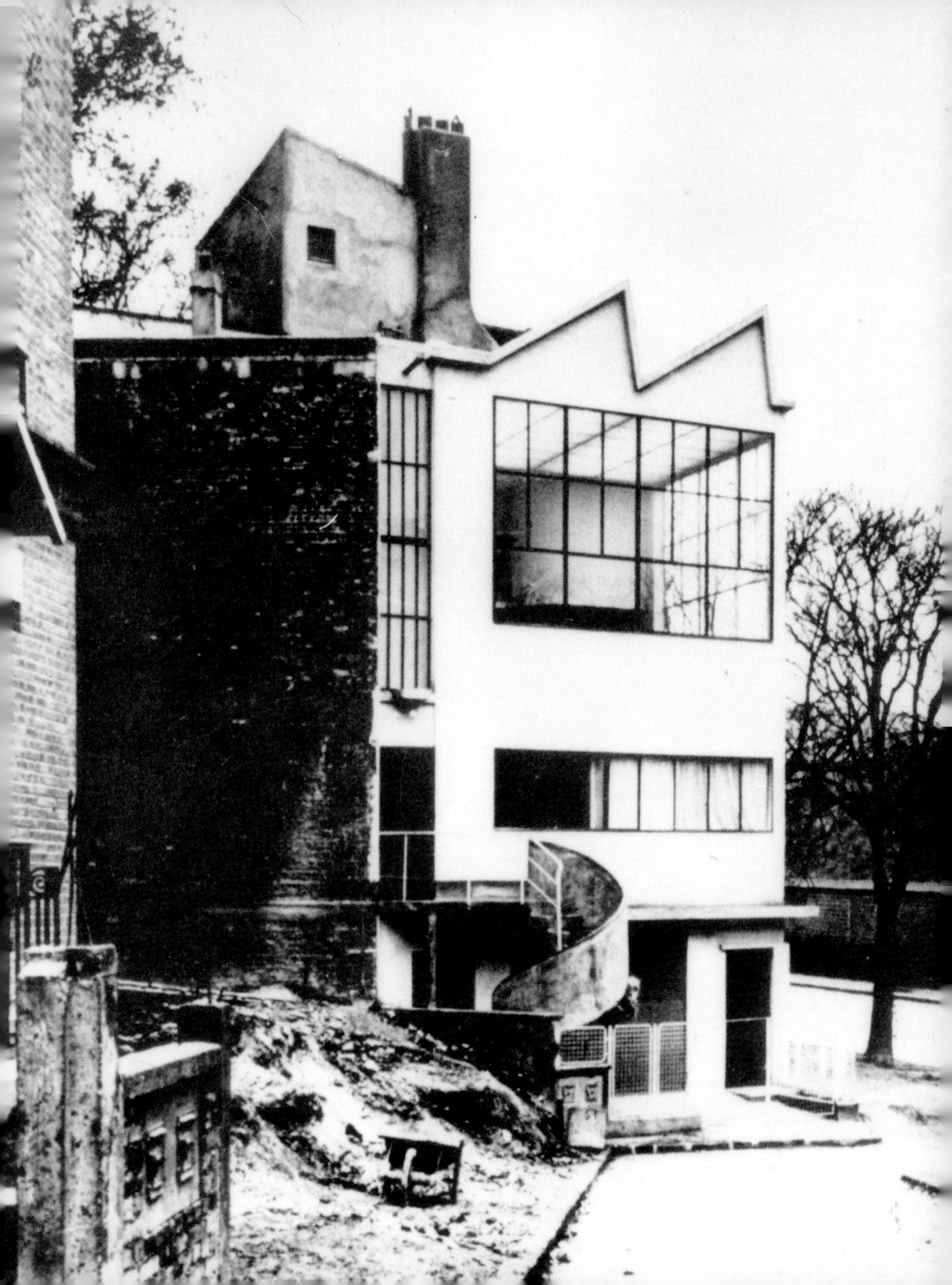

ル・コルビュジエ、ピエール・ジャンヌレ：
『オザンファンのアトリエ』のスタジオ、
ル・コルビュジエ財団

同年、ル・コルビュジエはパリで最初の邸宅、ヴォクレッソンの『ベスヌス邸』をM. ジョルジュ・ベスヌスのために設計した。極めて小規模なこの計画においてル・コルビュジエは3つの重要な原則を見出した。まず労働の分業化、専門化に成功した先祖と同じ思考方法でもって、彼は「従属的器官」つまり垂直動線を他の部分から切り離し、隣接させた。これはフランス・ルネッサンスの建築家デュ・セルソーが既に試みていた手法である。ル・コルビュジエは以後、規模の大小にかかわらず、ほとんどのプロジェクトでこの手法を使うようになる。次に、外壁が構造体から自由になったことで「水平窓」という原則を生み出した。「東方への旅」にてバルカン半島やイスタンブールでその効果を観察し、スイスのレマン湖を行く船上でもアイディアを書き留めていた。この新しいかたちの窓は風景をパノラマ的に見せてくれる。最後に挙げるのは、ベスヌス邸のデザインをとおして、ル・コルビュジエが古典的規範と調和するピュリスト的構成を見出したということである。平面と立面はどちらも厳密な3分割構成となっている。しかしこの図式の中には原則からの古典的で巧みな修辞的逸脱が含まれている。左右の部分それぞれに中心部を強調する要素を配置するが、全体で見たときの中心にはそのような強調要素は置かないという矛盾―『建築をめざして』の中に図版として載せたフランソワ・ブロンデルによる『サン・ドニ門』で使われた図式である。これは古典的規範を覆すというよりは、何世紀にもわたって積み上げられてきた秩序（オーダー）の理解を促してくれる。

オザンファンのアトリエよりも強い特徴をもつ『ラ・ロッシュ邸』は、友人の銀行家ラウル・ラ・ロッシュから依頼された。パリ16区、ドクトール・ブランシュ通りから小路を入ったところに建つこ

ル・コルビュジエ、ピエール・ジャンヌレ：
『オザンファンのアトリエ』のスタジオ、
ル・コルビュジエ財団

ル・コルビュジエ、ピエール・ジャンヌレ：
『ラ・ロッシュ邸』、パリ、フランス、1923年、
ル・コルビュジエ財団

の邸宅はル・コルビュジエにとって最も幸福な作品の一つである。1923年に依頼を受け、翌年に設計し、1925年に竣工している。当初、ル・コルビュジエはこの通り全体を開発しようとした。経緯としては、隣の街区にあるロベール・マレ＝ステヴァンの作品と似ている。ル・コルビュジエは不動産仲介業者のように地権者や銀行相手の交渉、クライアントとの交渉を自らおこなった。その中の1人が兄アルベール・ジャンヌレの妻であるロッティ・ラーフ＝ウォルバーグで、彼女はすぐに夫婦で暮らすための住宅の設計をル・コルビュジエに依頼した。独身で裕福な美術品蒐集家でもあるラ・ロッシュの住宅とは対照的に、『ジャンヌレ／ラーフ邸』は比較的質素な家庭のための住宅であった。空間は従来の「廊下」と「部屋」に分割され、シトロアン住宅の標準型と同じくらいコンパクトである。この作品にも屋上庭園があるが、台所と居間と一体的に計画され、通りからはなれて「光と新鮮な空気に開放された」重要な場所となっている。

『全作品集』の中でル・コルビュジエは、この二つのプロジェクトを通して一般的問題を解決できるプロトタイプを模索したと述べている。彼は極端に異なる日常生活を営む施主のための2軒の住宅を一つの統一体へと導く総合的な方法を追求した。しかしながら、その後ル・コルビュジエがパリに設計した一連の邸宅の施主にも共通することだが、ドクトール・ブランシュの対照的な両施主の間には共通点もあった。彼らはいずれもパリで暮らす異邦人だったのである。フランス人あるいは外国籍の若手企業家、芸術家、知識人など、さまざまな分野の専門家と同様に、彼らもまた国籍という枠にとらわれない戦後世代に属していた。この世代にとってナショナリズムは、一部の人々にとってそう

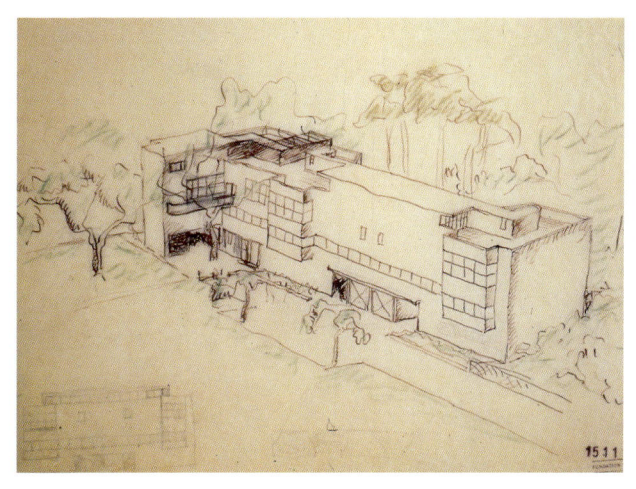

ル・コルビュジエ、ピエール・ジャンヌレ：
『ラ・ロッシュ邸』初期スケッチ

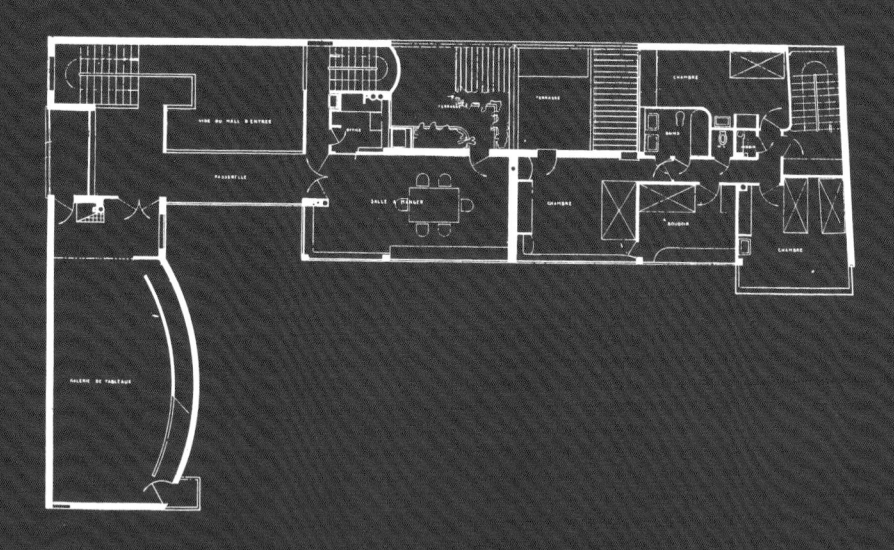

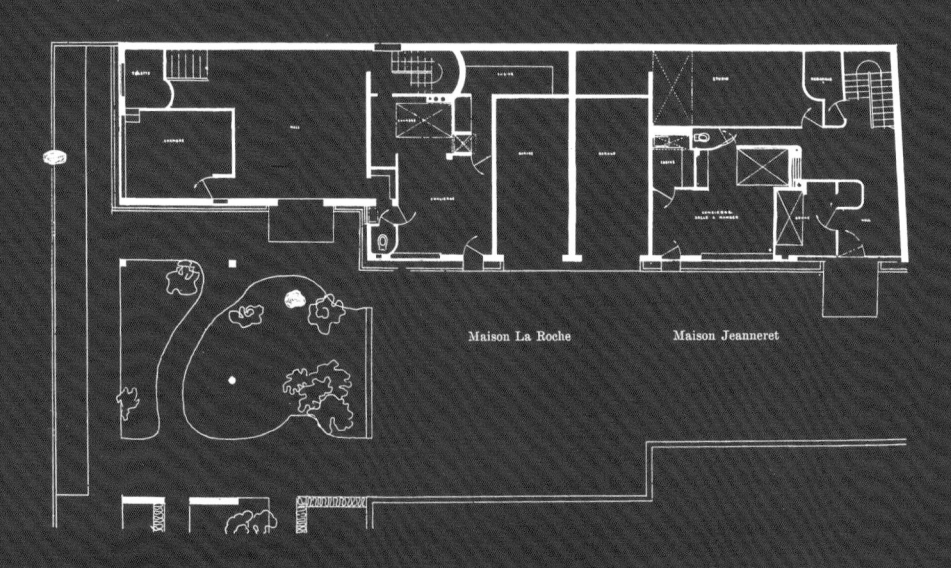

Maison La Roche   Maison Jeanneret

であったほど、魅力的な思想ではなかった。彼らはエリートを自負し、科学、工業、組織の潜在能力を引き出し、旧来の地方主義、迷信、さまざまな保守主義的要素を克服しようとした。そして新しい生活様式と人間関係の構築を試みた。こうした意味で、ル・コルビュジエは1930年に出版された『プレシジョン』の中で1920年代のフェミニズム運動を取り上げたように、特に女性が「我々男性より先行した」と感じていた。女性の「勇気と熱意と独創精神……これは現代の奇跡である」と。この世代に属する若い男女は旧来の社会制度や価値観、信念が崩壊することにより指導的地位を獲得したが、政治的な運動に興味はなかった。彼らが求めたのは、象徴的かつ実質的な新世界観の表明であり、集団としてのアイデンティティを象徴し、宣言する具体的なものであった。ル・コルビュジエがドクトール・ブランシュに建てた住宅における全体の統一性、ピュリズム的特徴、斬新さは彼らの求める世界を具現化していたように思える。しかし、こうした自由な思考をする人々の依頼でつくられたラ・ロッシュ邸をはじめとする1920年代の一連の邸宅は、特定の小集団の嗜好に合わせてつくられたものではない。ル・コルビュジエは頭の中で複数のプログラムを実行していた。そのうちの一つは「忍耐を要する研究」、つまり有形、無形の世界を自分が求め、信ずるようにつくり直すという作業であった。

　今日、ドクトール・ブランシュ通りから見えるこの邸宅のL字形は庭に囲まれ、開放的だと賞賛される。しかし現在の姿は、実は未完成形である。もともとラ・ロッシュ邸は実現しなかったS. マルセル邸も合わせて、新古典主義的な5分割構成をなす計画であった。この構成は同時期にル・コルビュジエ

ル・コルビュジエ、ピエール・ジャンヌレ：
『ラ・ロッシュ邸』1階平面図（左頁下）、
2階平面図（左頁上）、ギャラリー内観（右）
ル・コルビュジエ財団

が絵画において試みていたことに近い。未だ見出されていない空間、形態の構造を開拓しようとする一方で、プーサンへの回帰、あるいは古典的規範の遵守という側面もみられる。こういった両義性は、ラ・ロッシュ邸のインテリアについてもいえる。

　玄関を入ったところのホールは3層分の吹抜けになっており、そこから建物の各部へ流れ出るように空間がつながっている。この構成はメゾン・ブテイユに負うところが大きい。どんな住宅もそうだが、この住宅にもパブリックとプライベートという二つの領域がある。しかし平面においては、突出した階段や踊り場、斜路、ブリッジといった全体を巡る動線が要素として強調され、もはや慣習的な意味での廊下ではない。これはピカソ、グリス、ブラックをはじめ、オザンファンやル・コルビュジエなどの絵画コレクションを展示できるようにという施主の要求がきっかけとなっている。最後となった1965年のインタビューで、ル・コルビュジエはラ・ロッシュにこう言ったことを回想している。「私はあなたのために驚くべき建築的散策路をつくってさしあげましょう。」こうして彼は建築的散策路、つまり空間やヴォリュームの内外を巡る、美的経験をあたえるための路をつくり出した。しかしその根底には、動線は構造と同じくらい重要だという次の一文に代表されるル・コルビュジエの信念がある。──「建築は動線である」、そしてそれは明確に表現されなければならない。

　平面をみると、ル・コルビュジエは前述した2種類の動線、目的地を見据えた「直線」と「ロバのジグザグ道」の両方を融合させている。前者は就寝、読書、調理といった個別の単位空間の「目的地がはっきりしている場合」に適用した。そして「ロバの教訓」に従い、後者は玄関から図書室、さら

ル・コルビュジエ、ピエール・ジャンヌレ：『ラ・ロッシュ邸』
ギャラリーと吹抜けに面した2階、ル・コルビュジエ財団

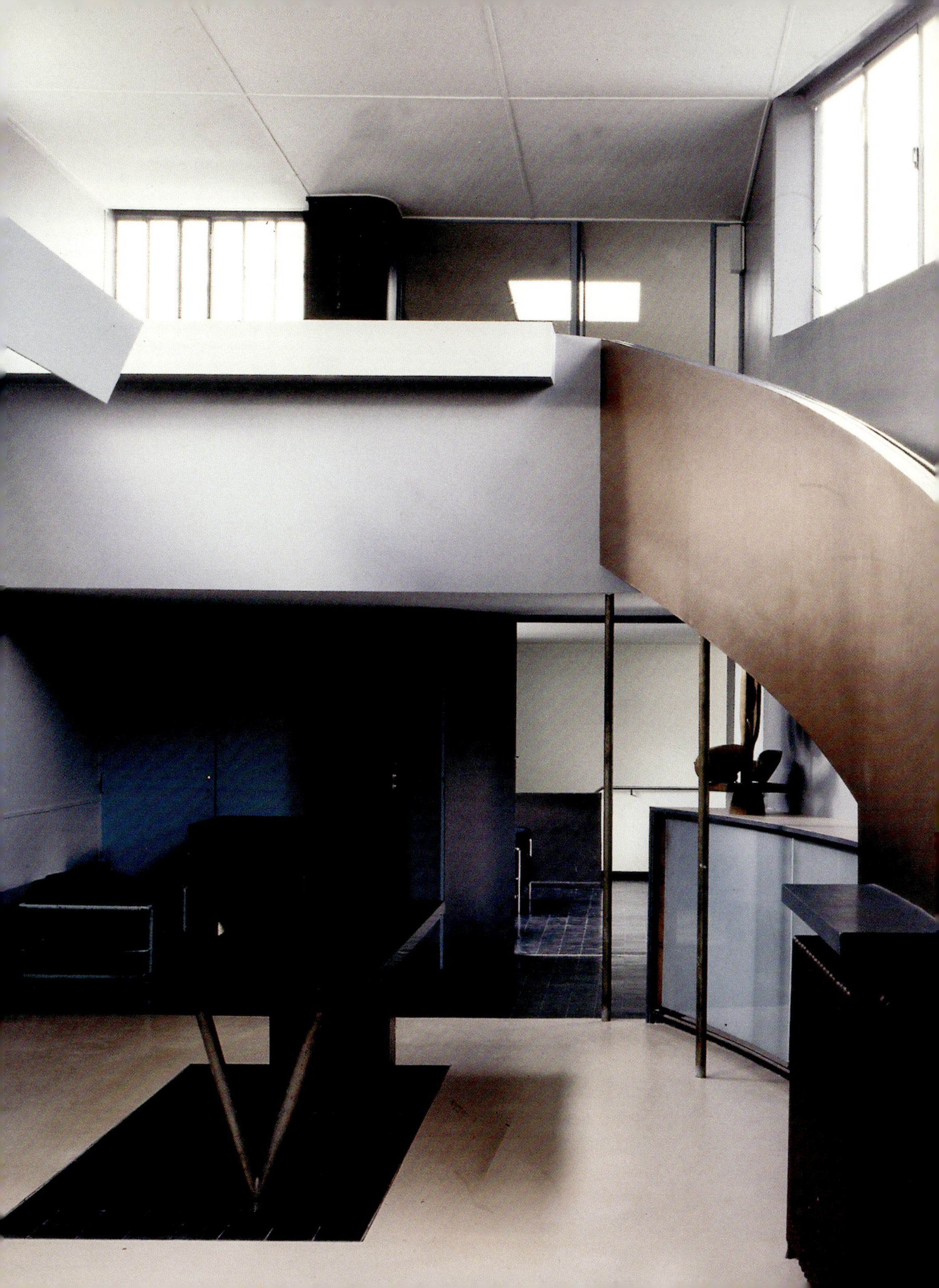

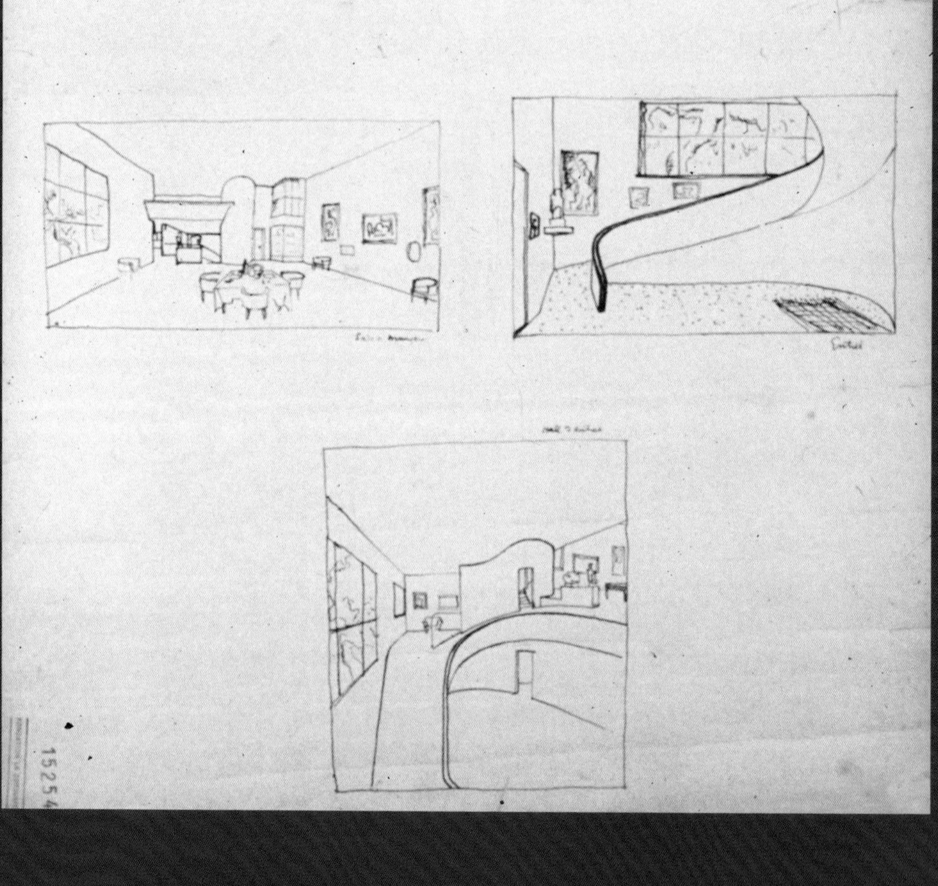
15254

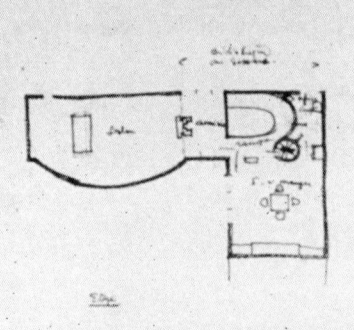

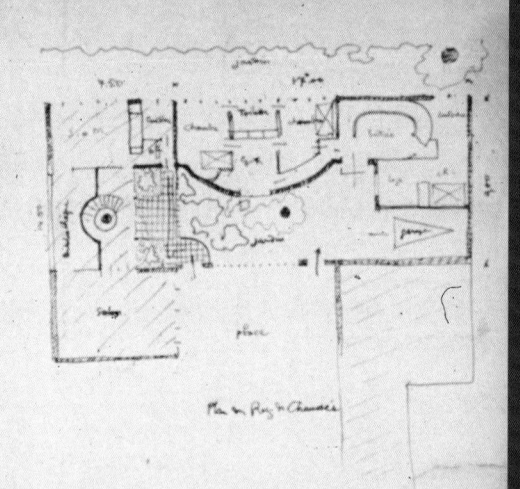

にその先の屋上庭園へと至る、うろうろとしながら絵を眺めるルートである。ル・コルビュジエがよく知っていた、あのフランス版ピクチャレスク庭園からそのアイディアを得たと結論づけることは容易だが、もう一つ明らかなのは彼がアクロポリスを巡る経路を参照しながら新しいコンセプトを発展させていったということである。ル・コルビュジエは1911年に東方への旅でアクロポリスをスケッチに記録し、建築史家であり考古学者でもあるフランソワ・オーギュスト・ショワジィの本も読んでいる。また、ラ・ロッシュ邸の設計開始と同年に出版された『建築をめざして』の中にはアクロポリスの図版を収録した。

　運動に関係する建築的要素の多さにもかかわらず、空間は不思議と穏やかで均衡がとれている。その理由は、内部空間に動きを導入する一方で（動線要素を含む）各形態要素の配置は古典的な3分割構成に従っており、また不定形な建築的散策路が結果的に古典的規範の存在を際立たせているからである。しかしながら、新しく開放的な建築をつくるという使命のため、この建物は基壇の上に載っていないし、コーニスで締めくくられてもいない。上下に特に区別はなく、入り隅にアクセントを付けることもせず、さまざまな建築的要素間のヒエラルキーも排除している。

　色彩についても同様のことがいえる。注意深く選ばれた色のパレットから、全体の白さを強調するためにいくつかの形態要素のみが着色される。結果としてル・コルビュジエのピュリスト的主題である「汚れた隅、暗い隅をつくらない」という「リポリンの道徳律」に従った「白亜の、ミルクのような」空間を生んでいる。

ル・コルビュジエ、ピエール・ジャンヌレ：『ラ・ロッシュ邸』初期スケッチ、1923年

構成に統一をもたらすもう一つの古典的手法は、ファサードに使用された「指標線（トラセ・レギュラトゥール）」である。ル・コルビュジエはシュウォブ邸において既にこの手法を使っていた。シュウォブ邸、ラ・ロッシュ邸は、オザンファンのアトリエ、フランソワ・ブロンデルによるサン・ドニ門とともに指標線の使用例として『建築をめざして』に収録されている。

　ラ・ロッシュは「偉大なる美のオブジェ」が創造されることを信じ、ル・コルビュジエの思想の実現のために必要な一切の自由を与えた。そして建築作品として完全な成功をおさめる。世の建築家たちはこれを賞賛し、ラ・ロッシュは「望みが叶えられた」と感じた。作品が竣工したときにラ・ロッシュはル・コルビュジエにこう言う。「この住宅は私に大いなる喜びをもたらしてくれた。感謝の意を表したい。」その印として彼は小さな自動車をル・コルビュジエに贈った。改善不能なセントラル・ヒーティングの騒音や常に懸案となっていた照明の問題などの技術的な不具合にもかかわらず、ラ・ロッシュは1963年までこの邸宅での暮らしを楽しんだ。さまざまな改修工事も楽しみながら施し、この作品が画期的なものであることに自信をもっていた。亡くなる直前のインタビューでラ・ロッシュは、ル・コルビュジエがこの作品を重要な「出発点」として位置づけていることを誇りに思っていると告白した。今日、この建物にはル・コルビュジエ財団の本部が置かれている。

ル・コルビュジエ、
ピエール・ジャンヌレ：
『ラ・ロッシュ邸』屋上庭園

III

　1920年代のル・コルビュジエは、定義と原理から出発して新たな命題や定理を生む数学者のように厳密に、あるいは主題と型を見出した作曲家がヴァリエーションを派生させるように系統立ったやり方で一連の邸宅を設計した。事実、この時代につくられた作品群はそれぞれの施主や敷地条件に対応しているばかりでなく、空間構成法の実験をするための論理、作品相互の関係から生まれている。

　『マイヤー邸』（ラ・ロッシュ邸の建設と同年、1925年に設計）は実現されなかったプロジェクトであるが、マイヤー夫人へ宛てた一通の手紙を通して広く知られている。このきわめて意義深い手紙の中でル・コルビュジエは、すばらしいスケッチと言葉を連携させた漫画のコマのような手法を用い、デザイン上の原則とそれによってできる空間の予想図を描いている。その案では1階部分も内部空間となっており、垂直動線が直方体の建物ヴォリュームから押し出され独立している。これは3年前、1922年のベスヌス邸でル・コルビュジエが発見した手法である。ピュリスト的原則を遵守し、運動の「法則」から動線の「器官」の曲面形を導き出した。より初期の案でル・コルビュジエは別の組合せも試している。ヴォリュームをピロティの上に持ち上げ、垂直動線を格子状の鉄筋コンクリート構造体の内に取り込んでいた。こちらは器官が骨格の中にあるのと同じである。

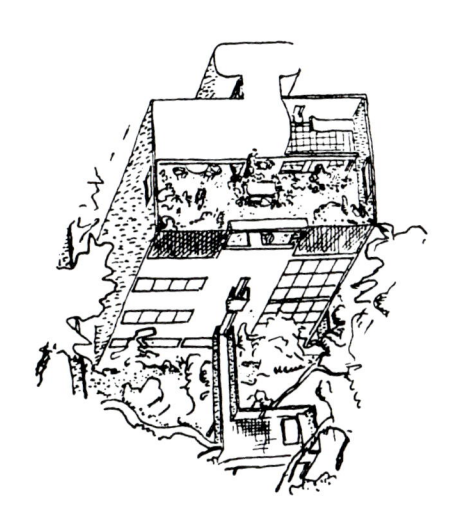

ル・コルビュジエ、
ピエール・ジャンヌレ：
『マイヤー邸』、パリ、フランス、1925年

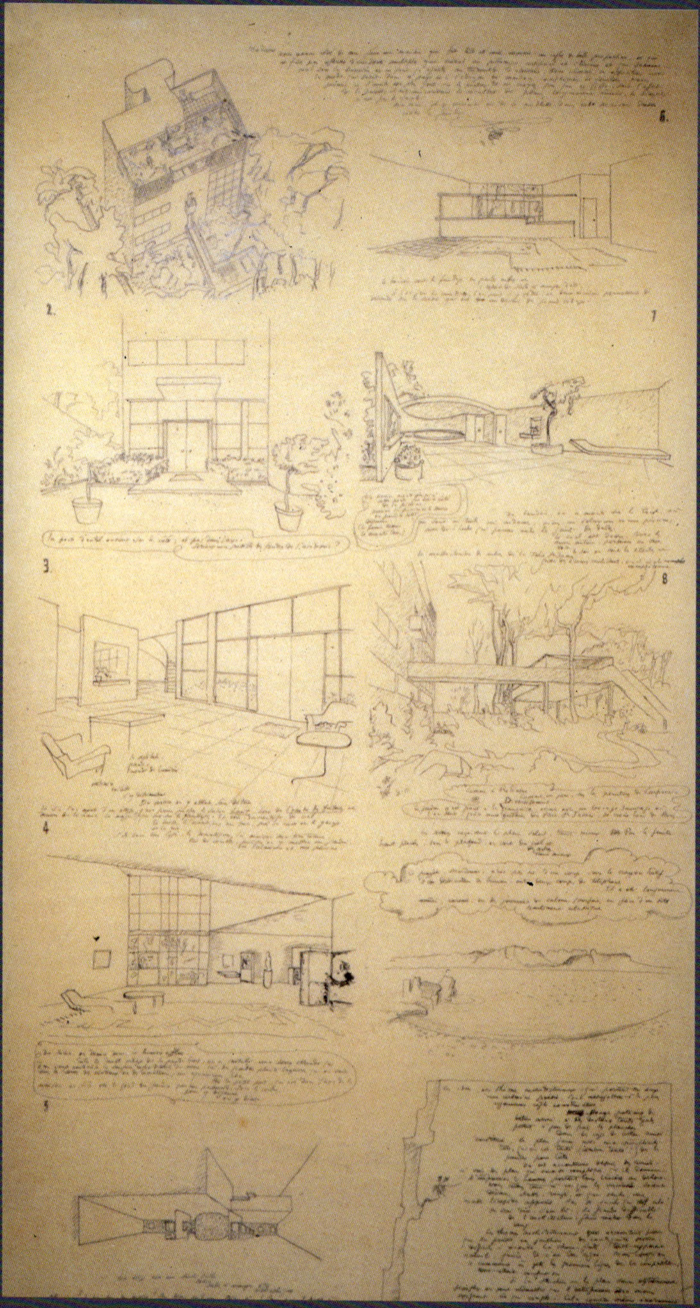

マイヤー夫人へ宛てた手紙の中で、ル・コルビュジエは「自由な平面」の開放性と「建築的散策路」のシークエンスとの間に起きる相互作用について熱心に語っている。映画界の先駆者、セルゲイ・エイゼンシタインの絵コンテを連想させるドローイングは、順を追ってシーンからシーンへ、近景と遠景を織り交ぜながら展開する。エイゼンシタイン風にいえば「線とは運動の軌跡」であり、ドローイングは動いている人間が建築空間をどう把握するかの表現である。

　パリのブローニュ・シュル・セーヌに建つ『クック邸』はマイヤー邸の翌年に、アメリカ人ジャーナリスト、ウィリアム・クックより依頼され、こちらは非常に恵まれた仕事であった。設計の依頼が1926年4月、竣工は1927年3月である。「ピロティ」と耐力壁を組合せた構造によって地上を開放している。「動線の器官」は直方体ヴォリュームの輪郭の中に収められている。基壇部分が空白であること、縁取りを強調せずに屋上庭園のヴォリュームを規定する水平要素、水平窓によって統合されバルコニーの突出によって重心をずらした5分割構成はどれも古典的規範が背景にあることを暗示している。『ヴィラ・ダヴレー』あるいは『チャーチ邸』（設計依頼1927年、竣工1929年）もアメリカ人、ヘンリー・チャーチ夫妻の邸宅である。ここでも3分割、5分割構成という古典的規範の適用と局所的逸脱という方法が追求されている。ピロティは設けられていないが、一連のプロジェクトの中で屋上庭園が最も発展した作品といえる。またこの邸宅にはシャルロット・ペリアンとル・コルビュジエによる「設備」──ル・コルビュジエが言語を「純化」し、「家具」という概念を更新するために考案した用語──がふんだんに置かれている。ペリアンはル・コルビュジエの事務所に所属していた間、そし

ル・コルビュジエ、ピエール・ジャンヌレ：『マイヤー邸』、パリ、フランス、1925年

てその後もしばしば中断を余儀なくされながらも協力者として仕事に携わったが、ル・コルビュジエの協同デザイナーとなったのは1950年代はじめになってである。

　住宅＝機械を作動させるさまざまな装置をこれ以上ないほど駆使したのが、『ガルシュ』、『ル・テラス』などとして知られる『スタイン／ドゥ・モンヅィ邸』である。1925年に依頼され、1928年に竣工している。施主はアメリカ人のマイケル、サラ・スタイン夫妻（マイケルは現代美術のコレクターとしても名高い作家、ガートルード・スタインの弟）とガブリエル・ドゥ・モンヅィ（2人の友人であり、アナトール・ドゥ・モンヅィ大臣の前夫人）である。原則からの古典的で巧みな修辞的逸脱や計算された矛盾は、チャーチ邸よりも極端であり、まるで技法のカタログである。立面にさまざまなパタンを重ねる過程で計画的に中心性が強調され、あるいは弱められる──『建築をめざして』の中で図示されたフランソワ・ブロンデルの『サン・ドニ門』と同じ手法である。モンドリアン的ともいえる、水平窓のストライプがつくる開放的な立面の背後では、3分割、5分割の構成が古典的規範による秩序を確かなものにしている。これまでこの作品はパラーディオ的だとされてきた。しかしながら、イタリア旅行でパラーディオの作品には目もくれなかったル・コルビュジエが、ここでフランスの古典主義建築の原理を参照したことは明らかである。

　「パラーディオ的」というならば、ポワッシー（イヴリーヌ）の『サヴォア邸』の方がむしろ適当だろう。施主のピエール・サヴォアが妻、息子と過ごすために建てた別荘である。ヴィラ・ロトンダと同じく果樹園を見下ろす望楼であり、ル・コルビュジエ流の言い回しをするならば、風景を「見る」

ル・コルビュジエ、ピエール・ジャンヌレ：
『スタイン／ドゥ・モンヅィ邸』、ガルシュ、
フランス、1928年（上、左頁）
写真：2点ともルシアン・エルヴェ

STEIN DE MONZIE
724

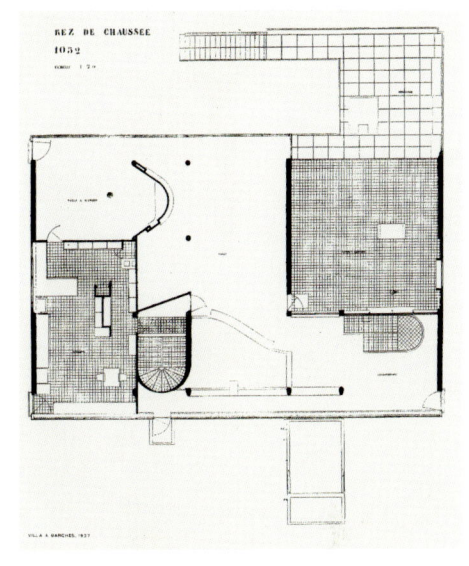

ル・コルビュジエ、ピエール・ジャンヌレ:『スタイン/ドゥ・モンヅィ邸』コンセプトスケッチ(左頁)
アクソメ図および1階平面図(上)

ための機械である。平面はほぼ正方形で、ヴォリュームは水平、垂直方向とも3分割構成になっている。1階は駐車スペースへ向かう自動車の回転半径によって形が決められた「動線の器官」とそれを取り囲むロッジアあるいはピロティから成り、2階は「ピアノ・ノビレ」とよばれるフロアである。水平窓は3方の立面上を横にはしり、目の前に広がる光景をパノラマ的にフレーミングする。この手法は以前のどの作品よりも極端だといえよう。水平窓は地平線上の物の輪郭を強調し、スカイラインの形を浮き上がらせるという視覚的効果を生み、さらに「建築的散策路」が風景を「見る」ように促す。全体ヴォリュームの中央に切り込むように配置された斜路は、そこを折り返しながら上る人の頭の中にあらゆる方角の断片的な映像を並列的に浮かび上がらせる。最終的には屋上のソラリウムに行き着き、ここもまた風景を「見る」ための装置となっている。今日、環境芸術とよばれているものに近いが、屋上にはまっすぐ進む／曲がる、あるいは閉ざす／開くといったように、さまざまな形の壁面や柱、覆いがある。こうした人工物がつくる縁、水平面、フレームには視点、焦点を調節し、風景を際立たせる、あるいは予測させるという効果があり、訪れる者に風景のさまざまな解釈を可能にする。

　1928年に設計を依頼され、1931年に完成したこの邸宅は不幸な一生を歩むこととなる。当初よりこの建築は「日常生活のための諸機能」に重きを置いたものではなかった。ル・コルビュジエの考えでは、ヴィラ・ロトンダのように「ヴェルギリウスの夢の中に入って」週末を過ごす人びとのための建築、「テクノロジーが生む詩」となるはずであった。そしてこの建築に限ったことではないが、

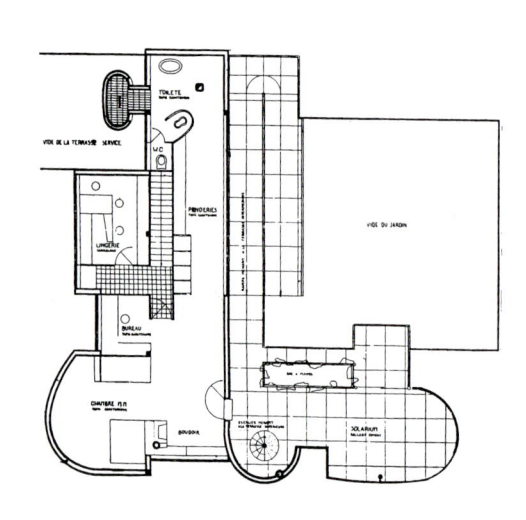

ル・コルビュジエ、ピエール・ジャンヌレ：
『サヴォア邸』、ポワッシー、フランス、
1929年（上）写真：マイケル・レヴィン
屋上庭園　平面図（左頁）

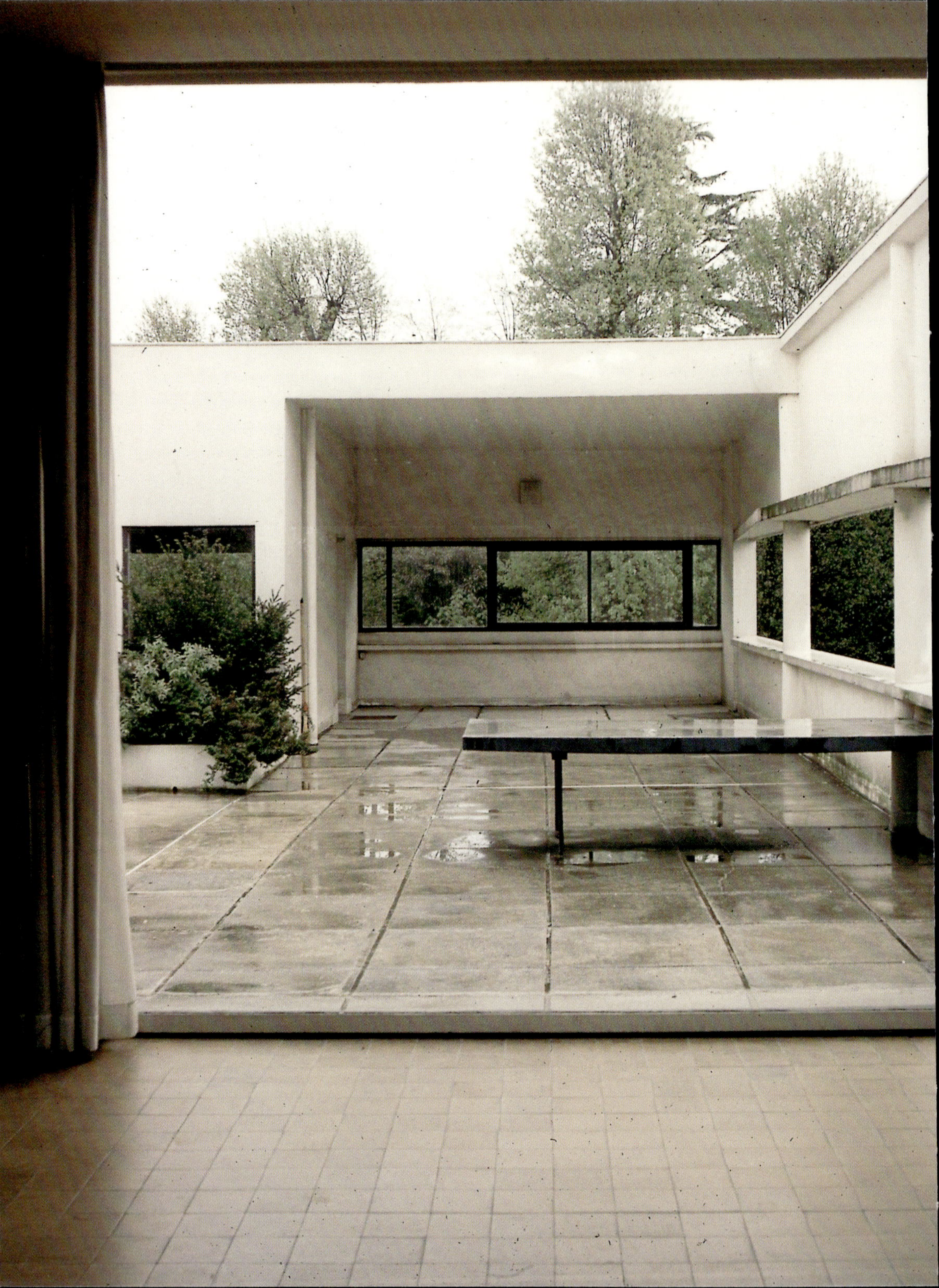

ル・コルビュジエは躊躇なしに未検証でリスクの高い技術を実験的に使う。これが裏目に出て、この建築は環境的、技術的悪夢と化した。
　親友でもあったサヴォア邸の施主にたいする無責任さは、建築的には魅力があっても両親が住むにはきわめて不適切な住宅をスイスの山奥に建てたときの失敗とさして変わりはない。サヴォア夫人と同様、ル・コルビュジエの両親も新居での暮らしを楽しむことができなかったが、彼らの場合その理由は別のところにあった。彼らにとって新しい住宅は経済的、体力的にも維持管理が不可能だったため、手放さざるを得なかったのである。それでもなお、1925年の引退を機に彼らは再びル・コルビュジエにヴェヴェイ近くの『レマン湖の小さな家』を依頼し、そこで暮らした。この小さく水平な構築物は、サヴォア邸よりも5年前の作品だが、やはり「見る」ための機械である。ファサードを横断する水平窓から見える湖に面して、台所を除くすべての場所が連なっており、窓は地中海の風景に似た対岸の山々のシルエットを切り取っている。矛盾を含む魅力的なやり方で、ル・コルビュジエは壮大な風景の一部を遮るためにいったん壁を立てるが、今度はそこに開口を設けようとする。その結果、サヴォア邸に組みこまれたあらゆる装置に匹敵するような、現代の詩人であれば豊かな「異化」—見慣れたものを全く別の新鮮な経験に変えること—とよぶであろう効果が生じる。またサヴォア邸よりもラ・ロッシュ邸に近いといえる点は、ル・コルビュジエが両親のために建てたこの住宅において建築家と施主の対話が完全に成り立っていたということである。

ル・コルビュジエ、ピエール・ジャンヌレ：
『サヴォア邸』テラス（左頁）と斜路（右）
写真：2点ともマイケル・レヴィン

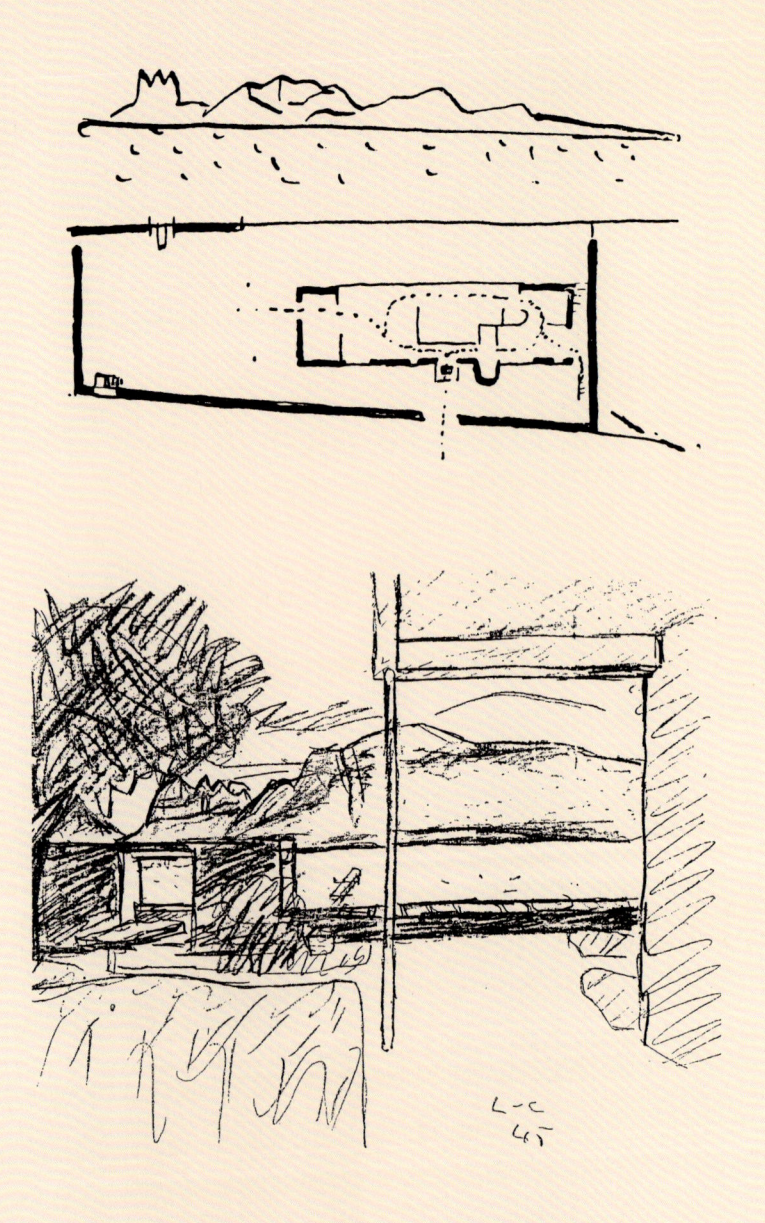

『両親の家』、レマン湖、1925年（右頁）、ル・コルビュジエ財団
配置プランとランドスケープのスケッチ（上）

IV

　オザンファンのアトリエは、住居と仕事場の複合という問題について実験する場となった。ロフトを設けるという着想はその2年後、1924年の『工匠のための量産住宅』まで持ち越される。オザンファンのアトリエの不整形な敷地にヒントを得たと思われるが、このプロジェクトでル・コルビュジエは対角線を導入することによって、限られたヴォリュームの中で奥行きを感じさせつつ、平面の半分をロフト床にしている。また1925年の『大学都市』でもロフトをもつ構成を再び採用した。どちらのプロジェクトにおいても、プライベートな居住領域をその他の共用領域から分離するというエマ修道院の図式が取り入れられている。ロフトの構成はその後もル・コルビュジエの標準的手法として用いられるが、後々まで参照されるのは居住部分のみである。仕事場についてはその後とりたてて再利用されたデザインはない。

　前衛的な論理にもとづき数多くの邸宅をデザインしている間も、ル・コルビュジエは量産公共住宅の問題に積極的に取り組んだ。彼は二つのあまりにかけ離れた領域（上流階級と下層階級に提供する住宅）の双方に関わることに何の矛盾も感じなかっただけでなく、むしろ両者のかかえる問題は同じ領域に属していると考えた。ピュリストの思想からすれば、文化には「ハイ」も「ロー」もなく、成り行きまかせの進歩もなく、発展と退廃があるのみなのだ。既に述べたが、ル・コルビュジエは幾つものプログラムを同時に実行しており、それらは互いに影響しあっていた。ある計画で試して得た結果が他の場面で応用される。ル・コルビュジエという辞典には、歴史的な遺構から、世俗的な建築、

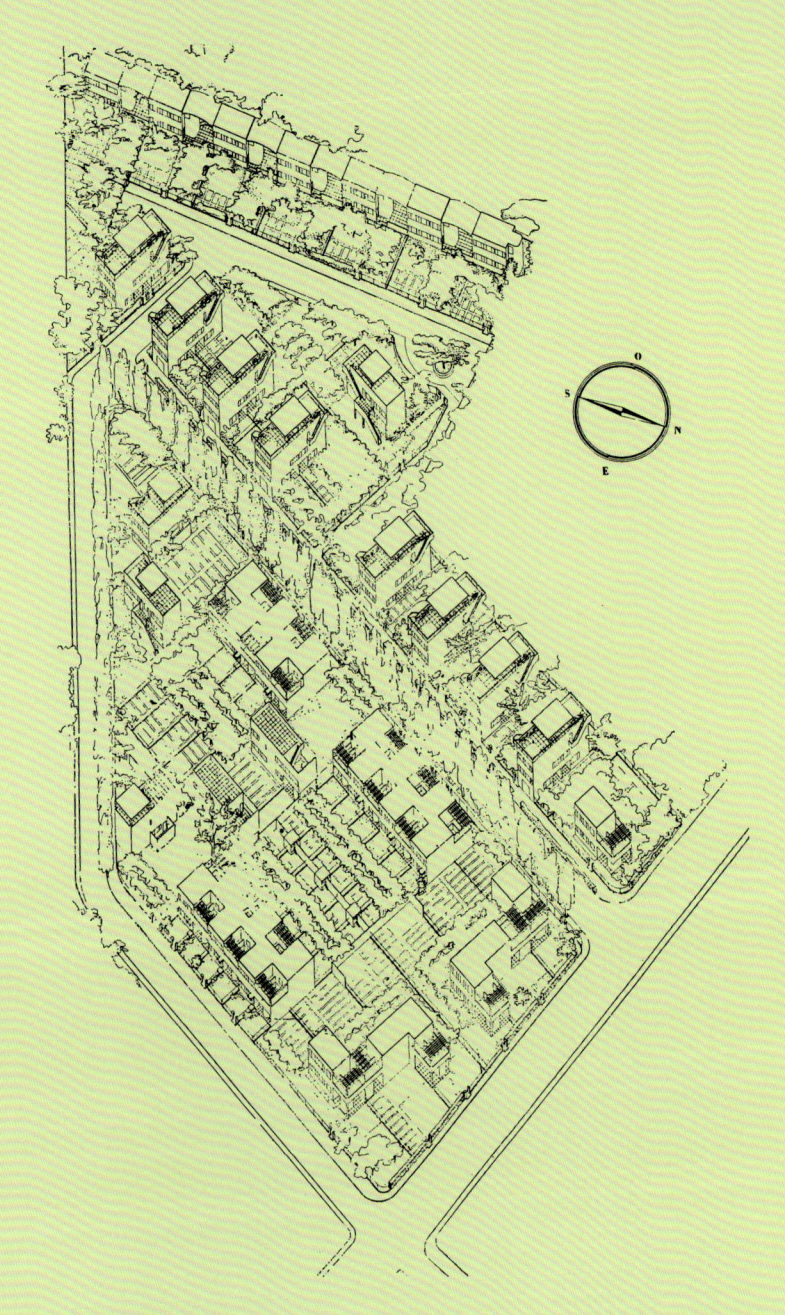

『ペサックの集合住宅』、ペサック－ボルドー、1924-1926年：アクソメ図（上）とスケッチ（右頁）

客船や汽車の個室などエンジニアが設計した空間まであらゆるものが収められ、そこから引き出した語彙を邸宅であろうと公共住宅であろうと同じように適用した。

　プロジェクトという枠をこえたアイディアの交換、共有は『ペサックの集合住宅』において顕著である。ボルドーに建設された、『カルティエ・フリュジェ』あるいは『カルティエ・ドゥ・モンテイユ』ともよばれる、下層から中産階級向けの60戸からなる住宅地の開発である。1924年にアンリ・フリュジェがル・コルビュジエに設計を依頼する。製材、砂糖産業で財産を築いたフリュジェは単なる実業家ではなく、音楽、絵画、テキスタイルを自ら制作するという一面をもち、美術品のコレクターでもあった。彼にとってペサックは、当時不可能とされていた「松林と新鮮な空気に包まれた」住宅を市場に供給する新しい田園都市であった。ル・コルビュジエはこれを建築的な実験室として捉える。実験の大半は建設構法の新技術についてであり、建築的にはそれまで蓄積してきたさまざまなプロトタイプを応用したものといえる。ペサックの敷地があまりに味気ないので、ル・コルビュジエはコンクリート造の住宅群を彩色しようと考えた。画家としての経験から、彼はこの地の風景に適した色をパレット上に並べる。5年後、サヴォア邸においても色彩にかんする実験が繰り返されることになる。

　建設は1925年に始まり1926年に完了した。フリュジェはル・コルビュジエに慣習的なプランや伝統的な構法を求めてはいなかった。彼には当時の保守的な住宅建設、販売システムを改変したいという野望があったからである。そしてル・コルビュジエもフリュジェも、自分たちの期待がどれほど非現実的なものなのか気づくことはなかった。市との間には軋轢が生じ、地場の建材や労働者の技能を

無視して未だ実績のないプレファブリケーション技術を導入した。結局、2人が実験的に使うことを望んだ、セメントガンをはじめとするさまざまな未確立の建設技術に対応できない地元の施工会社や労働者たちにかわって、パリに本社を置く企業に改めて工事を請け負わせる始末となる。他にも大きな誤りがあった─水の供給不足、高い建設費、相場に合わない価格、不十分な床面積などである。その結果何か月もの間、入居者が決まらないまま放置されてしまう。『全作品集』の中でル・コルビュジエは自身らの苦難をバルザックの小説に登場する悲劇的人物のごとく回想している。1926年に訪れたヴァルター・グロピウスなど、前衛的建築家からは絶賛されたが、ペサックの集合住宅は技術的、機能的、経済的にみれば完全な失敗であった。フリュジェ自身も事業的に挫折し、1929年には現役を引退した。

V

　ル・コルビュジエは『全作品集』の中で、パリに居を構えて5年後の1922年にサロン・ドートンヌの「都市計画部門」のディレクターから「何か」展示するものをデザインしないかと誘われたときのエピソードを紹介している。そこで求められている「都市計画」とは何かとル・コルビュジエが問いかけると、彼は広場の噴水など今でいうところの「アーバン・ファニチャー」を例にあげた。ル・コルビュジエは次のような言い方でもってその依頼を受けた。─「300万人の都市」を背景にした広場の噴水のデザインをしましょう。こうしてル・コルビュジエは、どんな些細な仕事でもチャンスは決

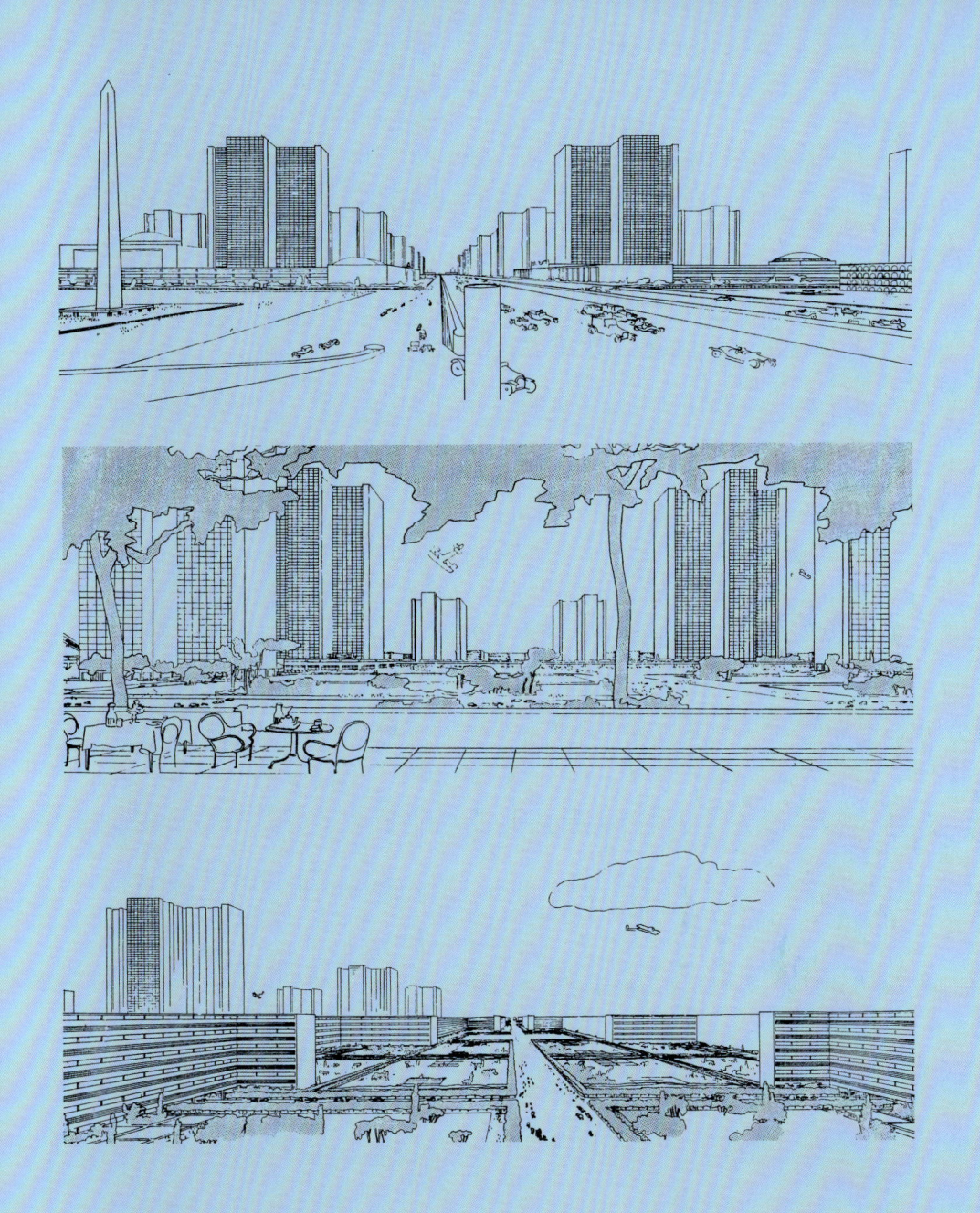

『ペサックの集合住宅』住棟外観（左頁）写真：ルシアン・エルヴェ／『300万人のための現代都市』、1922年（上）

して逃さないという主義のもと、自身の都市計画にかんする思想を大々的に提示するべく準備にかかった。ル・コルビュジエが目標としていたことは帝国主義的デザインなどではなく、都市という概念を再定義し、都市計画というデザインの領域をあらためて提示することであった。27メートルにもおよぶ展示スタンドに掲げられた理論的ダイアグラムや『300万人のための現代都市』の計画図、100平方メートルのジオラマ模型が会場に設置された。言葉による解説は少ない。そちらは1925年に出版されたル・コルビュジエの著書『ユルバニズム』の中でなされており、計画の正当性、根拠となるデータ、プロジェクトの明確な目標について述べられている。

ル・コルビュジエの計画では、中心部に40万人が住むための60階建ての摩天楼24棟が建つ。1辺250メートルの緑地が各摩天楼を取り囲み、さらに周辺には将来のための余地として緑の公園ゾーンがあり、共用のレクリエーション施設が配置されている。その他に2層の住戸を6段積み重ねた集合住宅があり、60万人がそこで暮らすことができる。この集合住宅はピロティと、それによって持ち上げられたジグザグ形のスラブから構成されている。そして外周部には幾つもの田園都市があり、200万人がそこで生活する。

邸宅や集合住宅の設計をとおして見出したデザインの手法は、新たに開拓しつつある「都市計画（アーバニズム）」の分野においてもル・コルビュジエのデザインを方向付けることとなる。まず、従来の分類法は抹消される。いったん全ての通りは除去され、それに面する従来の建築物もなくなる。次に都市は構成要素に分類され、中心部の混雑の緩和、利用密度の向上、交通手段の改善、緑地面積の増加などの新し

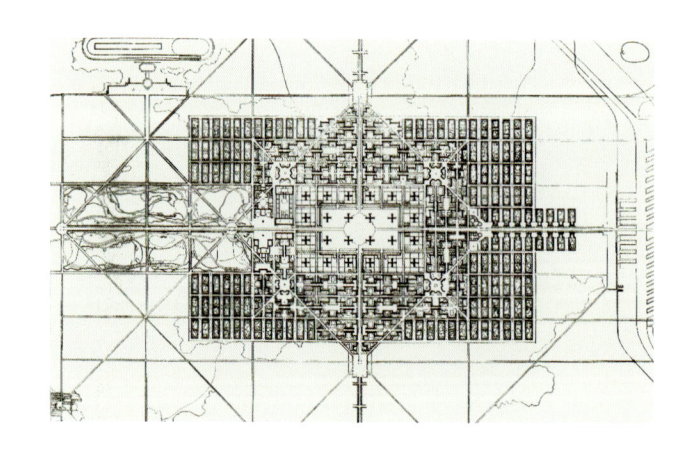

『300万人のための現代都市』
模型俯瞰（上）、ル・コルビュジエ財団／配置計画（左頁）

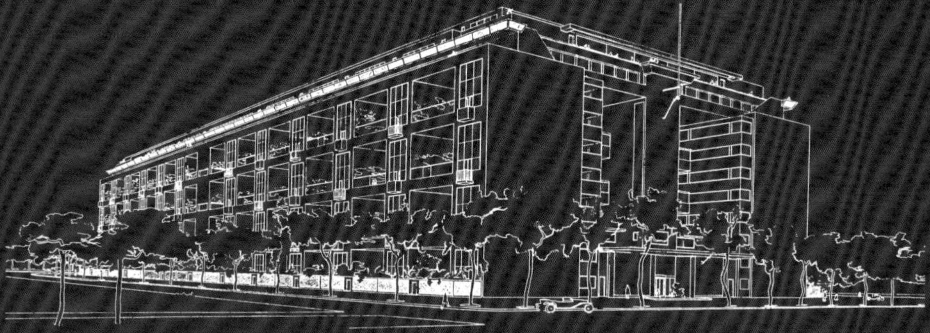

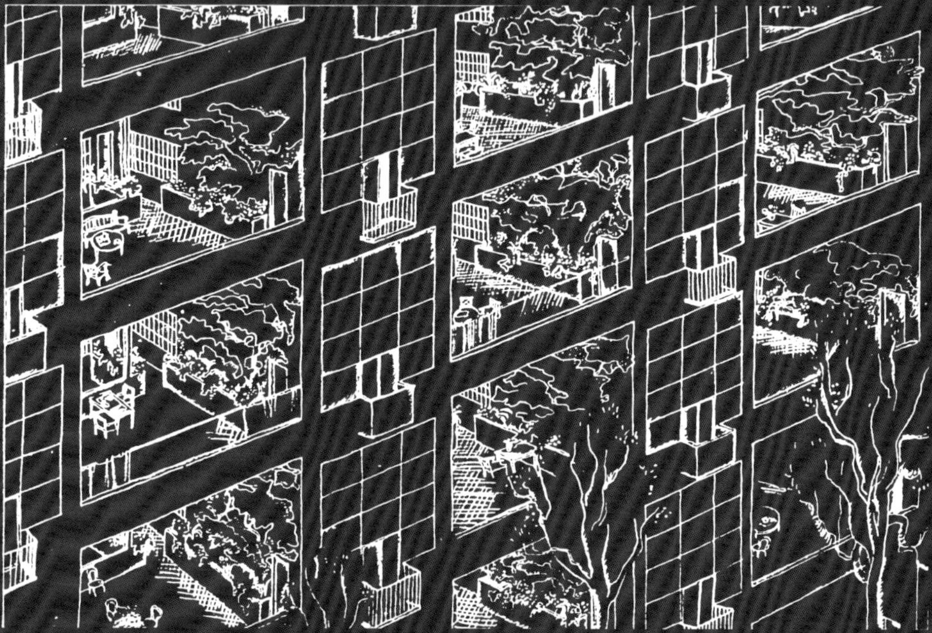

い目的に応じて合理的に再構成される。ル・コルビュジエは「速度をそなえた都市は、成功をおさめる都市だ」と言っている。計画された都市の中心部は地下3層になっており、近郊や遠隔地からの路線が入った地下鉄のターミナルである。駐車場として利用する中間階は閉じておき、地上の20万平方メートルのプラットホームは空港として使用する。

『300万人のための現代都市』で使われた新しいプロトタイプは、十字形平面の超高層、雁行平面、そして『イムーブル・ヴィラ』のブロックである。ル・コルビュジエが過去の作品を参照しながらイムーブル・ヴィラの計画へ到達したのは明らかである。高層住宅で生活するための「新しい解法」として、シトロアン住宅の2層の「ボックス」を積み重ねて12階分の床をつくり、住戸の横に空中庭園となるソラリウムを挿入した。住民は使用人を雇わず、日々の買い物をするのに街に出てゆく必要がない。カルトゥジオ会エマ修道院にならい、ル・コルビュジエはそうした施設を共用部に集約したからである。共用施設は各ブロックの中央部に組織的に、機能的に、そして空間的に集約され昼夜営業を続ける。

イムーブル・ヴィラの住戸ユニットは詳細に検討され、『エスプリ・ヌーヴォー館』として、ついに実現する。1925年にパリで開催された「国際装飾博覧会」においてプロトタイプ的建築として建設したものである。標準化された部材を用いて建設されたこのパヴィリオンは、モデル住戸とコンセプトの展示館という二つの互いに隣接する部分からなる。住戸にはトーネットの椅子などが置かれ、レジェ、グリス、オザンファンの絵画が飾られた。住戸の一部は囲われた外部空間となっており、豊か

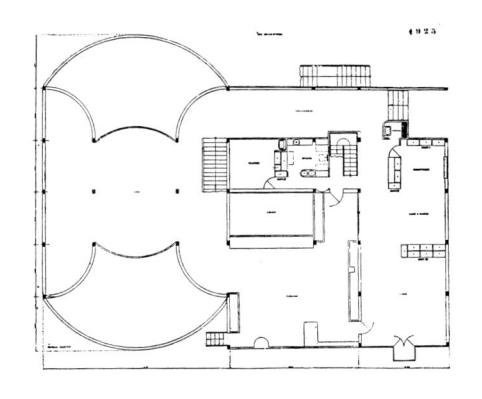

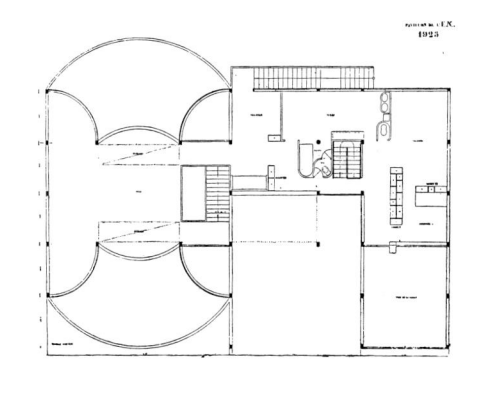

『イムーブル・ヴィラ』1925年（左頁上）：空中庭園のディテール（左頁下）
『エスプリ・ヌーヴォー館』、パリ、1925年：1階平面図、2階平面図（上）

L'ESPRIT NOUVEAU

に生い茂った緑の象徴として1本の木が植えられた。パヴィリオンは論争の的となる。伝統的な装飾芸術を披露するという博覧会の趣旨にたいして、エスプリ・ヌーヴォー館のピュリスト的特徴はそれを否定する聖像破壊主義的なものという印象を強く与えたのである。博覧会を取材したロシア人文筆家、イリヤ・エレンブルグはフランスの出展内容を「グレーで味気ない」、イタリアのものを「横柄でくだらない」と総評し、コンスタンティン・メルニコフによるソヴィエト館を「使えない階段、雨ざらし……これは功利主義を唱えるものではない」と形容している。そしてエレンブルグは、ル・コルビュジエのパヴィリオンだけが傑出していたと記述している。閉会と同時にパヴィリオンは取り壊されたが、1977年にボローニャに復元されることとなる。

当初、ル・コルビュジエは革新的な実業家、アンドレ゠ギュスターヴ・シトロエンに壮大で革命的なプロジェクト—国際装飾博覧会のエスプリ・ヌーヴォー館にて出展されるパリの再建計画—のスポンサーにならないかと持ちかけた。「自動車は都市を破壊した。こんどは自動車が都市を救うのです」というのがル・コルビュジエの主張である。シトロエンの興味を引こうとするのは、1922年にシトロアン住宅という類似の名称を借用したときに続いて2度目である。しかしシトロエンの気持ちは動かされなかった。こうして1925年におこなわれた研究には別の航空機・自動車メーカーの名称がつけられる。『ヴォアザン計画』である。

エスプリ・ヌーヴォー館に展示された巨大プロジェクトの解説文の中で、ル・コルビュジエは「西洋で最初の都市計画家」としてルイ16世に敬意を表している。それと同時に彼は「現代的感覚」、「幾

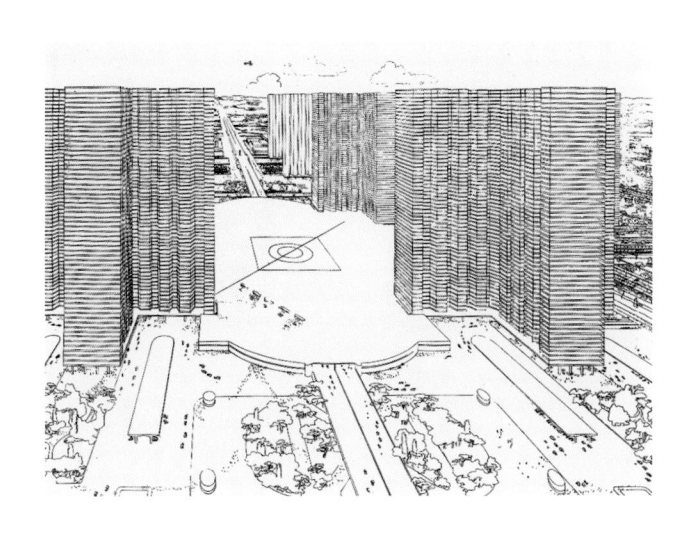

『エスプリ・ヌーヴォー館』（左頁）
『ヴォアザン計画』1925年（右）

何学的精神、構築と統合の精神」を重んじる「新たな態度」を人々に求めた。それは「厳密さと秩序」、「普通」で「普遍的」な「明晰なる事実」を意味し、個人的で「熱狂的な」ものではない。ル・コルビュジエによれば、その精神はワーグナーでなくバッハに、そしてカテドラルではなくパルテノンに見出すことができるものであった。

　デザインの上で幾何学的精神は、厳密な長方形グリッドパタン、建築されたヴォリュームと緑地との明確な線引き、直角に交わる幅員の広い高速道路に表れている。ル・コルビュジエはこの新しい世界で街路は「存在することをやめ」、あの「薄暗い谷間」、あの「ぞっとするような悪夢」がなくなる代わりに、「地球上のどの尖塔よりも高くそびえ」、「間隔を十分にとった」十字形の「クリスタルのタワー」あるいは「透明なプリズム」が現れるとした。煉瓦や石は見られず、「ガラス……そしてプロポーション」のみが存在する。摩天楼の足下には低層のジグザグ形のスラブからなる建築がある。緑はあらゆるところにあふれ、摩天楼の間だけでなくその中、そして地上200メートルの屋上庭園にも「錦木、ひのき、月桂樹やツタ」が生い茂り、「チューリップの花壇」まである。パリの旧市街地の全てを取り壊すわけではない。緑地の中ほどにはマレ地区の古い教会やマンションをそのまま残している。地面を見下ろす斜路と空中歩道の両脇には商店やカフェが連なり、建物間をつないでいる。自動車が交通の要となり、そのための駐車場はふんだんに用意されている。さらには地下鉄とその上部に空港が設けられ、摩天楼と同じようにピロティによって支えられている。ル・コルビュジエがこの都市に期待したものは「きれいで純粋な空気」と静けさ、「パリを光のように高速で横断して行く

『ヴォアザン計画』模型鳥瞰、
ル・コルビュジエ財団

自動車」の光景、夜になって「地下鉄のように尾を引く光の帯」であった。

　1920年代も終わりに近づくと、ル・コルビュジエの名声は世界的なものとなる。1927年にはシュツットガルト、ヴァイゼンホフの住宅地開発においてシトロアン住宅を応用したものを実現させる。また、マドリッドとバルセロナに招かれて講演をおこなった。1928年にはモスクワで講演し、6月にはスイスのラ・サラ城にて近代建築国際会議（CIAM）の設立に参加する。1929年に再び講演で各国をまわり、南アメリカ、そして再びモスクワへ行き、アルジェをはじめて仕事で訪れる。

　これらの華々しい成功と同時に、1920年代の終わりにル・コルビュジエは大きな失望も味わった。いったんは設計競技に勝利したジュネーヴの国際連盟宮の設計者になれなかったことである。彼のキャリアの中で、それは公共的な大規模建築を手掛ける転機となるべき仕事であった。建築家としての挫折を逆手に取り、ル・コルビュジエは歴史の中に自分を英雄として記述し、自分の使命を最大限宣伝するチャンスを逃さなかった。彼はその一部始終を著書『住宅と宮殿』に記録し、現代の「宮殿」についての持論を展開した。またウィリー・ボジガーが編集し、1929年に出版された『全作品集』の第1巻にこれを収めた。編集者の役割がたいへん大きかったことは事実だが、つい最近までル・コルビュジエにかんする優れた本といえば、ル・コルビュジエ自身が直接あるいは間接的に書いたものしかなかったことは特筆に値する。1930年にル・コルビュジエはフランス国籍を取得し、イヴォンヌ・ガリと結婚した。

『ヴォアザン計画』模型鳥瞰、
ル・コルビュジエ財団

「宮殿」「シー・スクレーパー」「ヴェルギリウスの夢」　　　　　　第03章

ル・コルビュジエが『全作品集』に記した自分の歴史によれば、1920年から1930年の間が第1期の仕事だとされている。しかし『全作品集』第2巻の冒頭では異なる線引きをしており、パリに着いた1917年から1927年を取り上げている。彼は次のように述べている。「1927年までは2人だけ、ピエール・ジャンヌレと私だけで仕事をしていた。それ以降は徐々に仲間が増えていった」。増えたのは人数だけではない。事務所で請け負う仕事の規模も拡大していった。ペサックは例外として、パリでの最初の10年間、ル・コルビュジエは小規模の建築しかつくっていない。イムーブル・ヴィラやヴォアザン計画などの大規模計画はあくまで理念を提示するものであった。しかし1917年から1927年までの間のこうした地道な仕事は、次の10年間の大規模複合建築のプロジェクトと無関係ではない。1917年から1927年までの10年間は、コルビュジエ自身の表現を用いれば、「忍耐を要する研究」の時代である。その前の10年間（1907 – 1917年）に見習いや旅をしながら集めたデータを駆使し、ル・コルビュジエは伝統的建築言語にたいする批評と、ピロティや屋上庭園、自由な平面などの新しい概念の創出に励んだ。一連の邸宅は来るべき大プロジェクトに備えて、さまざまな方法論を試す実験室だったといえる。

　初めて大規模複合建築物を設計する一歩手前までいったのが、1927年にジュネーヴの『国際連盟宮』設計競技で、いったんは勝利をおさめた時である。不運なことに、ル・コルビュジエの言葉によると「謀略によって（彼とピエール・ジャンヌレの）労働の成果は奪われ」、図面が「直接墨入れしたものでなく、印刷機で複写された」ものであることを表向きの口実にして、「4人のアカデミー派の建築家が指名された」。

『国際連盟宮』、ジュネーヴ、スイス、1927年

ル・コルビュジエは、製図技法上の問題で負けたことを不服とし抗議したが、結局、法的手段と広報活動の両面からの働きかけも功を奏さなかった。しかし彼がガラスとコンクリート、鉄の世界で敗北したとするならば、一方で確実にいえることは、より永続的な言葉と歴史的記憶という世界では完全に勝利したということである。事の顛末は1929年の『全作品集』第1巻の中で述べられている。また前年にはこれを題材にした1冊の本、『住宅と宮殿』を出版している。このような「歴史物語」的な本が長年たっても魅力を失わないのは、論争について語る以上にル・コルビュジエのデザイン理論と方法の問題、つまり建築的思考や創造プロセスについて論じているからである。『住宅と宮殿』には「建築的統一を求めて」という副題がついているが、国際連盟宮を例として用い、一連の邸宅でおこなった実験と新しい大規模プロジェクトにおける問題との関係について明確に論じている。また、ピロティや屋上庭園が1927年のヴァイゼンホフ・ジードルングに、そして国際連盟宮にどのように応用されたかが書かれている。同一の視点で、ガルシュの住宅で用いられている新しい開口部のかたち「水平窓」とラ・ロッシュ邸の「有機的」平面形についても言及している。いずれも国際連盟宮計画案に採用した。

　興味深いことに、ル・コルビュジエは1930年に出版された『プレシジョン』の中で、ラ・ロッシュ邸に代表される、外側からの制約なしに機能的空間単位＝「器官」を並べた「有機的」構成法、あるいはル・コルビュジエ自身の言によれば「内部が自由に膨らみ、結果としてさまざまな形をつくる」構成法は失敗し得るといっている。注意しなければ「絵画的」で「容易」——ル・コルビュジエは否定的な意味でこれらの言葉を使った——なものになってしまうと。反対に、サヴォア邸は明確な形をもつ

S. D. N.

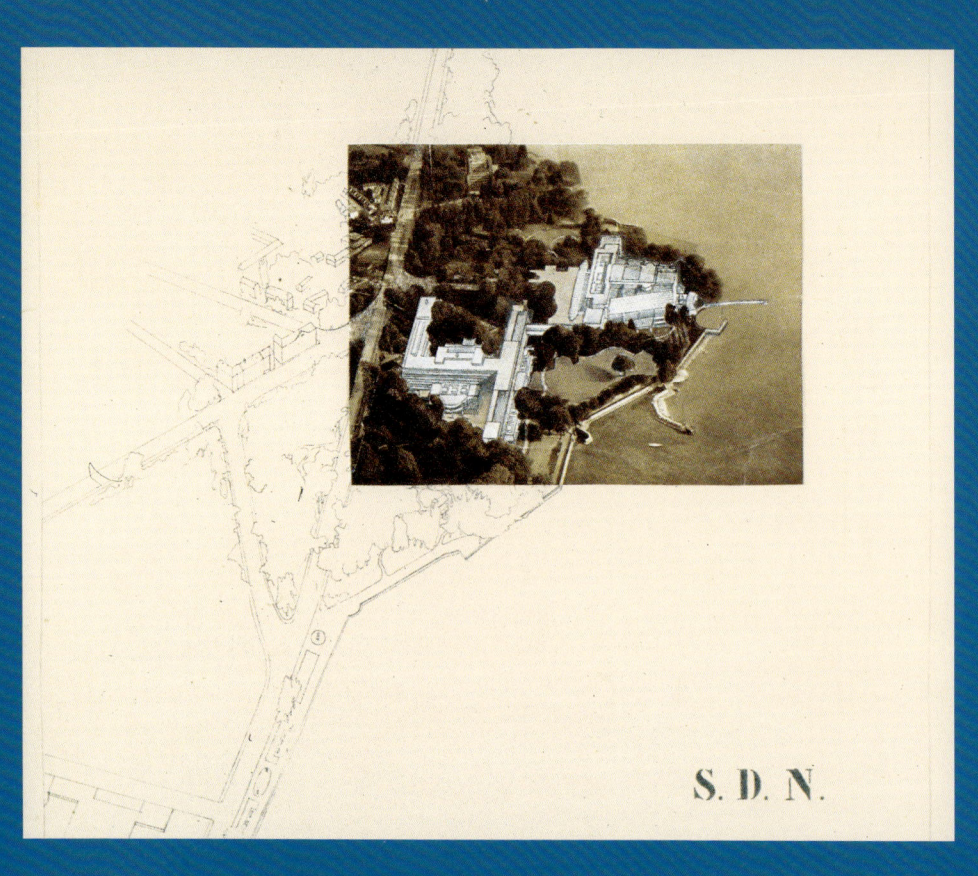

輪郭の中に諸器官を押し込めつつ、内部の機能的あるいは計画的要求に応える自由度をもつ、優れた構成だとしている。しかし国際連盟宮においては、ラ・ロッシュ型の方が、規模や内容の複雑さからして、はるかに有効であった。要求される機能に応じて自由に計画するためには、こちらの方法の方が適していたのである。マイヤー邸と同様、動線の「器官」を本体から取り出し、それに最適な固有の形態を与えた。2600人を収容する大会議場についても同じである——施設本体から取り出し、ギュスターヴ・リヨンが導き出した音響学的に最適な形態を採用した。500もの事務室は、外部からのアクセスを容易にするために横長に並列され、十分な採光を確保するためにサンゴバン社のガラスを使った横長の窓が設けられた。そして事務棟をピロティ上に持ち上げ、下部を駐車場としたことは、前例のない驚くべきこととして受け取られた。「絵画的」、「容易」となる危険を避けるため、ラ・ロッシュ邸と同様に古典的規範に則った空間分割がなされたが、ここでもまた絶妙なバランスが保たれている。機能上の要求に対応できる自由度を残し、陳腐で形骸化した構成と一線を画するために、部分的に、しかし決定的なところで、規範からの逸脱がなされているのである。ジュネーヴの国際連盟宮案のもととなった古典作品は多くあるだろうが、そのなかでも突出して重要だと思われる作品はヴェルサイユ宮殿である。

　ル・コルビュジエは実作品と理論双方を宣伝するにあたり、国際連盟宮コンペで失格となったことを最大限に生かした。建築について考える全く新しい方法の好例としてこのコンペ案を用い、6つの緊急議題を掲げた——現代技術とそれがもたらす結果、標準化、経済学、都市計画、若年層の教育、建築の現状。そして1928年には近代建築運動に賛同する若い建築家を結集させ、圧力団体として議論を深める活動をした。

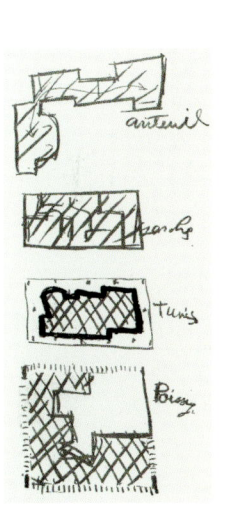

『国際連盟宮』鳥瞰（左頁上）、パース（左頁下）
4つの構成法、『プレシジョン』、パリ、1930年（右）

ル・コルビュジエの国際連盟宮案は、実は古典主義に深く根ざしていたが、1等となった建築家は公然と自分の勝利が「野蛮さにたいする美しい勝利」であると述べた。これが、ル・コルビュジエの攻撃の矛先を体制派であるアカデミー全体へと向けた。こうした経緯をふまえると、ジュネーヴでの敗北の翌年、1928年10月に、ル・コルビュジエがアカデミーの対極に位置するソヴィエト連邦共和国、モスクワで講演をしていたことは自然なことのように思われる。ロシア共産党の中心的組織、協同組合の本部『セントロソユーズ』のコンペを通して設計者に選ばれたのである。この2500人の労働者のための施設は、ル・コルビュジエにとって初の公共的建築物となった。彼の勝利に貢献したレオニド、アレクサンドル・ヴェスニン兄弟やモイセイ・ギンスブルグをはじめとするロシアのル・コルビュジエ支持者たちは、世界的に知られた外国人建築家の作品をとおして、近代建築の力を大衆に知らしめようと考えていた。ル・コルビュジエの方も、『ユマニテ』誌に酷評されたものの、他のフランスやロシアの共産主義者とは友好的な関係にあった。前述したようにイリヤ・エレンブルグはル・コルビュジエの作品を高く評価しており、また『エスプリ・ヌーヴォー』の方も、ウラジミール・タトリンによる「第三インターナショナル記念塔案」など、ソヴィエト構成派のプロジェクトを紹介するとともに、エレンブルグの記事も掲載した。1934年8月10日付のA. ヴェスニン宛の手紙の中で、ル・コルビュジエはソヴィエト連邦共和国のもつ可能性について以下のように述べている。「壮大で他に類を見ないものをつくることが可能であり……そこに建築が建つだけでなく、真の意味での近代建築がはじめて生まれるのです。」

『セントロソユーズ』、モスクワ、ロシア、1927年
写真：マイケル・レヴィン

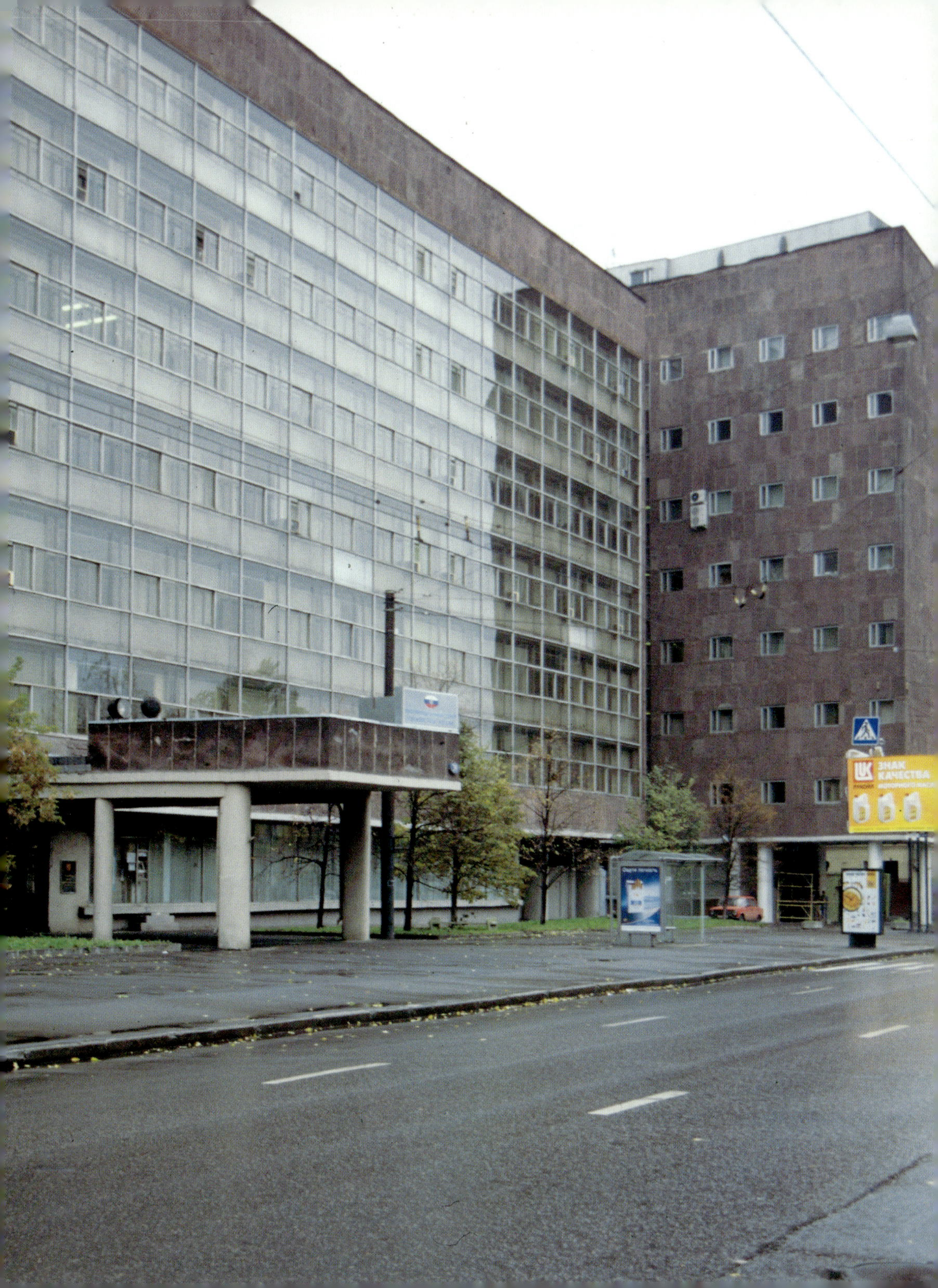
ЗНАК
КАЧЕСТВА

セントロソユーズはいくつかの段階を経て設計された。ル・コルビュジエがまずおこなったのは、計画内容を機能に応じた二つの単純な形態に分け、敷地形状と所要の内部構成に合わせて再構成してゆくという困難な作業である。国際連盟宮の時と比較して、セントロソユーズの構成において、ル・コルビュジエはそれほど形態への関心をあらわしていない。この施設を使う人間の数の多さと、訪問者をうまく目的地へ導くために生じるさまざまな制約から、ル・コルビュジエの関心は動線へと向けられたのである。特異な形態をもつ斜路が考案された。また、この「建築的散策路」は政治的にも重要な意味を帯びていたと思われる。国際連盟宮と同じく、音響学を用いて科学的に決定された形態をもつ大会議場は「別の器官」として分けられ、建築本体のマスから突き出している。

　1929年、2度目のモスクワ訪問の際、ル・コルビュジエはソヴィエトの国家権力に接近する。彼はクレムリンにてスターリンと会ったが、この接触はそれほどル・コルビュジエにとって感動的なものではなかったようである。また営業的な成果をもたらしたわけでもなかった。結局、セントロソユーズは設計どおりには建設されなかった。このプロジェクトにおいてル・コルビュジエが試みようとしたことの一つは、完全に密閉され、科学的にコントロールされた環境をつくることであった。しかしながら「当局」は—ソヴィエトのクライアントのことをル・コルビュジエはこう記した—この提案を受け入れなかった。数年後、こんどは資本主義側の組織が、「密閉された」建物の中での「正確な呼吸」という革新的なアイディアを実現する機会を彼に与えることになる。しかし、当面は1930年に依頼された次の大規模プロジェクト、『スイス学生会館』の設計に力を注いだ。

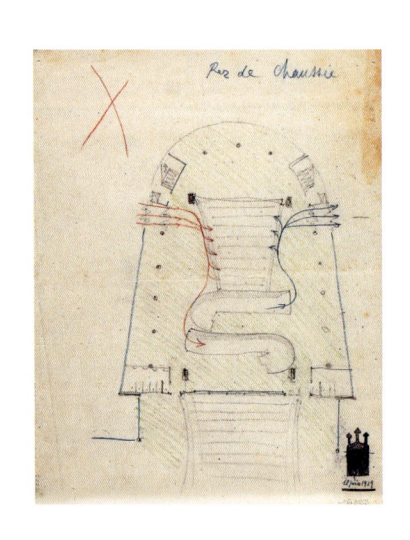

『セントロソユーズ』模型（上）、
スケッチ（左頁）、2点とも
ル・コルビュジエ財団

まるでソヴィエトでの仕事の不遇さ、そしてスイスにて国際連盟から受けた不条理な仕打ちと釣合をとるかのように、建設委員会はスイス学生会館の設計者として、ル・コルビュジエを任命した。パリで暮らすスイス人大学生の寮、さまざまな支援をおこなうための施設、というのが要求された計画内容であった。敷地であるパリ国際大学都市はパリ第14区という、当時は決して魅力的でなかった場所にあり、地盤が悪く、工費も厳しかった。ル・コルビュジエはふたたび困難な、しかし抗しがたく魅力的な挑戦に身を投じることとなったのである。

　ル・コルビュジエはこの建築においても、再び「有機的」なプランを生み出した。建築はいくつかの独立した部分あるいは「器官」に分けられている。学生寮を収容する積層スラブはがっしりとしたコンクリートのピロティに支えられ、エントランスと通路および守衛室は階段とエレベーターからなる動線のタワーと一体となって見える。そしてさまざまな質感のガラス、石、コンクリートなど、以前のどのプロジェクトよりも多くの種類の材料が使用されている。ピロティによって支えられたスラブという構造形式は、ファサードや間仕切壁から自由なフレームというドミノの原則に従ったものである。「棚に置かれたワインボトル」というアナロジーに従い、学生寮の個室はフレームの中に浮かぶ独立した存在としてつくられている。このアナロジーは1940年代おわりに、再びユニテ・ダビタシオンに適用されることになる。

　この建物は比較的まともに機能し、大きな悲劇は起こらなかった。しかし、ル・コルビュジエはここでも非難の的になってしまう。彼には上から拒絶されるとそれを反芻し、拒絶されたことを、体制側への攻撃材料として利用するという習性がある。ここでも相手の愚かさや偏狭さを暴露し、ついに

『スイス学生会館』、大学都市、パリ、
1930-1932年、写真:ルシアン・エルヴェ

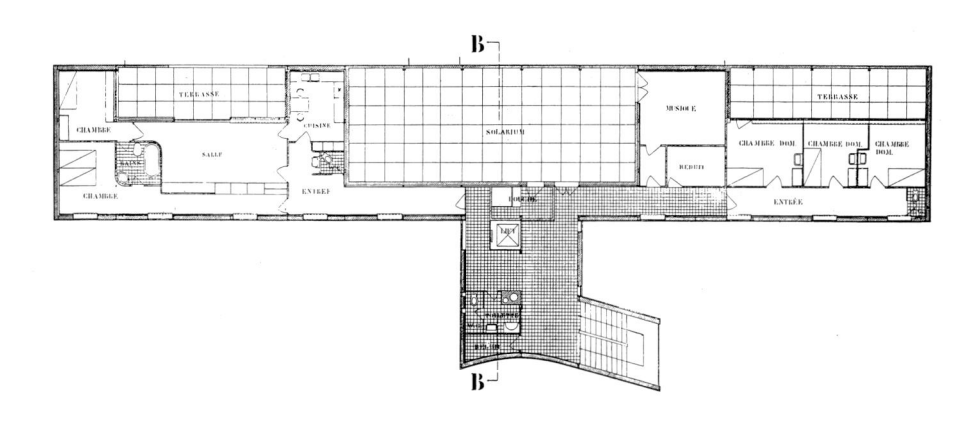

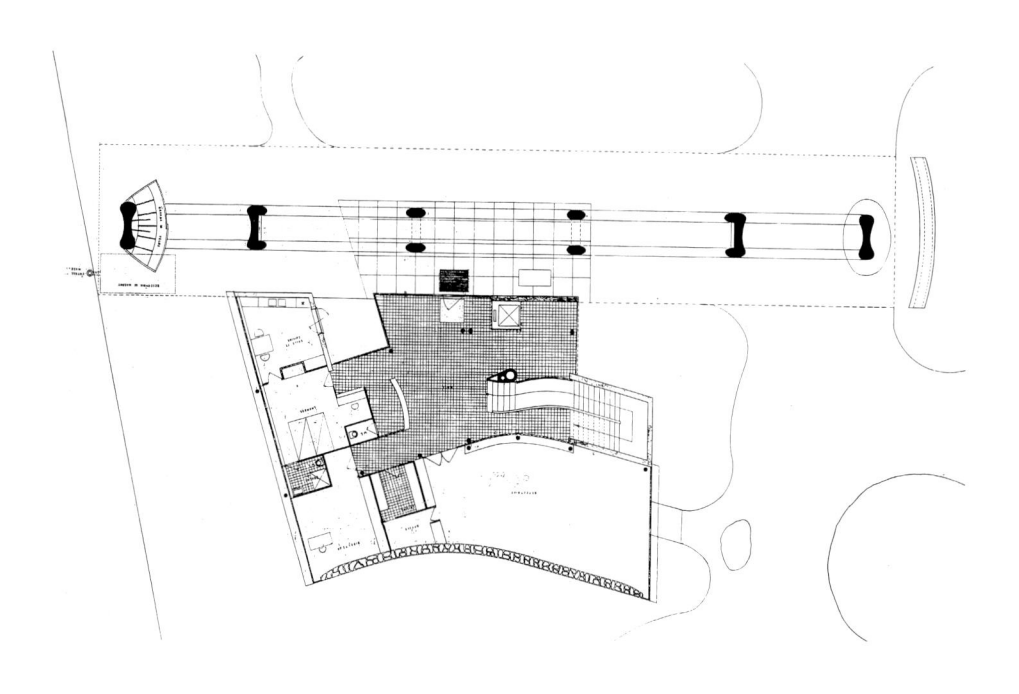

『スイス学生会館』1階平面図（下）、2階平面図（上）

『スイス学生会館』ピロティ、
ル・コルビュジエ財団

は誇大妄想的思いこみに没入してしまう。『全作品集』の中、でル・コルビュジエはこのプロジェクトへ向けられた攻撃について1ページを費やして説明している。そこでは1933年12月28日の建物のオープンから6か月後、Gazette de Lausanne紙に掲載された記事を丸ごと載せている。記事は「弱者にたいする搾取」だとして彼を執拗に攻撃し、その建物が「プロパガンダ」であり、スイスの若者にとって思想的、道徳的に危険だといっている。またル・コルビュジエ自身について、嘘つきで人を惑わせる人物だとしている。ル・コルビュジエはこのプロジェクトが「精神的なもの」であると訴えていたが、実際は、その形態や外見から、マテリアリズム的な受け止めかたをされたように思われる。その証拠として、問題の記事において批判対象として示されていたのは、ル・コルビュジエが展示に用いた有機的形態、無機的形態、そして Russian USSR, illustrated magazines 誌に掲載された写真など、自然を表現した写真壁画であった。

　この批判記事の前年、1932年にル・コルビュジエは慈善事業団体であり、どちらかというと保守的な組織であるパリの救世軍からホームレスのための宿泊施設『救世軍難民院』の設計を依頼された。これが救世軍から依頼された3度目の、しかしその中で最も重要なプロジェクトであった。このプロジェクトにおいて、ル・コルビュジエにとっての重要な理解者は、前の2回同様、ウィナレッタ・ドゥ・ポリニャック=シンガー公爵夫人であった。ル・コルビュジエは1926年に、彼女のために邸宅を設計しているが、実現はしていない。それでもなお彼女はル・コルビュジエの支持者であり続けた。

　このプロジェクトにおいても敷地条件、前例のない計画であること、極めて厳しい予算などの問題に直面した。ル・コルビュジエはまず、全体を二つの計画的領域に分解した。そのうちの片方、パブ

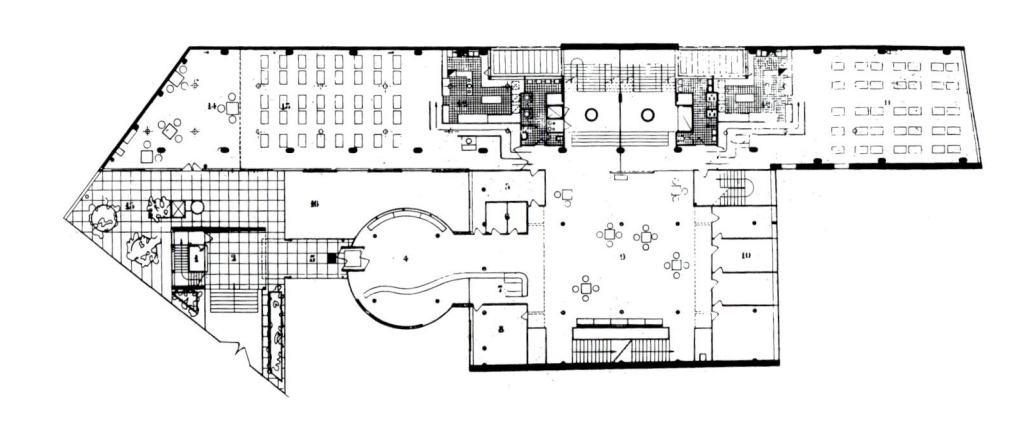

『救世軍難民院』、パリ、1932年（上）、
ル・コルビュジエ財団
エントランス階平面図（左頁）

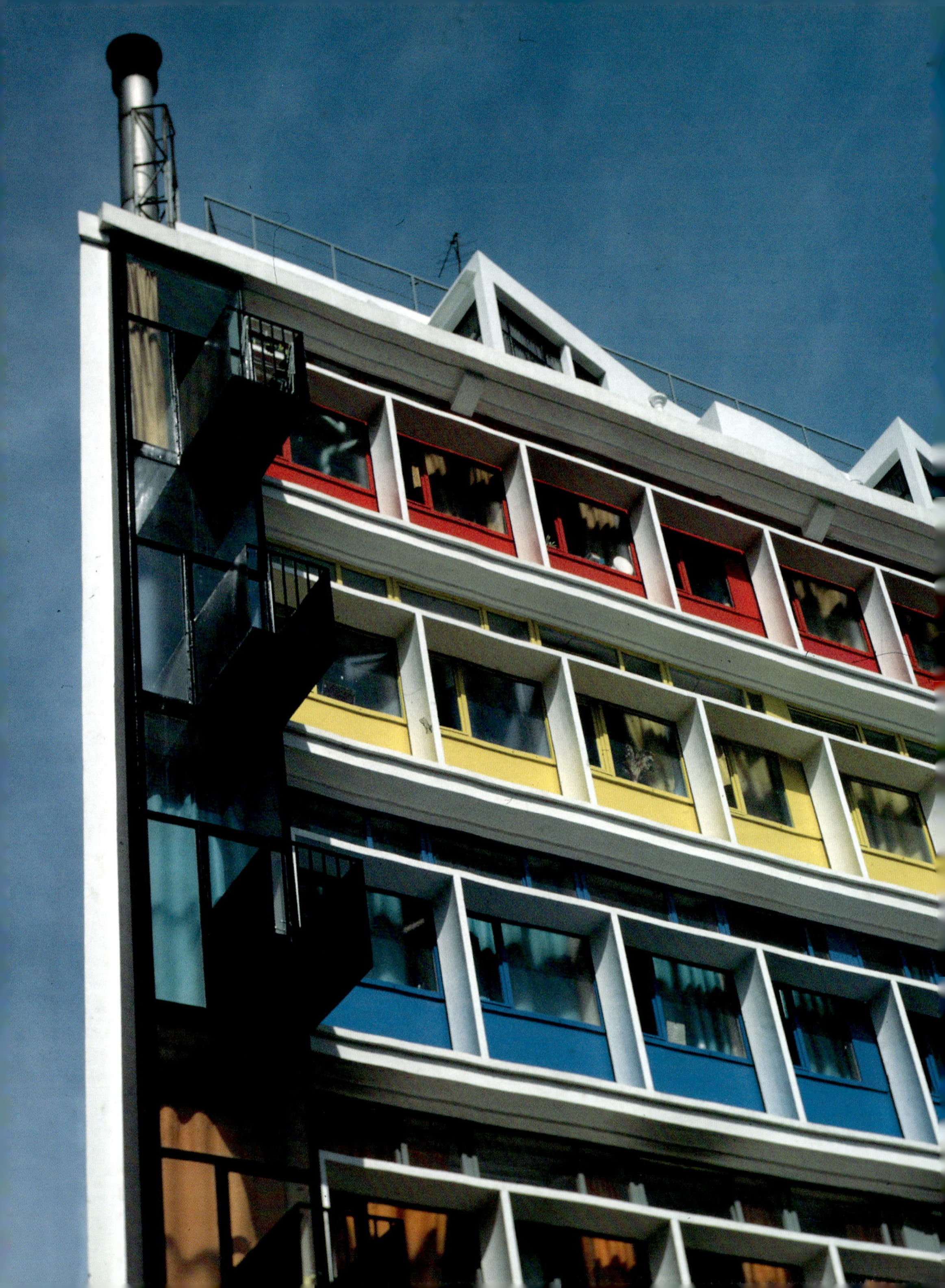

リックな領域はさらなる分析により、各々の機能に対応したヴォリュームとしてまとめ、プライベートな領域はホームレスが利用する個室とした。そして再びドミノの原型が適用された。ヴォリュームの頂部2層分は複数のユニットに分割され、ファサードの角度が下階とずれている。その効果は現代的観点から見て賞賛すべきことであるが、実は、ゾーン分けをする必要から付け加えられたものであり、ル・コルビュジエ自身がデザイン的に選択したことではない。

　このプロジェクトにおいて新しく試みられたことは、主に技術的なことであった。ル・コルビュジエは1928年にフランスの有名ガラスメーカー「サンゴバン」社が販売をはじめた「ネヴァダ・ガラスブロック」とよばれる建材を大々的に使った。1930年代のきわめて初期にピエール・シャローはすでに『メゾン・ド・ヴェール』（ガラスの家）においてガラスブロックを用いていた。ル・コルビュジエが毎日仕事へ向かう途中、この建物の前を通り、前面のガラス壁が建設されてゆく過程をつぶさに見ていたことは知られている。ガラスブロックは終生彼が愛用した建材である。もう一つ重要な革新的試みは、救世軍難民院の南側外壁を覆う、高さ16.5メートル×幅57メートルのガラス・カーテンウォールである。そしてル・コルビュジエにとって最も重要な技術革新は、建物を完全にコントロールされた環境システムとして構想することであった。この考えは主にアメリカで、映画館や公共建築物にすでに適用されていたが、住宅に使われたケースは皆無に等しかった。

　救世軍難民院は1930年6月に着工し、コンクリート躯体工事は工程どおりに完了したが、技術の斬新さとル・コルビュジエの施工図の精度不足が原因で、残りの工事は予定よりも延びてしまった。そしてようやく1933年12月に竣工した。それは過去30年で最も気温の低い日であった──実験的ガラ

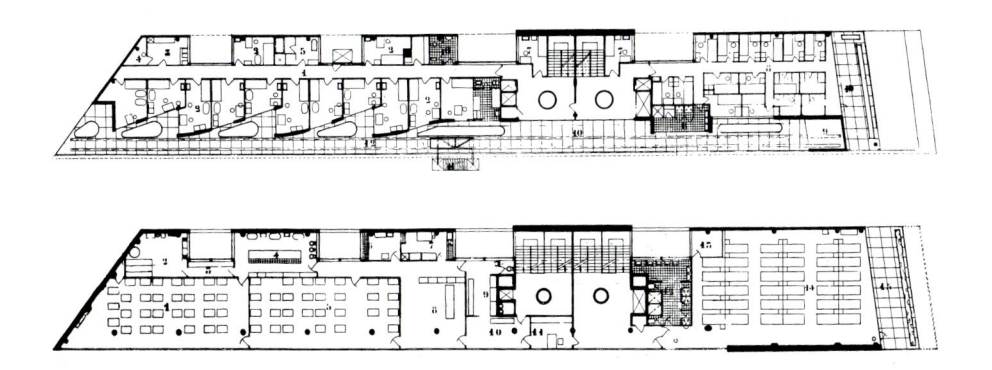

『救世軍難民院』端部のディテール（左頁）、写真：マイケル・レヴィン
母子用の個室を設けた最上階（上）、共同寝室をもつ階（下）

ス・ファサード建築の試運転にはあまりにも過酷な条件である。ル・コルビュジエは、試運転の結果、建物が十分に機能したといっているが、実際のところは違っていた。入居後のクレーム件数はおびただしい数に上り、室内気候を調整可能にするためには、随所に手を加えなければならなかった。

　1931年、まだスイス学生会館の仕事に従事しているころ、ル・コルビュジエはソヴィエト政府から、5カ年計画の一環として企画されるモスクワの『ソヴィエト・パレス』設計競技への参加を要請された。ほかのどのプロジェクトと比較しても、ソヴィエト・パレスは解剖学的諸器官の構成、あるいは機械の構成に最も近い。計画内容の分析により、それぞれ特化した機能的ユニットから全体ができている。それぞれの基本的ユニットは機能上の条件から導き出された形態を有し、「有機的」方法により――つまり敷地形状という外側からの制約と、内側からの動線的制約に適応しながら――全体へと構成される。ル・コルビュジエは、複数の配列組合せをつくっては評価する、という作業に力を注いだ。その結果、最後に選ばれた案は各部の関係を最も明快な形で表現したものであった。しかし同時にそれは古典的規範に最も近いものでもあった。機能的ユニットの配置は厳格な3分割構成によって決定され、それがこの施設をいっそう記念碑的なものにしている。

　ソヴィエト・パレスは政治的に重要度の高い会議センターとなる想定であった。計画には1万5000人を収容する大劇場と1500人が演じるための舞台が含まれていた。イベントの際に使われるホールやレストランもあり、ル・コルビュジエはロシアの冬に人々が着用する重厚なコートや帽子を収納できるよう、巨大なクロークを設けることに特にこだわった。6500人のための第二劇場では第三インターナショナルの会議が開かれ、そうでないときは、演劇や音楽などの文化的イベントに使われることに

『ソヴィエト・パレス』（上）／ナンジェセール・エ・コリ通りのアパルトマン（右頁）、写真：マイケル・レヴィン

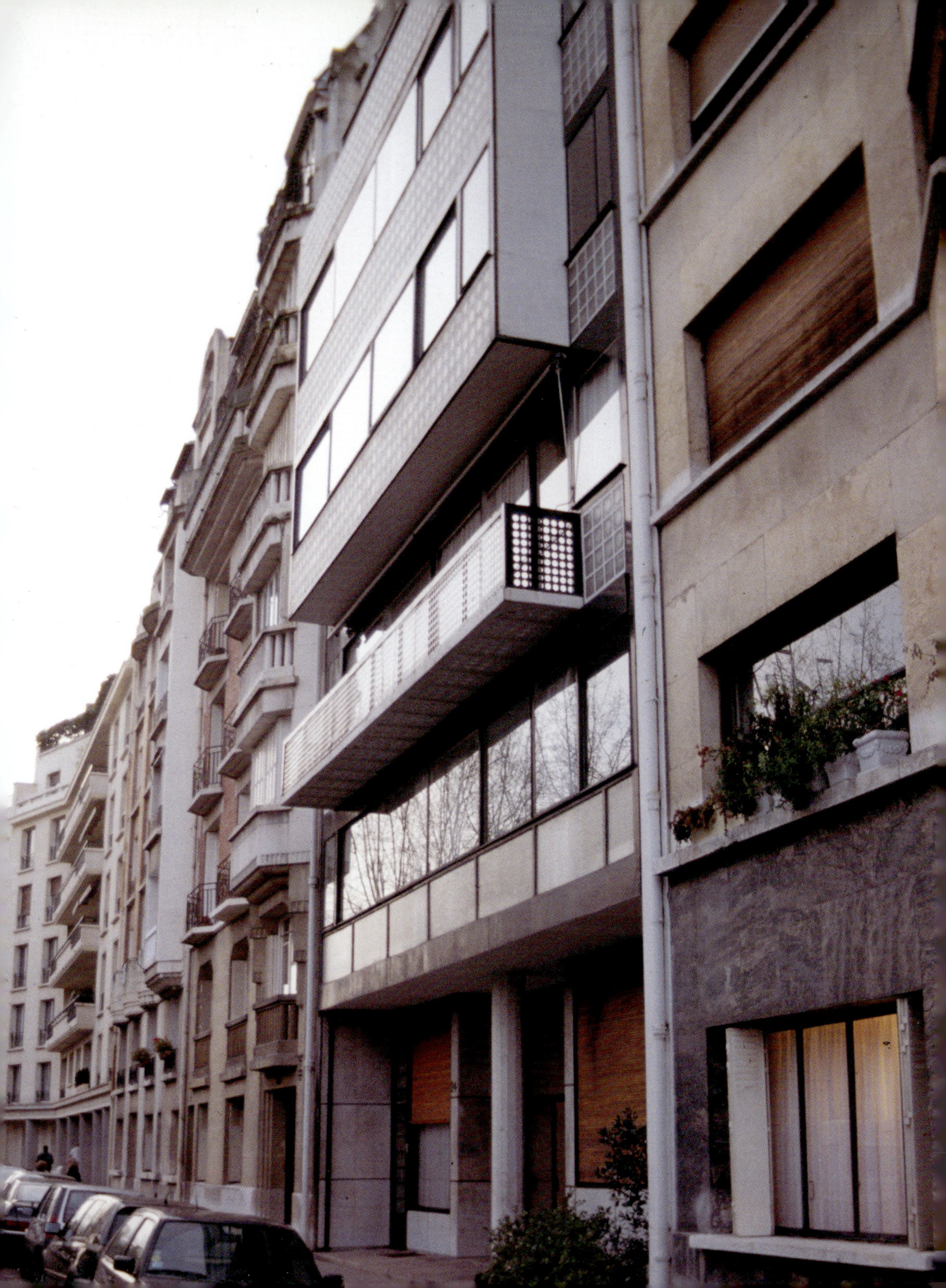

なっていた。文化的イベント用には、他にも500人ホールが二つと、200人ホールが二つ用意されていた。ル・コルビュジエは人体のアナロジーを用い、この施設を以下の要素からなるものと分析した。(1) 骨格—構造体、(2) 器官—各集会施設、(3) 動線—傾いたロビー、斜路、廊下、階段

　構造的には、それぞれの機能的ユニットは異なる架構形式をとっている。ル・コルビュジエは二つのホールの屋根を吊り下げ、視覚的にこれらが上位の機能であることを示した。近代のブルネレスキとよぶに値する華麗なやり方で、ル・コルビュジエは第一劇場の屋根の半分をアーチから吊り、伝統的なドーム架構にたいする現代的解答として提出した。1921年にウジュヌ・フレシネーがオルリー空港のハンガーで採用した高さ50メートル、柱間300メートルのアーチがル・コルビュジエの頭にあったことは確かだが、コンセプトの最も重要な部分はドミノですでに使われた方法に準じている。ドミノが伝統的な壁を二つの要素—骨格と「自由な」立面—に分解したのと同じように、ここでは伝統的なドームがアーチ状の骨格とそこから吊られた「自由な」屋根に分解されている。伝統的構法との関連性は『全作品集』の中で、ソヴィエト・パレスのスケッチとピサの歴史的建造物群とを並置していることからも明らかである。

　ソヴィエト・パレスにおける動線の複雑さは、さまざまな政治集会の決まり事や、官僚的制約、警備上の要求、参加団体の多様性などに起因する。ル・コルビュジエはマス・ポリティクスを実践するための機械の発明という野望を抱いていた。「数学的計算」から導き出した形態、つまり大劇場の形態とアーチが、新時代の真実を象徴する「自然の形態に匹敵する完璧なる調和」をもたらす。そのよ

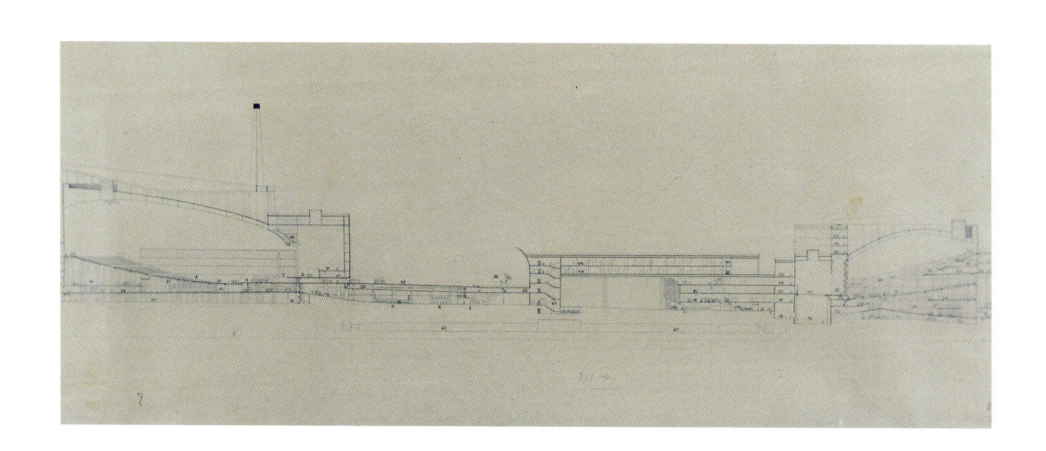

うな建築を望んだのである。しかしその野望が実現することはなかった。「突然に」イタリア・ルネッサンス様式の案を出したデザイナーが設計者として任命されたのである。ル・コルビュジエの案は工場に似ていると評された。驚くべきことに、ル・コルビュジエは異議を唱えなかったばかりでなく、当時のソヴィエト連邦共和国の実状に理解を示している—まだまだ発展途上の国家であるからこそ、歴史主義的建築家がもたらす建築よりももっと実質的な公共の場を必要としているのだと。しかしその後、南アメリカ諸国やアルジェなど、他の発展途上国において同様の問題に直面したときのル・コルビュジエの態度は全く異なるものだった。

II

　ル・コルビュジエが1917年から1927年までの10年間に経験した、建築についての概念的転換と同じことが、こんどは都市環境を対象として起きることとなる。伝統的建築語彙への批判から「街路」、「中心」、「建物」と「都市」との間の線引きをやめ、新たなデザインの分析や分割法、それをもとにした新しいコンセプトやデザインツールを発展させた。この10年間に設計したおびただしい数の邸宅は後の大規模プロジェクトの布石となったが、実現したプロジェクトで都市計画とよべる規模のものは皆無であった。こうした意味でヴォアザン計画などの「忍耐を要する研究」は、まだ机上のものに過ぎなかったといえる。

　大規模プロジェクトに携わるようになった1927年から1937年の間の10年間、ル・コルビュジエは

『ソヴィエト・パレス』（上・左頁）

都市および地域計画にかんして見出した新たな理論を実践できるようなプロジェクトを求めた。フランスでは彼の理論が受け入れられなかったこともあり、ル・コルビュジエは、その後、狂気の沙汰ともいえるペースで世界を旅行、講演して回ることになる。個々の建築プロジェクトに従事していたロシアに加えて、彼が旅して回った主要な国はアルゼンチン、ブラジル、アメリカ合衆国、そしてアルジェであった。ル・コルビュジエはこれらの国々に、仕事と賛同者を得る大きなチャンスがあると考えていた。結局、仕事には恵まれなかった。しかし理論を広めたということに加え、ル・コルビュジエが得たものは大きかったといえる。旺盛な探究心、学習意欲をもち、デザイン語彙の収集に余念がない彼は、この旅から学ぶことを常に考えていた。ロシアでは前衛主義の建築家や芸術家から影響を受けた。またアメリカとアフリカでは土着の建築物から学び、自分のデザインに適用すべく身につけたのである。

　1929年、まだロシアの建築プロジェクトやサヴォア邸に携わっていたころ、ル・コルビュジエは南アメリカから訪問講演の依頼を受けて旅立つ。旅はその当初から、ル・コルビュジエの精神を高揚させたようである。14日間の旅の大半は、ル・コルビュジエが愛して止まなかった環境、客船 *Giulio Cesare* の上であった。客船がル・コルビュジエを魅了したのは、それがテクノロジーの勝利を象徴するものだからであり、また、きわめて実用的な個々の船室と豪華な共用スペースという両極をあわせ持ち、コミュニティに属しているという感覚と生きるよろこびを味わうことができるからである。船上でル・コルビュジエはジョセフィン・ベイカーと出会う。すでに世界的な歌手、ダンサーであっ

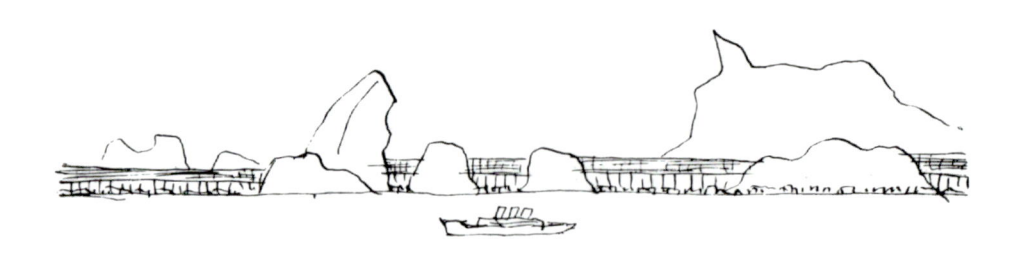

た彼女は聡明さにおいても知られていた。パリジャンからこよなく愛されていた彼女がル・コルビュジエの感情、思考に影響をあたえたことは明らかである。ル・コルビュジエは着衣の、そして裸体のジョセフィン・ベイカーをスケッチしているが、後に出版された『プレシジョン』で言及されているように、彼女と文化的な諸問題について議論もしている。この旅の間に書かれたもの、あるいは描かれたものは、以前のどの時期のものよりもその官能性において勝っているといえる。しかしそれよりも顕著なのは、人種差別にたいする辛らつな抗議と黒人あるいは貧しい人々の文化への尊敬の念である。その根底にあるのは、オリエンタルなものへの憧れでも政治的闘争心でもなく、カタリ派のもつ、あからさまな反体制的感覚、そしてある種のノブレス・オブリージュ（高い身分に伴う義務）である。

　南アメリカでル・コルビュジエは「壮大さ」という感覚を体験した。未だ見たことのない「壮大な光」そして「壮大な土地」。South American Aviation Company 社の招待でル・コルビュジエは南アメリカ大陸のほぼ全土—アルゼンチン、パラグアイ、ウルグアイ、ブラジル、パンパ、「大きな洪水のようなパラナ」「皮膚のしわのようなアンデス山脈」、そして熱帯雨林の上空を飛行した。飛行中、ランドスケープを特定の視点から見るため、パイロットに、あるルートに沿って飛ぶよう求めることもあった。パイロットの1人は『星の王子さま』の作者、サン＝テグジュペリであった。「飛行機から見れば、もっと多くのことを理解できる」とル・コルビュジエは述べている。地上1200メートル上空では新しい世界が出現する。「生物学」あるいは「有機的生命」、水の流れ方を物理学的に決定する「最も急な勾配」、そして「蛇行の原理」を「目で見る」ことができる。しかし、また同時に「どこで

シー・スクレーパー、リオ・デ・ジャネイロ、1929年

都市が隆起し、ビジネスという抗いがたい圧力が床を積層させるか」という、都市の高度の把握も可能である。ル・コルビュジエはこう回想している。「滑空しながら飛ぶ鳥のように……長い飛行をおこなうと……アイディアの攻撃にあう」。それによって、これまでの旅で蓄積したプロトタイプと融和させながら、新しいプロトタイプを生成する。ヴォアザン計画の「アパートメント・ヴィラ」あるいはジグザグ形のスラブ、ドミノ型住宅、そしてもはや定番ともいえるピロティ、屋上庭園、自由な平面、自由な立面はローマの高架橋や豪華客船と合成され、「威風堂々」とした「シー・スクレーパー」、「アース・スクレーパー」─線形の複層、複合構築物─となって出現する。そこではヴォアザン計画の格子状グリッドは融解し、地形に適応するように変形されている。彼が飛行機から見た光景は、「丘から丘へ、山頂から山頂へ」架け渡された「巨大構築物」─「セゴヴィアの水道橋よりも巨大」で、上部に高速道路、中段部にオフィスがあり、地面をスポーツや駐車の用に供するために開放している─であり、住宅部分は地上30メートルよりも上……100メートルあるいはそれ以上まで達している。ル・コルビュジエは建築のヴォリュームを地上から30メートル持ち上げることによって「誰の邪魔にもならなくなる」とした。さらに、彼はこの高さがあれば、汚染や湿度から解き放たれた最高の空気が得られると信じていた。このプロトタイプをもとに、講演旅行のあいだ、訪問先の都市を海や空へ開放することを望んで、ル・コルビュジエはブエノスアイレス、サン・パウロ、リオ・デ・ジャネイロに適用した計画をそれぞれ提案した。その後このアイディアをさらに発展させ、『プレシジョン』として出版する。

こうしたアイディアについて講演するにあたって、ル・コルビュジエは即興で大きな紙に大きなストロークでスケッチし、聴衆に「彼がその場で創造している」ことを印象づけた。ヨーロッパ旅行でそうしたように、彼は講演の合間を利用してさまざまな場所を歩き回った。歩き回りながら土着的な構築物について記し、いたるところに「張りぼての豊かさとラテン的微笑」をもたらす「イタリア風欄干」が現れると評した。ル・コルビュジエはまた一方で、「アメリカ合衆国が自国の船舶、資本、技術力を通じて行使する恐るべき力」に懸念を示し、結果として「心も魂もない波形トタンの住宅ができている」ことに危機感を表明している。また、潔癖なインターナショナルスタイルを「選択肢のない」メニューを出す高級レストランにたとえ、「普通の人びとの家」に備わる深い知恵と対比させて述べるところは「人間は善である」という考えによっており、ルソーを連想させる。しかし、「建築家」について述べている内容は、むしろヴォルテール的であるといえる。

　ル・コルビュジエがアルゼンチンに着いたのは春、そしてブラジルに着いたのは熱帯の夏のことであった。彼は自然のランドスケープを観察し、土着の構築物—たいていは黒人の掘っ立て小屋—を見ては記録した。彼はロマンティックな異国趣味に興じていたわけではない。黒人について敬意と賞賛を表し、次のように述べている。「丘を登り、彼らの家を見つける。たいていの場合は崖っぷちにある。……黒人たちの目には誇りがある。広い地平を見る目、計画者の思想を持っている」。ル・コルビュジエの向こう見ずな行動を知って「あるブラジルの要人」が愕然とし、その地域がどれほど危険かを説いた。彼の返答は、「彼らを恐れる必要はありません。なぜなら彼らが人を殺すのは、愛人を

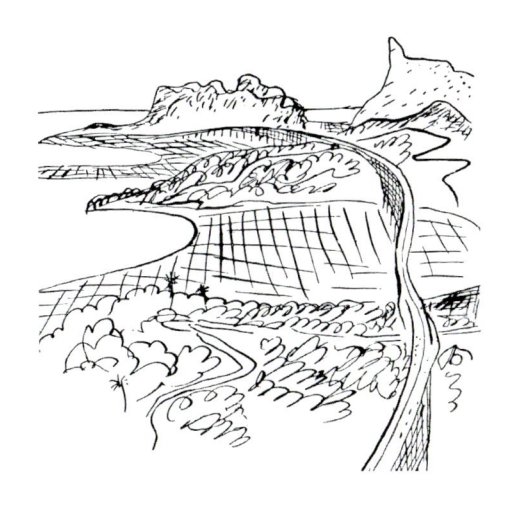

リオ・デ・ジャネイロの拡張計画、ブラジル、1929－1932年

ル・コルビュジエ、ルチオ・コスタ、オスカー・ニーマイヤー：保健教育省ビル、リオ・デ・ジャネイロ、ブラジル、1936年、写真：ルシアン・エルヴェ

奪われたとき、深く傷つけられたときのみだからです。」こうした忠告は、以前に「トルコ人」について警告されたときのことを思い出させる。しかし結局は何も起こらず、イスタンブールは「心あたたまる場所」として記憶に残った。一方で、アテネのアクロポリスは、象徴性、ランドスケープとの調和、抽象的で数学的な思考として、彼の脳に刻みこまれた。

　一連の講演は現実の仕事へはつながらなかった。しかし1936年に、ル・コルビュジエはふたたびブラジルに招かれることになる。旅の途中、彼はツェッペリン飛行船に乗るが、そこでもデザインを入念に研究し、ドイツのエンジニアがデザインしたものすべてが彼の示した原理に従っていることを知る。ブラジルで彼はルチオ・コスタ、オスカー・ニーマイヤーとともに『ブラジル保健教育省』の設計を依頼された。計画にはソヴィエト・パレスで用いられた、堂々たるホール配置がより壮麗なかたちで再使用されている。このプロジェクトで得られた、最も重要な技術革新は、5年後、アルジェの計画においてさらなる発展をみる「ブリーズ・ソレイユ」である。

III

　ル・コルビュジエのアルジェ都市計画との関わりは、1930年の南アメリカでの都市研究の直後からはじまる。第二次世界大戦の中頃までほぼ毎年のようにアルジェを訪れたが、仕事として実現したものがないばかりでなく、地元の建築や地域計画に影響を及ぼすことすらなかった。南アメリカやロシア同様、アルジェはル・コルビュジエにとって魅力的な土地であった。可能性と問題の両方が山積す

る場所であり、それだけに、新しい建築的アイディアを試すのにこれ以上の土地はなかった。それに加え、コンクリートの技術を用いた革新的な仕事をし、ル・コルビュジエが尊敬するオーギュスト・ペレが、既にアルジェで仕事をしていたことも彼を後押しした。そして、やはりロシアや南アメリカと同じように、ここにも少数ではあるが、出版物を通してル・コルビュジエの思想を知り、その理論を広めたいと望む、非常に活動的な支持者たちがいた。こうした建築家の1人、アンドレ・エメリーは最初の訪問のときに空港でル・コルビュジエを迎え、アルジェの壮大な景色を案内して回った。そのとき訪れたカスバの光景はル・コルビュジエに大きな衝撃をあたえた。

　巨大な白い円形劇場のように地中海に向かって開かれた港湾都市アルジェは、当時急速に拡大しつつあった。人口は25万人に達し、そのうち3分の2は、大通りのある比較的近代化された地域で暮らすヨーロッパ人であった。残りはイスラム教徒であり、非衛生的で狭い路地と高密度の住居からなる「カスバ」とよばれる市街地に住んでいた。ル・コルビュジエの目標は「袋小路に陥ったこの都市に必要な、拡大の手段をあたえること」であった。「A案」として知られる第1回目の提案は、ル・コルビュジエとピエール・ジャンヌレのよぶところの「手榴弾プロジェクト」であり、市当局に問題の大きさを突きつけ、震え上がらせ、根本的解決の必要性を認識させようとするものであった。計画は3つの部分からなる。アルジェ岬の先端に位置する「ビジネス・シティ」、当時はまだ自由な出入りが許されていなかった Fort-l'Empereur にある「レジデンシャル・シティ」、そしてアルジェの両端に位置する St-Eugène と Hussein-Dey という二つの地域の連絡部である。連絡部は、南アメリカでの

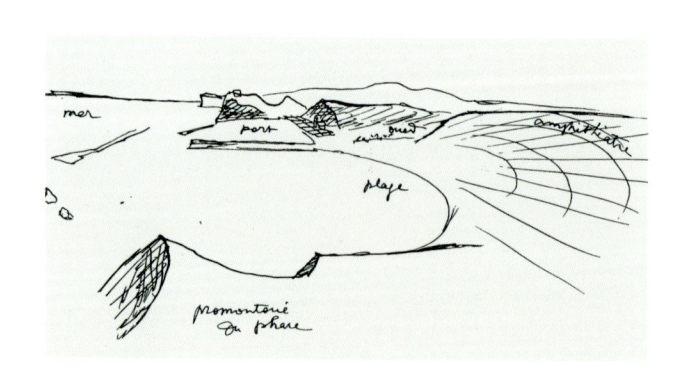

都市計画において提案したものと似た「アース・スクレーパー」である。高速道路は地上60メートルから90メートル上空に持ち上げられ、それを支えるコンクリート構造体の中に18万人の住居をつくるという内容である。しかしル・コルビュジエはドローイングの中で、支柱と広い床面からなるドミノ型架構に、各人の好みに応じたあらゆるタイプの住居が組み込まれた様子を描いている。2枚のドローイングがル・コルビュジエ財団に保管されており、その中には、まるで漫画のように誇張された住居のバリエーションが描かれている。第二次世界大戦以降、ジョン・ハブラーケンや丹下健三など多くの建築家がこのドローイングに触発され、彼らを通じて今日においてもその影響を感じることができる。

　1850年にフランスの植民地としてはじまったアルジェ内の町を対象に計画された1934年の『ネムール都市計画案』は、実際に仕事を請け負っていた H. ブリュロー、ピエール・アンドレ・エメリーらとの共同プロジェクトである。ル・コルビュジエは1933年7月にアテネで開催された第4回近代建築国際会議にて採択されたアテネ憲章にしたがい、プロトタイプ的な5万人都市を提案した。ル・コルビュジエによれば、この計画には地域主義の現代的解釈という側面もあったという。地域主義の建築——ル・コルビュジエがラ・ショー＝ド＝フォンで最後にレプラトニエと論争したとき、機械時代の文明においてもはや自然に「生まれる」ことはないと断言したものである。それは「計画」を通してつくられなければならない。「イル・ド・フランス、……ブルターニュ、……プロヴァンス、……アルジェのカスバ、……スイスのシャレーは自然の秩序を備え、それが土地の質を高め、魂を目覚めさせ

『ネムール都市計画案』、アルジェ

る。」根底にあるのは地勢と方位である。ル・コルビュジエは、こうした特質は「金のみが法をつくる」時代にあっては消滅しつつあるが、「計画」によって再び取り戻すことができると主張した。彼が提案したのは分類された複数の動線からなる階層的システムである。通過交通は地上12メートルの高さの構築物上を行き来する。その内部はスーク（市場）や貯蔵庫である。また地域交通は歩行者動線と絡み合いながら下部を通っている。そして最後に、昔ながらの水運と鉄道がある。このシステムの重要な点は階層化が時間と対応している、つまり建設が段階的におこなわれることである。地中海を望むようにして、日照上好ましい向きに扇状に配置された18棟の板状高層ビルに人々が住む計画となっている。最新のテクノロジーにもとづいた機能の厳密な分化、地区ごとあるいは交通「器官」ごとの内容の特化は、居住地域の差別化を推し進めることとなる。何の説明も正当化もなく、当時の人種隔離政策に忠実にしたがい、ル・コルビュジエは扇型のレジデンシャル・シティを「ヨーロッパ人のために確保」した。そしてカスバに暮らす人々には「先住者のための別のシティ」をあてがっているのである。

　このようにル・コルビュジエのネムール都市計画案は、明らかに植民地主義的だといえる。はたして彼は植民地主義に賛同していたのか。あるいは意識さえしていなかったのだろうか。計画の実施によってある特定の人々が他の人々よりも多くの恩恵をこうむるとしても、社会全体の利益とみなせると考えたのだろうか。計画の説明文では「建築と都市計画にかんする最新の研究成果」は「両方の住居ゾーン」において実践されるとしている。これは釈明なのだろうか。さらなる混迷を招くのは、

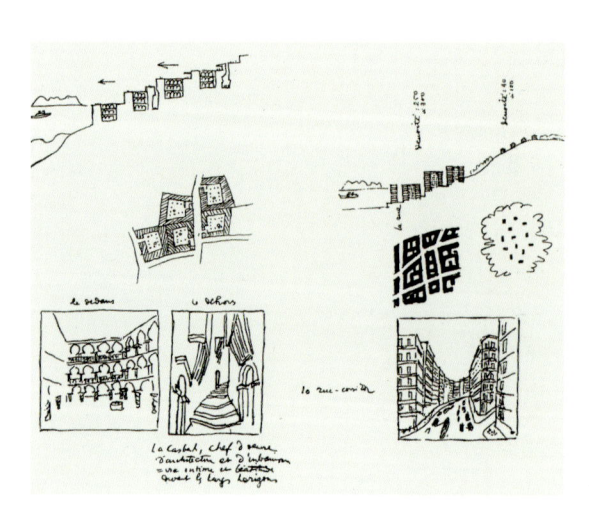

アラブとヨーロッパの都市計画を比較したスケッチ

『アルジェ計画』港湾部、1938-1942年：ビジネス地区とカスバ、摩天楼の位置関係を示すスケッチ

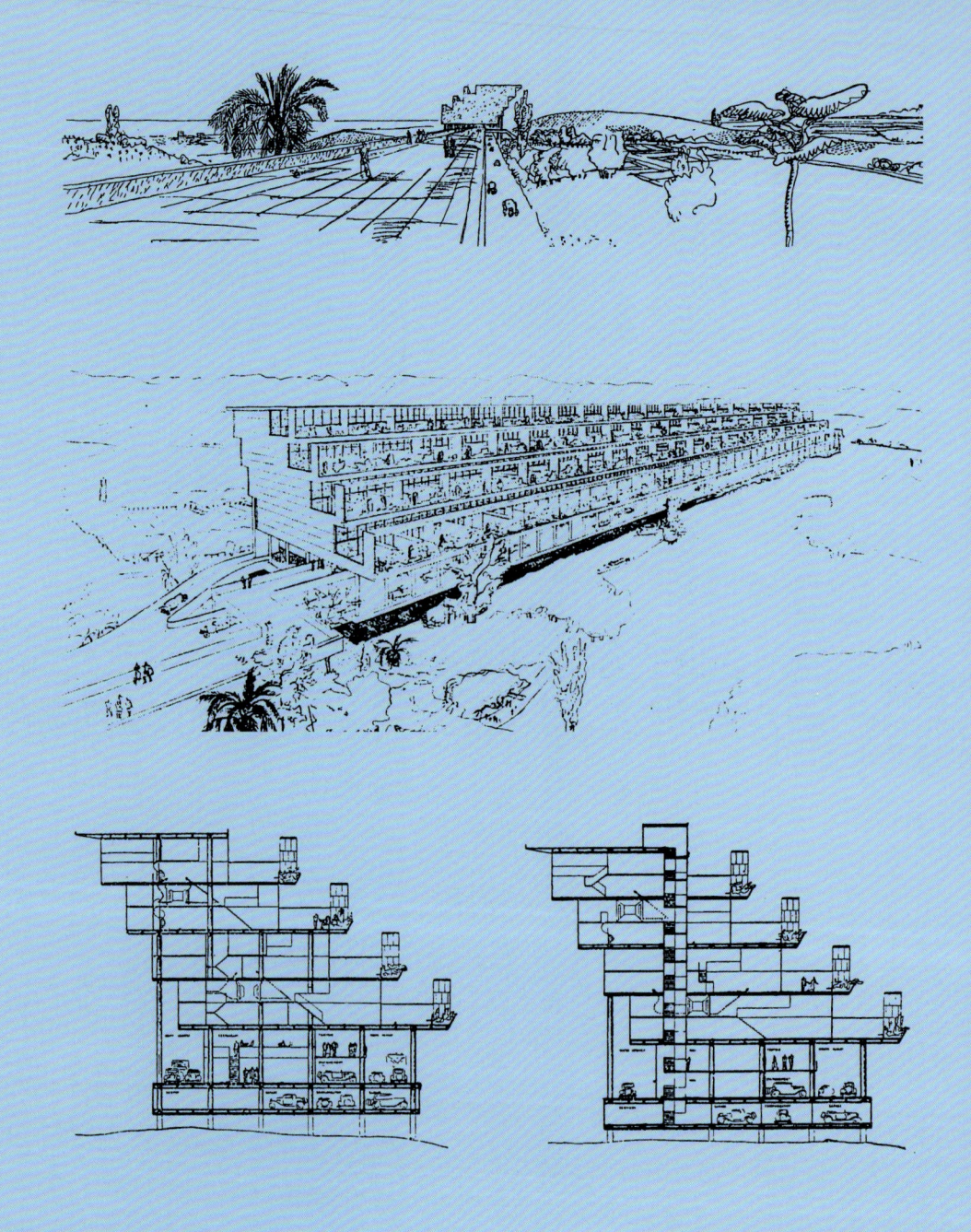

『デュラン集合住宅』、アルジェリア、1933年

「先住者」のためのものでないレジデンシャル・シティのことを誇らしげに「アルジェの新しいカスバ、鉄とセメントでできた現代のカスバ」とよんだことである。一方で、ル・コルビュジエは繰り返しカスバ—以前からつねにその優位性を主張してきた—がヨーロッパ人のコロニアル様式よりもすぐれていると断言している。

　大規模都市計画に加えて、ル・コルビュジエはいくつかの建築プロジェクトにも携わっている。ここでも彼は、個々の計画を、大規模プロジェクトにおいて展開可能なプロトタイプとしてとらえ、都市化、インフラ整備によって危機にさらされている地中海特有のランドスケープを保存する手だてを考えていた。1933年の『賃貸住宅』の計画案は、アルジェの断崖上に建つプロトタイプ的住宅である。地形に適応し動線を最短にするため、玄関はヴォリュームの中心に配置された。このタワーは地中海のすばらしい眺めを備え、高密度の集合住宅でありながらも、地形に手を加えることを最小限にとどめている。同様に1933年から1934年にかけて設計された『デュラン集合住宅』は、ブドウ畑の豊かな景観の中に建つ300世帯のための高密集合住宅である。ブロック型の住棟を基本としているが、ル・コルビュジエはそれを階ごとにセットバックさせ、各戸にテラスを設けることで空中の庭付き住宅群に変容させている。周囲の魅力的な景色と温暖な気候を生かし、ル・コルビュジエは庭付き一戸建住宅を求めるアルジェの中産階級に、もう一つの魅力的な選択肢を示そうとしたのである。高密集

『カルタージュの家』、北アフリカ

中型の土地利用と高さのあるピロティを提案することで、ル・コルビュジエは地中海沿岸にて現実に起こりつつある環境破壊にたいして警鐘を鳴らしたのだといえる。

IV
　収入を確保するためという側面もあるが、新たな可能性を（実験ではなく）開拓したいという好奇心に後押しされてル・コルビュジエはこの時期、巨大複合プロジェクトに関わりながらも、いくつかの個人住宅を手がけている。これらのプロジェクトに共通することは、その土地の制約や可能性、特質といったもの―簡単にいうならば共通解よりも特殊解―を追求していることである。実はル・コルビュジエが開拓したのは一つの地域、地中海のみである。したがってこれらすべてのプロジェクトに共通してみられるのは、地中海地方の材料や気候、地元の一般的建物との関係である。前の10年間のプロジェクトにあった実験室的厳格さ―これがさまざまな現実的な欠陥を生んだのだが―はこの時期の個人住宅にはない。
　この新しい地域主義にもとづいた一連の作品のうち、最初のものは、1930年、チリに建てられた『エラズリス邸』である。ル・コルビュジエはチリを「地中海」というレンズを通して見た。互いに離れたこの二つの地域には類似点が多く、チリの建築家は地中海地方の建築から多くを学ぶことができるというのが彼の主張である。エラズリス邸の平面は現代生活を反映したものであるが、チリの風土に対応して地元の材料、何世紀にもわたって連綿と続く地中海地方の構法を使用し、ストア型の平面計画としている。この作品のチリにおける影響力は小さかったかもしれないが、第二次世界大戦後

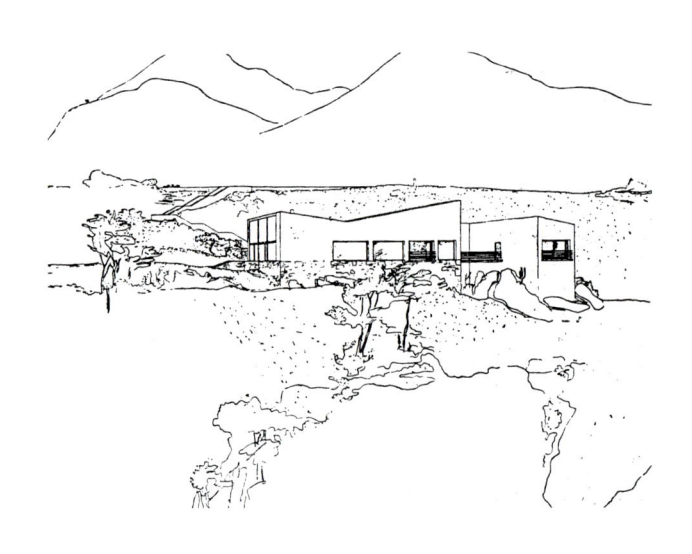

『エラズリス邸』、
チリ、1930年（左・右頁）

1:50 FAÇADE EST

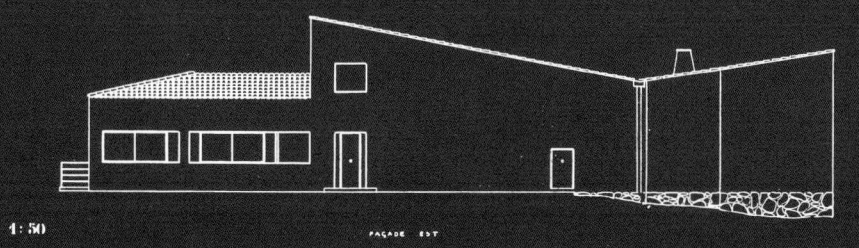

Façade sur la montagne

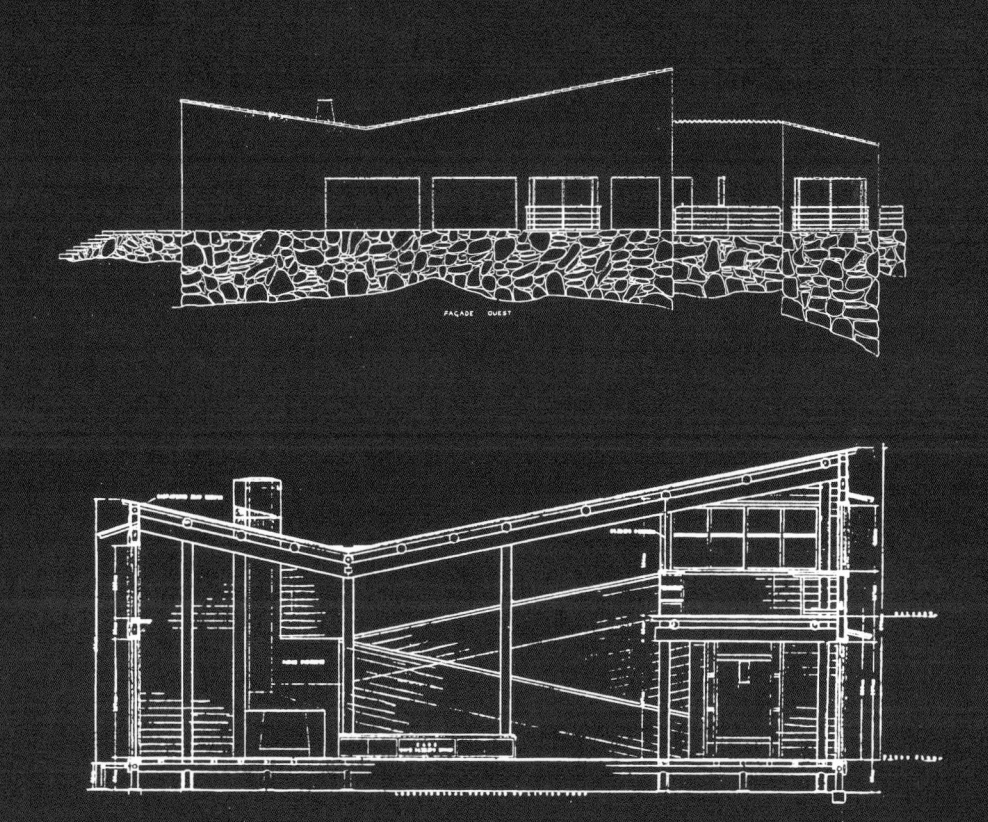

FAÇADE OUEST

の地中海建築にあたえた影響には計り知れないものがある。

　『ド・マンドロー邸』もこれに近いアプローチの作品である。エレーヌ・ド・マンドロー夫人は建築に造詣が深い人物であった。国際連盟宮の一件でル・コルビュジエが受けた不当な扱いに同情的だった彼女は、1928年、近代建築国際会議の設立準備にあたって、スイス、ボー州のラ・サラ城を貸しあたえた。そしてル・コルビュジエに魅せられた彼女は、1932年、トゥーロン市の近郊にある町、プラデに建てる自分の週末住宅の設計を彼に依頼したのである。ル・コルビュジエはここで彼独自の地域主義的手法を用いた。材料は、地中海沿岸のキュービックな建物にならって地元産の石を耐力壁に用い、陸屋根には鉄筋コンクリートを用いている。また地中海地方の建築の原型の一つ、ストアをここでも取り入れている。増築を重ねた民家のように空間は線形に、あるいは「並列接続」によって連続する。そこには蛇行する建築的プロムナードはもはや見られない。建築ヴォリュームと外部との関係は単純な「ストア的」図式によっている。また自身の提唱した水平連続窓を使わず、ランドスケープをさまざまな形でフレーミングする多様な開口部を用いた。地中海地方の民家からもってきたもう一つの特徴として、彼は建築物のヴォリュームと隣接して、周囲の風景を見わたす露天のテラスを設けている。しかし、不幸にもル・コルビュジエは再び自己欺瞞に陥ってしまう。地場の粗野な材料と現代の材料、ディテールとの組合せは彼が期待したようには機能してくれなかった。あらゆる部分でおこる浸水のため、居住不能となり、高額な修理費用が発生した。それでもなお、マンドロー邸はエラズリス邸同様、戦後の地中海建築のプロトタイプとして、最も重要な作品の一つとされている。

ル・コルビュジエは技術的な事柄にかんして、冒険的で無責任、もしくは無邪気すぎる行動をとることが多かった。建築材料の特性についてはナルシスティックともいえるほどの自信を示したが、現実の結果がそうした目論見に反したとき、彼は施主にたいして冷淡なまでに無関心だった。それでもル・コルビュジエの頑強な信念、そして闘志に満ちた構想力は人々を魅了し、信じさせた。そうした人々の典型ともいえるのが、救世軍難民院の工事を請け負ったアルビン・ペロンである。救世軍難民院はマンドロー邸と同じように厄介な技術的諸問題につきまとわれたプロジェクトであったが、1935年にペロンはフランス、シャラント＝マリティーム県マテに建てる娘の家、『セクスタン邸』の設計をル・コルビュジエに頼んだのである。ペロンはル・コルビュジエに書き送った手紙の中で、この家は週末旅行やパーティのための社交場ではないことを告げている。求められたのは建設業者の娘が休暇中に使うための低予算で、耐久性のある、普通の家であった。予算上、パリから建材を運送したり特殊技能をもつ労働者を連れてきたりといった、いつものル・コルビュジエ「スタイル」は不可能であったし、彼自身がパリから現地へ行く費用さえも出なかった。しかし、ル・コルビュジエはその仕事を引き受ける。彼はすべての与条件を満たしつつ、真に地域主義的な家を設計した。敷地の状況は写真から読みとり、地元で入手できるものという制約、あるいは可能性の範囲内でデザインをした。マンドロー邸と同様に地場産の石を使ったが、今回は伝統的な防水工法を適用した。また今回は石材を木材と取り合わせ、屋根には勾配をつけた。それに関連して各部のディテールは地元の労働者が比較的容易に施工できるよう配慮されている。室内気候の調節についても細心の注意が払われており、

『セクスタン邸』、マテ、フランス、1935年

最も自然で伝統的な方法——遮光、換気のために壁と窓を適切に配置する——が地元の気候風土を配慮しながら採用されている。またセクスタン邸は地中海建築にみられるストア型の空間構成をもち、この点でもマンドロー邸と類似している。このプロジェクトは機能的にも、技術的にも、費用の面でも計画どおりに進み、施主はル・コルビュジエにたいへん感謝をした。

　1930年代初め、地域主義的手法と近代的手法を、デザインの方法論という大きな枠組みの中での二つの相補的アプローチと捉えなおす一方で、ル・コルビュジエは、たとえば屋根の再定義など、他の根本的な問題にも積極的に取り組んだ。前述したように1920年代の終わりにル・コルビュジエは当初「ソラリウム」とよんでいた新しい建築要素——地中海地方の建物にみられる小さな中庭と船舶のデッキを融合したもの——を発明していた。彼は自分の設計する邸宅や集合住宅において続けざまにそれを実践してゆく。1933年、まずは実験的に自分の住宅においてそれを試みる。彼はパリのポルト・モリトールに設計したアパートの最上階を自宅兼仕事場、「忍耐を要する研究」のスタジオとして使った。建物の東西面は全面ガラスであり「日射を遮るものがない」ありさまであった。こうして自身の言にもあるように「ブリーズ・ソレイユが発明された」のである。

　同じようなケースが、1930年、シャルル・ドゥ・ベイステギという裕福な人物のために設計された、パリ中心部のアパート最上部の2層を使った娯楽用セカンドハウス『ベイステギ邸』である。ル・コルビュジエは、自邸のペントハウスの設計でもそうしたように、計画内容の特殊性を越えて一般解をもとめようとする忍耐強い作業、そして未だ見ぬ新たな形態をつくりだす作業を並行しておこなった。しかし完成したものは、一般解から派生した一解釈というにはあまりに特異なものであった。ここで

『ベイステギ邸』、シャンゼリゼ、
パリ、1930年:屋上テラス
写真:ルシアン・エルヴェ

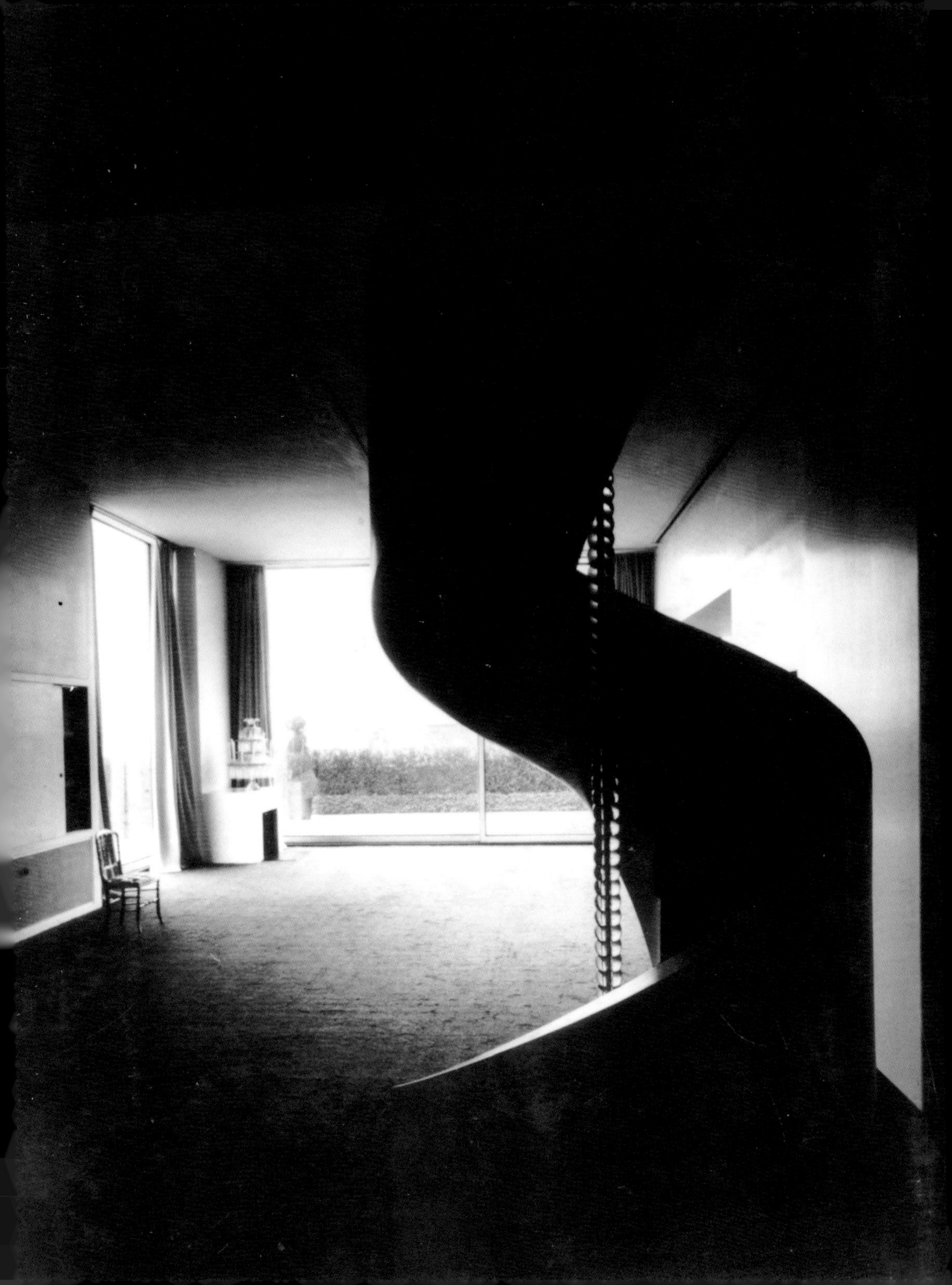

重要とされたのは直射光やグレア対策ではなく、周囲の都市的光景をいかにして享受するかという問題だったからである。パラーディオのヴィラ・ロトンダやル・コルビュジエ自身によるサヴォア邸と同じく、この計画に求められたのは、遠景も、目の前にいる人も、風景の中で等しく重要な役割を演じる、上流階級の社交、娯楽のための場所であった。ル・コルビュジエはこのプロジェクトについて「スター的プログラム」ゆえに魅力を感じたと明言している。M. ペロンが言うところの「ル・コルビュジエ・スタイル」の芸術作品を思う存分つくることができるのである。ル・コルビュジエは、施主と訪問客たちに、都市の中で「大洋を航行する客船上の感動」をあたえたかった。そこにあるのは、青空のもとに休息と祝祭の感覚が同居し、はるか彼方の風景と目前で交流する人々が重なる奇妙な気分、それまでは洋上の豪華客船のデッキ上にしか存在しなかった感覚である。密度の高い空間でありながら、再びここで全体を統合しているのは、運動にともなって展開するシナリオである。吊り構造の螺旋階段を上下に移動する目に映るのは、一方ではさまざまな場所で交流する訪問客たちであり、もう一方では刻々と見え方を変えるパリのパノラマ風景である。室内には潜望鏡——テラスの上に客船の換気筒の形をして立つ——をとおして取り込まれた街のスカイラインが投影され興奮をよぶ。人為的に演出された、きわめて奇妙な経験からはシュールレアリズムの影響が感じとれる。

　毎回のことだが、このプロジェクトでもル・コルビュジエは予定工費を大幅に越えてしまった。実際にかかった費用は予算の3倍にも上ったが、後になってこの施工者はル・コルビュジエに共同プロジェクトの話を持ちかけている。こうした個人的な人間関係はル・コルビュジエのキャリアにおいて重要な役割を果たしているといえる。彼は親戚、同郷人、信頼関係のある知り合いのネットワークを

『ベイステギ邸』内部階段、写真：ルシアン・エルヴェ

『ベイステギ邸』屋上テラスと潜望鏡
写真：ルシアン・エルヴェ

編み合わせて発想力、知名度、そして仕事の契約に結びつける能力において、まさに達人であった。しかし、彼のデザインの原動力は、先例から吸収したものの記憶とコンセプトやモデルからなる思考的ネットワークである。過去の創造物もしくは自然の事物から学び、再発明、再構成をするきわめて高い能力は、彼の生まれながらの空間的思考力、芸術学校時代から身についた潜在意識によるものだと考えられる。当然、次に重要な要素としては、当時の社会経済状況、文化的、政治的な条件があげられる。ベイステギの屋上ヴィラのエキセントリックで不合理、派手で消費的な性格は、レオン・ブルムが1945年のマニフェスト A l'Échele Humaine の中でその時代の狂騒ぶりを表現するために使った「繁栄という幻想」という言葉を連想させる。見せ場と幻影が織りなす空間と気楽な出会いの場という雰囲気は計画全体の中でも際立ち、画期的なジャン・ルノワールの1930年代の映画の世界にも似ている。あるいはこの屋上邸宅は─マルク・ブロックから引用するならば─「レアリズムの喪失」、「錬金術的精神」……スタヴィスキー事件*（この邸宅の完成2年後に起きた）の素地を形成し、ついに1930年の終わりにヨーロッパの自由主義体制を崩壊させるに至った、欺瞞と破綻に対抗するための機械だともいえる。1930年代におけるル・コルビュジエの地域主義への転向は、右派の台頭、近代建築と機械主義、そして今日いうところの「グローバリズム」にたいする右派の攻撃との関係からとらえることもできる。しかしル・コルビュジエは自衛のために建築へのアプローチの仕方を変えたのではない。彼が示そうとしたのは、工業化やユニバーサルな法則、国際協力といったことと地域ごとの条件あるいは可能性は、本来、相反する事柄ではないということである。

　セクスタン邸の工事が牧歌的な風景のなかで完成に向かっているころ、フランスそしてヨーロッパ諸国の政治情勢は劇的に変わりつつあった。ル・コルビュジエがそれまで手がけた仕事にたいする反動がすぐにでも起きかねない状況であった。

＊1933年末にフランスで発生した疑獄事件。時の政権をも揺るがすスキャンダルに発展した。（訳者註）

「過ちと新時代の幕開けのはざまで」　　　　　　　　　　　　　　　　第04章

1930年代後半、フランスと他のヨーロッパ諸国の政治情勢はますます緊迫し、急進的かつ極端に暴力的であった。左派、右派への二極分裂は、知識人や芸術家に革命かブルジョワかという二者択一を迫った。こうした情勢の中、ル・コルビュジエがとった態度は両義的であった。空間構成の問題であれ、機能と形態の問題であれ、ル・コルビュジエの関心はデザインの領域に内在する論理に基づいた探求に向けられていた。1922年のサロン・ドートンヌへの出展内容を、1925年の『ユマニテ』誌上で攻撃されたときの反論で、ル・コルビュジエは自分の政治的立場を明確にしようとしている。著書『ユルバニズム』において彼は、よい都市計画とは幾何学、光、動線、経済、衛生といった、それ自身で価値があるものに関係し、「人民院」や「労働党議会」といった特定の施設と関連づけをする必要などないとしている。しかし他方では、批評家たちに、ヴォアザン計画を実現させるためには、パリ中心部をまるごと収用するという、個人の財産にかかわる政治的な行為が必要だと説いていた。それでもなお、ル・コルビュジエは自分が技術的な問題を扱っているのであり、政治的なレベルでは発想していないとした。「私は建築家である」と宣言したル・コルビュジエは、政治家的にふるまうことなど不可能だとも言った。彼が強調したのは、自分のデザインの探求が「資本主義」側にも「第三インターナショナル」側にも向けられていないということだった。この本の締めくくりでル・コルビュジエは「革命とは人為的に革命的にする類のものではなく、計画によってなされるものだ」と述べている。これは彼の1923年の有名な言葉「建築か革命か」よりも思慮深く広範な内容を含んでいる。そこには「革命は回避できる」という決意が表明されている。

　左派がル・コルビュジエの作品にたいして懐疑的であっただけでなく、極右派は、彼を他の近代建

築家と同様、被害妄想的なまでに敵視した。スイス学生会館がスイスのメディア上で誹謗中傷の的となったことは前述したとおりである。さらにスイスでは、1931年にセンガーズによる「ボルシェビズムが送り込んだトロイの木馬」という物々しい題名のパンフレットが発行され、「ユダヤ人、フリーメーソン」そしてソヴィエトと共謀して危険な思想を蔓延させる人物として、名指しでル・コルビュジエを糾弾した。同じように彼を誹謗したのは、『フィガロ』紙に掲載された、カミーユ・モークレールによる一連の記事である。モークレールは *panbetonizm*（世界をすべてコンクリートでつくろうとすること）、伝統との乖離、「ラ・サラの共産主義者たち」や「資本主義の神マモン」との関係をあげて、ル・コルビュジエを危険視した。

　政治情勢の動きはル・コルビュジエが関わるプロジェクトの内容にも影響をあたえた。1936年には反ファシスト左派の人民戦線が選挙に勝ち、フランスに政権を樹立する。この勝利の後、『ユマニテ』の編集長でもあるポール・ヴァイヤン＝クチュリエはル・コルビュジエにアプローチし、過去の誌上での攻撃について彼に陳謝した。それにたいして、ル・コルビュジエは「私見では、人民戦線によって社会的に意義のある出来事が起きつつあることを知らしめるためには、緊急にパリに現代的技術を用いた共同住宅を建設し、人々に提供するしかない」という提案を持ちかけた。こうした流れのなか、ル・コルビュジエは、1936年5月24日の歴史的な60万人の反ファシスト・ストライキに、ルイ・アラゴンら左翼の先覚者らとともに参加することとなる。しかし1937年には、人民戦線は政権を奪われ、ヴァイヤン＝クチュリエは死亡する。その後、クチュリエの偉業を称えるために委員会（ジャン・ルノワールもその一員だった）が設立され、そこで記念碑を建造することが決定された。その2年後、

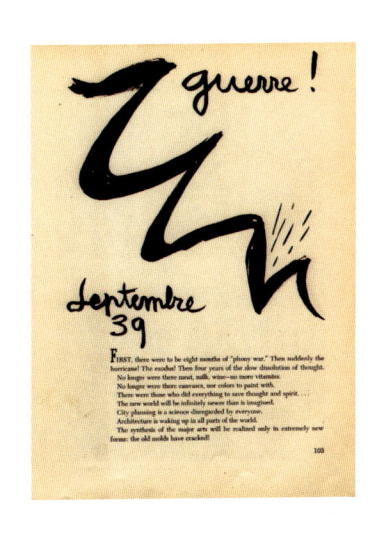

New World of Space（1948年）の中のイラスト

コンペによってル・コルビュジエが記念碑の設計者として任命される。しかし彼の案は予算を超過していたため、実現はしなかった。『全作品集』の中で、ル・コルビュジエは誇らしげに、この記念碑のデザインが1945年にニューヨーク近代美術館（MOMA）主催による、戦争記念碑をテーマとした巡回展に出展されたことを取り上げている。

　記念碑の敷地はクチュリエが一時期市長を務めた、パリ南部ヴィルジュイフ、フォンテンブロー通りとマクシム・ゴーリキー通りからほど近い場所である。ル・コルビュジエは、この記念碑を移動する視点から見られるものととらえた。歴史的にみても、最初の「ハイウェイ建築」ともいえるこのプロジェクトは非常に重要である。この計画の空間構成やスケールのヒエラルキーは、この視点からすべて説明し得る。記念碑の巨大さ、垂直に立ち上がる壁と長く水平に突き出た直方体形態の荒々しい組合せは、まるで胴体から腕を伸ばしているようであり、はるか遠方からでも識別可能である。高速道路のインターチェンジに近づくと、運転席からは演説者のさまざまな断片─空に向かって開かれた手、叫ぶように口をあけた頭像、開かれた本─が視界にはいってくる。ル・コルビュジエはこの記念碑を夜間ライトアップするつもりだった。ヴァルター・グロピウスによる1920年3月の犠牲者追悼碑、ミース・ファン・デル・ローエによるカール・リープクネヒト、ローザ・ルクセンブルク記念碑とならんで、ル・コルビュジエのヴァイヤン＝クチュリエ記念碑は20世紀共産主義左派の芸術的成果の一つだといえよう。その中でも、ル・コルビュジエのものは、その力強さ、複雑さ、建築的質において突出している。ヴァイヤン＝クチュリエが殉職者ではなかったにもかかわらず、記念碑の構成は荘厳で抗議的、悲劇的な色合いの強いものであった。直接的に参照されているわけではないが、頭像の叫

『ポール・ヴァイヤン記念碑』、ヴィルジュイフ、フランス、1937年

びや差し出された手は、ピカソの『ゲルニカ』の影響があったことを明白に物語っている。実は、1937年のパリ万国博において、ル・コルビュジエのパヴィリオンの隣に建設されたスペイン館内にはゲルニカが展示されていた。スペイン館の設計はルイ・ラカーサと、ル・コルビュジエを敬愛するカタロニア人、ホセ・ルイ・セルト―後にハーヴァード大学グラデュエート・スクール・オブ・デザインの学部長となる―によるものであった。

　1937年のパリ万国博もフランス人民戦線のもとに実施されたプロジェクトである。これには数々の展示計画とル・コルビュジエの営業努力についての長いエピソードがある。パリは1855年以来、数々の大規模万国博覧会の開催地となってきた。その一つは、ル・コルビュジエのエスプリ・ヌーヴォー館が出展された、1925年国際装飾博覧会である。1929年には次の万博の企画が持ち上がってきた。そこで、1932年にル・コルビュジエは博覧会のテーマとして、集合住宅の問題、より端的にいうならば居住を主題とした野心的な大規模都市プロジェクトの提案をおこなった。しかし、保守的な主催者側から良い反応を得ることはできなかった。その2年後、彼はコンセプトは変えずに規模を縮小し、CIAMにおける研究成果を反映した、居住とレジャーをテーマとした計画案を再度もちこんだ。こんどは反応は良かったものの、実現にはいたらなかった。3度目の提案は「無限発展の美術館」であった。ル・コルビュジエが過去に構想したことのある、渦巻き状に無限に増築可能な建築である。この計画は彼に好意的な人民戦線が任命した博覧会運営者から賞賛された。ただしこちらも、将来を予見したプロジェクトだという評価はされたが、問題点が多く、しかも現在の最重要課題ではないとされてしまう。そして10年間の議論、討論を経てついに1937年、「近代生活における技巧と技術」をテー

マとした万国博覧会において、ル・コルビュジエは『新時代館』を設計することとなった。彼がそこでデザインしたのは、ケーブルと鉄骨フレームによって張られた、1500メートルスパンのテント式構造物である。ロシア構成主義の建築家たちのプロジェクトのように、このパヴィリオンは容易に解体でき、各地を移動することができた。展示内容は、またしても都市計画にかんするもの、具体的には「パリ計画'37」とよばれるものであった。エスプリ・ヌーヴォー館がそうであったように、ドローイングや写真モンタージュによる巨大パノラマパネル、模型、ジオラマを用いた展示がおこなわれた。

　1934年、ル・コルビュジエが万博主催者にたいして熱心に都市計画や居住、レジャーについての計画案を売り込んでいたのと同時期に、若いアーティストたちの集団「ヤング'37」とル・コルビュジエのアソシエートであるインテリア・デザイナー、シャルロット・ペリアンは同様なアイディアを持って活動していた。発起人はル・コルビュジエのいとこであり、協同者であるピエール・ジャンヌレだった。彼は『ユマニテ』が主催する祭典を見たあと、国家的祭典のためのナショナル・センターをつくることを思いついた。その時点では、さらなる発展はなかったが、ル・コルビュジエはすぐさま行動した。結果として生まれたのが、1937年に人民戦線政府に提出された『10万人のスタジアム計画案』という、パリにおける巨大プロジェクトである。この建築にはサッカー、水泳、テニス、自転車競技などのスポーツ施設が含まれていたが、用途として想定されていたのは単なるアスレチックセンター以上のものであった。ル・コルビュジエはさまざまな催しのために巨大な映写スクリーンを配置し、音楽や演劇、ダンス、サーカス、大集会などさまざまな場面に応じて広さを変えられる広大な舞台を設けた。折りたたみ可能な巨大テント屋根が傾斜した巨大マストから吊られ、悪天候の際に観客を雨から守るようになっている。劇場と舞台、そしてこの施設全体が、国家的イベントが催されるときに

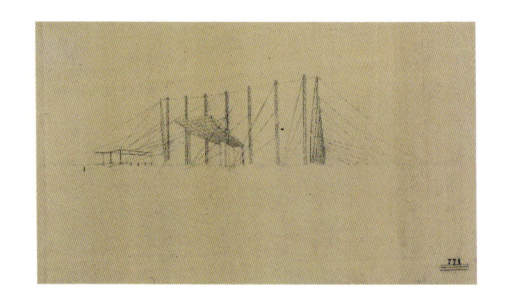

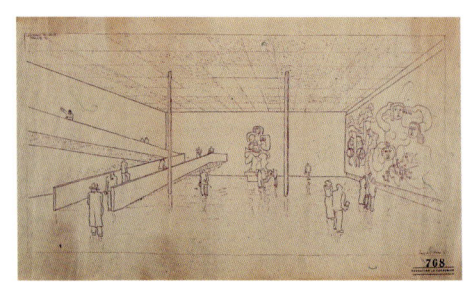

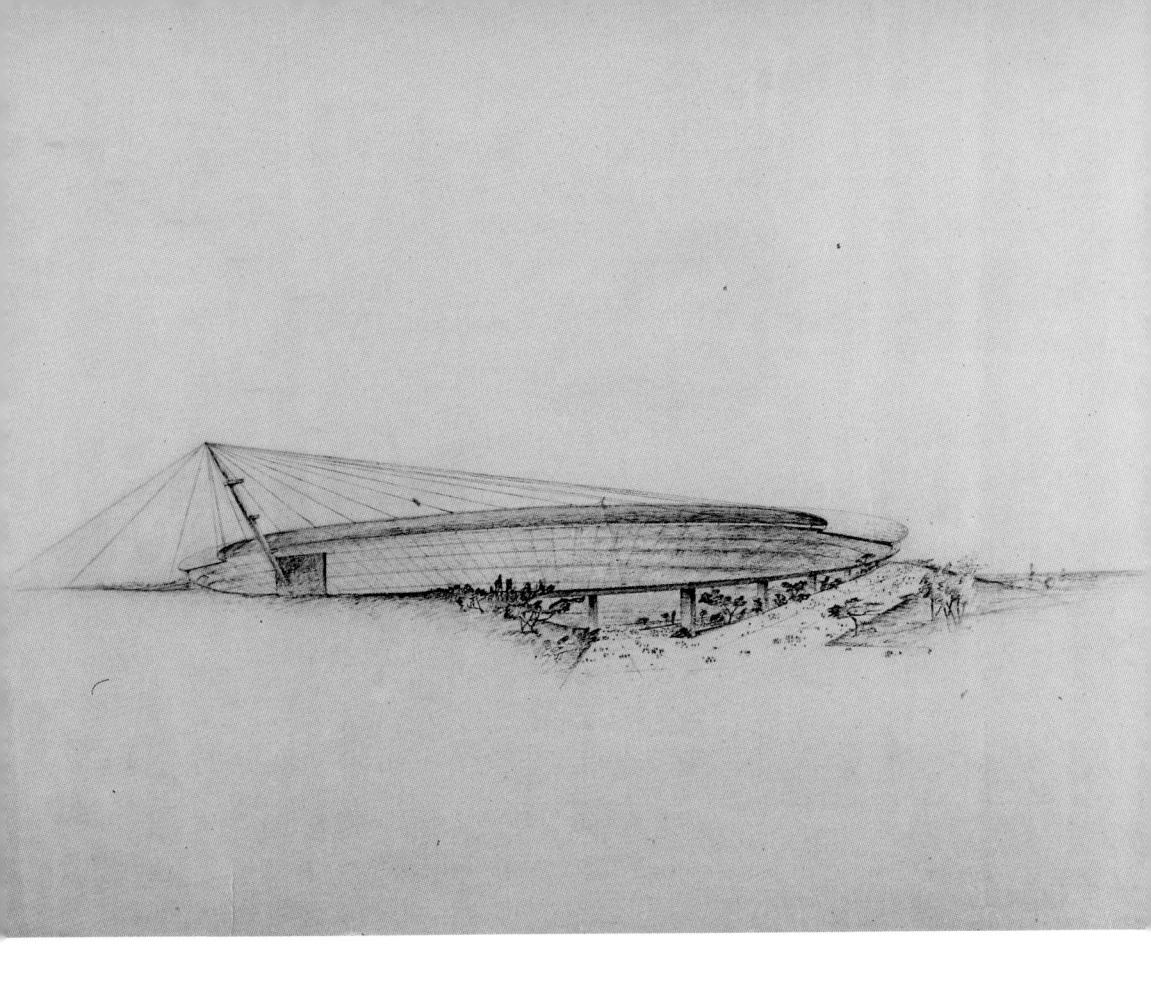

『10万人のスタジアム計画案』
ヴァンセンヌの森、パリ、フランス、
1937年(上)
『新時代館』
コンセプトスケッチ(左頁)、パリ、
フランス、1937年

は一体的空間、人びとを一体化させる空間となる。こうして見るとル・コルビュジエは、偉大な歴史家マルク・ブロックがナチスに処刑される3年前に密かに書き著した『奇妙な敗北』の内容から影響を受けたのではないかと思われる。ブロックは戦前フランスが直面していた問題、結果的にフランスを敗北へと導いた問題について思考をめぐらしていた。彼が指摘したのは、フランスには本当の意味での、国民的祭典がないということである。歴代政権の怠慢は集団としての意欲を奪い、絶望感と悲壮感を蔓延させる結果となったと。ブロックは、こうした民主的な祭典が一党独裁主義のもとで開かれる大会とは反対の性格のものであることを強調している。そこにある目的とは、生きるよろこび、何かを協同して成し遂げるという信念を得ることである。しかし、ル・コルビュジエの反応はきわめて即物的なものであった。彼の念頭にあったのは、前年にナチスがアルベルト・シュペーア・ツェッペリン広場にて開催した、動員数にして24万人、サーチライトの数150灯の夜間集会、そして10万人の観客を動員したヴェルナー・マルヒ・オリンピック競技場だった。

II

　1940年6月14日にドイツ軍がパリに侵攻すると、ル・コルビュジエはセーブル通りの事務所を閉鎖し、フランス政府やほかのパリ市民と同じようにパリを逃れてピレネー山脈をめざした。同年7月にビシー政権が樹立され、10月にはユダヤ系フランス人の就労を認めないという行政命令を下した。そして年末には、業務が許される建築家の条件を規定する最初の法律が制定された。政府の下した結論は3人の建築家には特別な許可なしに業務継続を認めるというものであった。そのうちの1人はル・コ

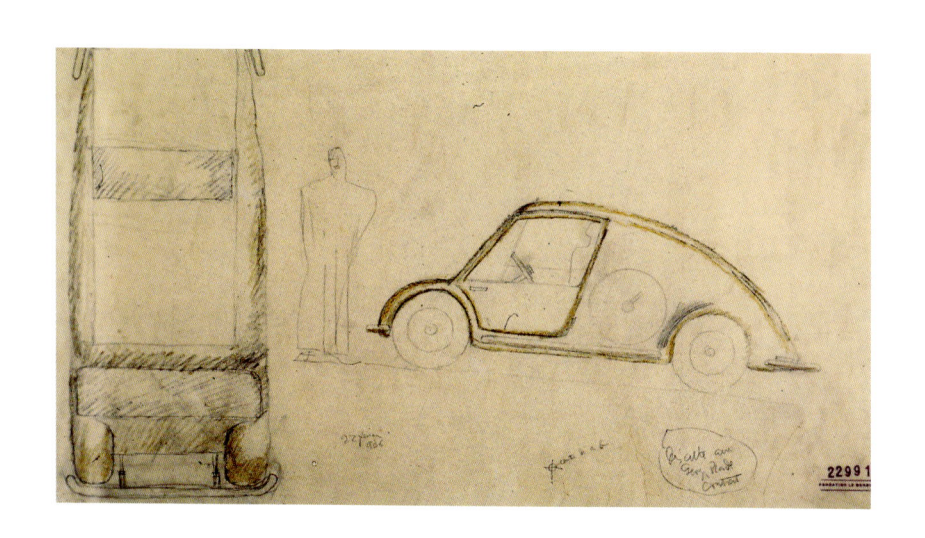

ル・ビュジエ、もう1人は彼の師であるオーギュスト・ペレだった。ほどなくして、1941年1月にル・コルビュジエは政府に招かれてビシーを訪れる。そのころ、いとこのピエール・ジャンヌレはまだレジスタンスの一員として潜伏活動をしていた。マルク・ブロックが老政府とよんだビシー政府側から見れば、彼の転向は賢明だったといえる。ル・コルビュジエはジャンヌレと共同で仕事をすることに同意し、5月にはペタン元帥*が自ら調印した行政命令により、新国家の住宅機構長官に任命された。ル・コルビュジエが最高権力に近づこうとしたのはこれが最初ではない。ムッソリーニに働きかけをし、レオン・ブルム**に幾度となく具体的提案を記した書簡を送っている。ブルムからの返事は一度もなかった。また、独裁政権にたいする無頓着ぶりを露呈するのもこれが初めてのことではない。スターリン主義による弾圧がはじまったころも、いっさいの批判や犠牲者にたいする同情もなく、政府の依頼する仕事に従事し続けた。彼の著書が、有害なものとして、ソヴィエトの書店から送り返されてきても、友人らがしだいに政府との関係を悪化させても、ル・コルビュジエはソヴィエト連邦でのプロジェクトの実現を追い続けたほどである。ペタンの申し出はル・コルビュジエにとって、国家権力あるいは独裁政権にいまだかつてないほど近づくことを意味していた。しかし、蓋をあけてみると、当初目論んだほどの権力はあたえられず、しかも関係は長続きはしなかった。

1941年6月にル・コルビュジエはアルジェを訪れた。そして1942年、彼は当地の都市計画について引き続き研究をするためにアルジェに戻ることを決めた。まもなく彼は「マスタープラン」—もはや都市計画とはよばなかった—を完成させた。このプランは過去の研究成果をすべて含んだ縮図のようなものである—都市、地域、田舎、そしてパリまでも。ル・コルビュジエは都市間を結ぶ交通網から

＊アンリ・フィリップ・ペタン。ビシー政権の首相。(訳者註、以下同)
＊＊1936-37年、人民戦線内閣の首相をつとめる。戦時中、ビシー政権に逮捕されていたが、戦後は暫定内閣首相や副首相をつとめた。

自動車のスケッチ、1936年

浮かび上がってくるスーパー都市という概念をつかもうとしていた。彼はこのアイディアについて、すでに1929年12月21日、南アメリカのジロンド川河口近くにておこなった「世界都市について」と題する講演で、スケッチによって紹介している。その後、戦争を経て、計画内容はより深く掘り下げられている。しかし戦争が構想に直接的な影響を及ぼしたとは思えない。反対に、戦争によって、ル・コルビュジエの大量輸送、グローバリズム、技術についての確信はより強固なものとなったといえよう。このアルジェの最終計画案は旧来からある街、そして海岸ゾーンに焦点を絞っている。以前の計画ではビジネス・センターだった場所はイスラム・センターとなり、ビジネス・センターは「ヨーロッパ人街」に移動した。そしてカスバの保存がこのプランにおける最重要項目の一つとなっている。ヨーロッパの植民地主義がもたらした様式に全く可能性を感じていなかったル・コルビュジエにとって、カスバこそが保存するに値する環境だったのである。先住アルジェリア人の施設に高い優先順位をあたえるという計画内容の変化は、おそらくは当時北アフリカに部隊を展開させつつあった西側同盟国の影響、そして各地で勢いを増す抵抗運動の影響を反映したものである。

　最も丹念に計画されているのは個々の建築物、特にホテルの入った摩天楼である。ル・コルビュジエはこの建築の形態、直方体は「合理性」から導かれたものであるとし、戦前からアメリカで広まっている高層ビルにみられる形態操作、歴史偏重主義とは相容れないものだと述べている。ここで最も価値がある建築的要素はファサードであり、戦後の建築界にあたえた影響はひじょうに大きい。ル・コルビュジエが既に発明していたガラス・カーテンウォールという一般解的な建築構成要素とは異なり、アルジェ計画の摩天楼のファサードは地域主義的なものである。地中海の強烈な日差しに備え、ル・コルビュジエはブラジル保健教育省で使用したブリーズ・ソレイユを発展させ、建物の全面を覆

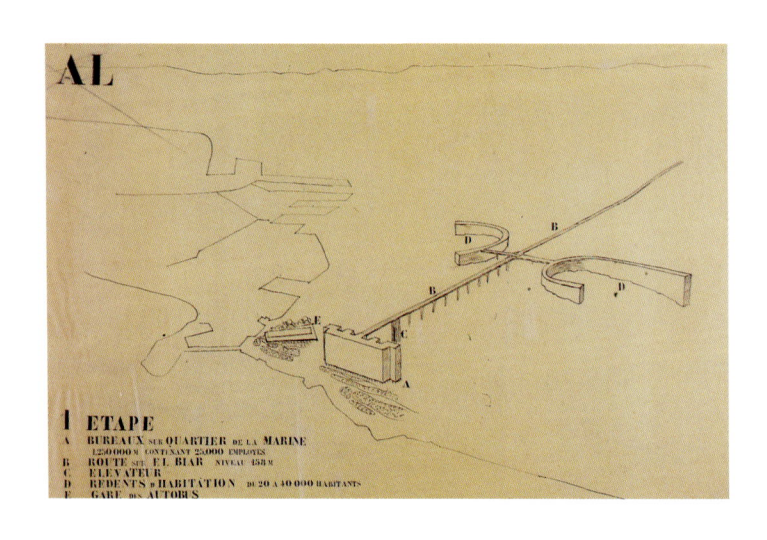

う、まるで巨大なベネチアン・ブラインドのような日除けを発案した。ブリーズ・ソレイユは固定あるいは可動式の「垂直、水平のフィン」からなる。ル・コルビュジエによれば「敷地の緯度から……1年のうちの特定の日以降に影を落とすよう」計算によってフィンの形状が決まり、また、グリッドの大きさは、背後にある空間の機能に応じて変わっているため、複雑なパタンとなるとしている。さらにそのパタン内のプロポーションを黄金比とすることにより「調和を達成した」といっている。しかし植民地政府はこれらの提案のいずれにも関心を示さなかったようだ。当時のル・コルビュジエが置かれていた状況は、保守主義の砦のまっただなかで近代的思想を広めようとすることに等しかった。あるいは、政治的に反抗分子として見られていたのかもしれない。そして悪意に満ちた噂、記事も逆風となった。1931年の「ボルシェビズムが送り込んだトロイの木馬」という印刷物のコピーが再び出回り、陰謀をたくらむユダヤ人共産主義者と彼が深くつながっているという噂が広まったのである。

　こうしてル・コルビュジエは、アルジェにおいてプロジェクトが実現する可能性がないということ、そして自分が歓迎されない人物であるということを知った。その後、彼は終戦までの2年間をパリでの活動に費やした。パリでル・コルビュジエは、戦後のフランス復興について構想を練る人びとと積極的に交流する。また、フランス解放の日に備えて事務所を再開し、若いスタッフを集めた。彼は戦争で破壊された世界に調和と秩序をとりもどすため、より柔軟な比例のシステムをつくりだす作業に没頭した。そのシステムはのちに「モデュロール」として知られるようになる。

　パリは1944年8月19日の土曜日、連合軍によって解放される。そして1945年5月8日には、コンコルド広場は戦争終結を祝う人々で埋め尽くされた。ル・コルビュジエには、その祝典は「アーバニズムの証」として映った。

『アルジェ計画』A、B、C、H、高架のハイウェイとシー・スクレーパー

「小屋」「ボトル棚」「客船」　　　　　　　　　　　第05章

1944年8月19日にパリは解放された。しかし、その3か月後、まだフランス領内に潜伏していたドイツ軍残党の攻撃によりヴォージュ県サン＝ディエ市の約半分が壊滅し、1万500人が住処を失うという大惨事が起こる。（街が破壊されたのはこれが初めてではない。1度目は18世紀中ごろの大火によるもの。ただちに復興をとげた同市は質の高い歴史的建造物をもつ工業都市として発展した。）一方、ル・コルビュジエはそのころ、フランス政府のあらゆる委員会や協会から排斥され、黙々とでモデュロールの研究に取り組んでいた。1945年のはじめ、友人の若手事業家、ジャン＝ジャック・デュヴァルは、そのような境遇にあるル・コルビュジエをサン＝ディエ市に招き、復興への道を模索する戦争被害者会（地権者たちで構成する民間団体）に協力するよう要請したのである。彼はまず、第一次世界大戦のときから考えていた仮設住宅の問題に取り組み、そしてしばらくするとこんどは『サン＝ディエの復興計画案』（1945-1946年）の作成を依頼された。これはル・コルビュジエにとって、近代建築の思想をかたちにする、またとないチャンスであった。近代建築の思想は、戦前は挑発的で理想主義的なものと見なされていたが、1945年にはすでに、戦後復興という現実の要求に合致し、緊急の課題となっていたのである。

　ル・コルビュジエは計画の作成にあたり、ドイツ占領下の1943年に出版した『アテネ憲章』の都市理論をできるだけ適用した。そこから生まれたのがパッチワーク状に配列された公園や遊び場、歩道や道路のネットワーク、そして高層集合住宅である。一方、サン＝ディエ市から復興案の作成を委託されたジャック・アンドレ（彼もまたル・コルビュジエを尊敬していた）の計画は、ロレーヌ公爵の

『サン＝ディエの復興計画案』、フランス、1945-1946 (51) 年：配置計画、パース

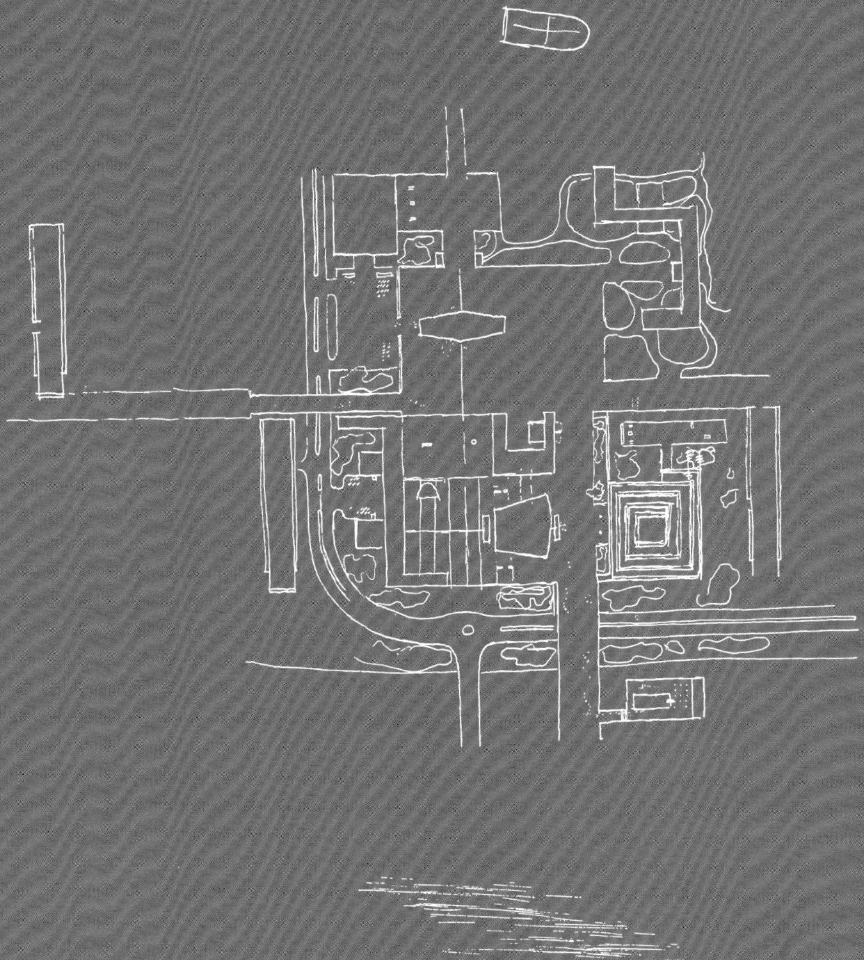

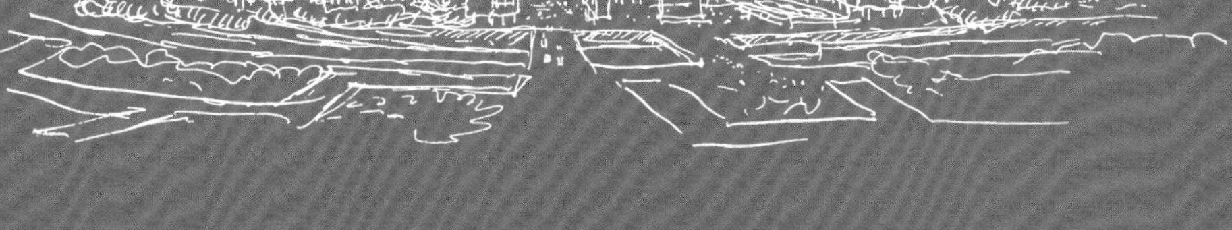

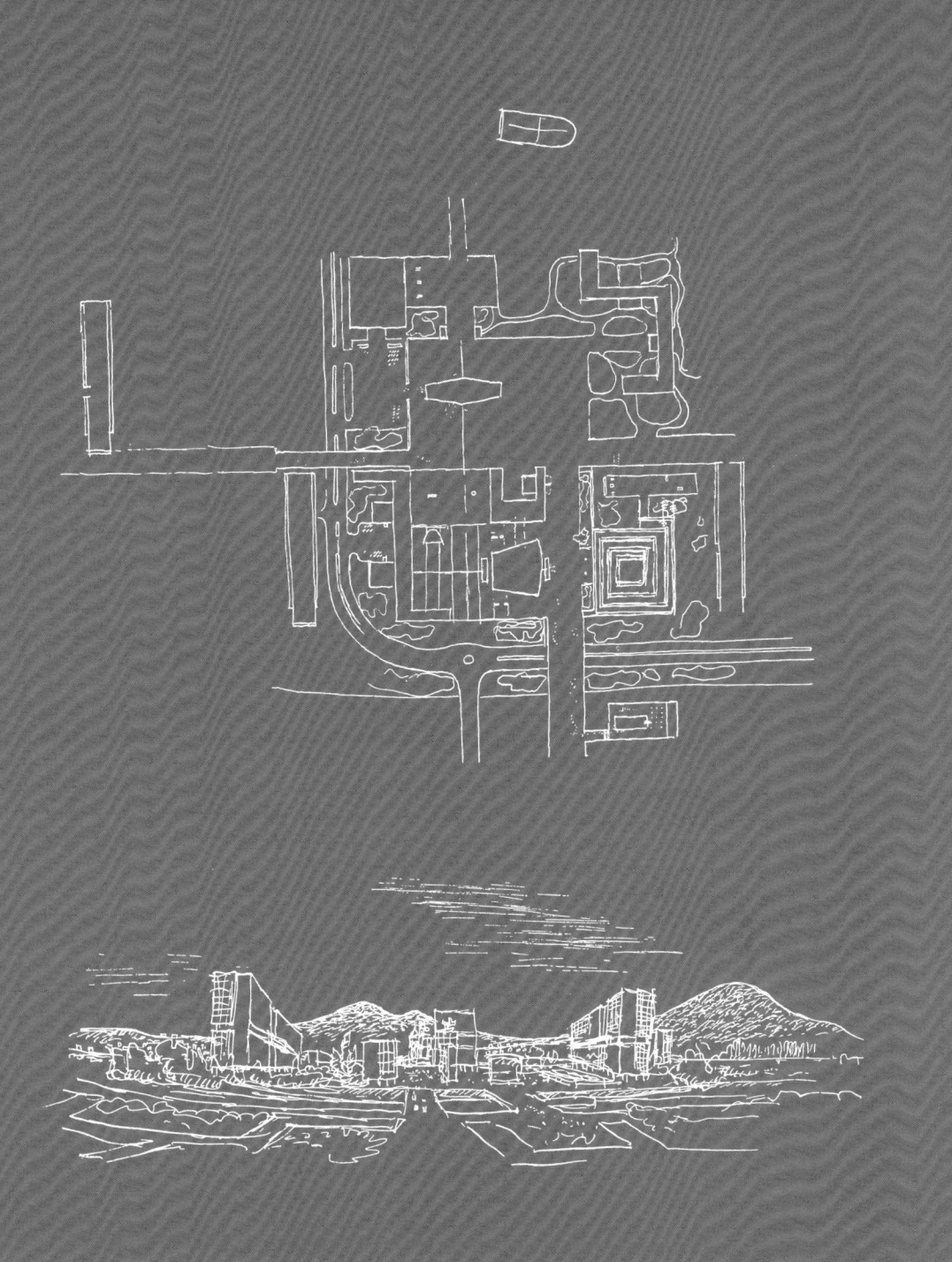

定めた街区形状と建築の種類を継承しようとするものだった。しかし政治に強い影響力をもち、左翼寄りの戦争被害者会が出した結論は、両者の計画案をいずれも不採用とし、破壊前の状態に復元してほしいということだった。これに対し、ル・コルビュジエは彼特有の「フィジオクラット的*」思考パタンにより、地元住民の反対意見を無視し、より上層部の、おそらくは彼に好意的な組織である左派労働組合CGTの理解を求めた。さらに、戦前の人民戦線政権や『新時代館』のころのつてを頼って状況を打開しようともした。しかし、彼には戦前と当時が全く異なる時代であることが理解できていなかった。努力はことごとく裏目に出て、住民との溝はますます深まってゆく。自力で生活環境を改善したいという住民の願望の強さをル・コルビュジエは過小評価していた。その後も住民に対話や参加の余地を与えず、そして契約を解除する手続きも経ずして、1945年12月、いまだ混迷の最中にあるサン＝ディエの住民を後に残したまま、彼はリバティー型貨物船「ヴェルノン号」でニューヨークへと旅立ってしまう。

　ヴェルノン号は嵐にみまわれた。大西洋を横断する船旅は当初の予定である7、8日間を大幅にこえて19日かかった。ル・コルビュジエは、「船室は船員たちが使っていた」ため「私たちは大部屋に寝させられた」と記述している。彼はポケットの中にコダック製のフィルムケースを常に携帯し、その中に目盛り付きのテープをしのばせていた。そのテープこそが、当時ル・コルビュジエが研究に没頭していた比例システム「モデュロール」である。1948年に出版された『モデュロールⅠ』の中で回想しているように、彼はヴェルノン号の船室を毎日決まった時間、午前8時から正午までと、午後8時か

*重農主義。18世紀後半、フランスのケネーなどが主張した経済思想。重商主義を批判し、自由放任を主張した。（訳者註）

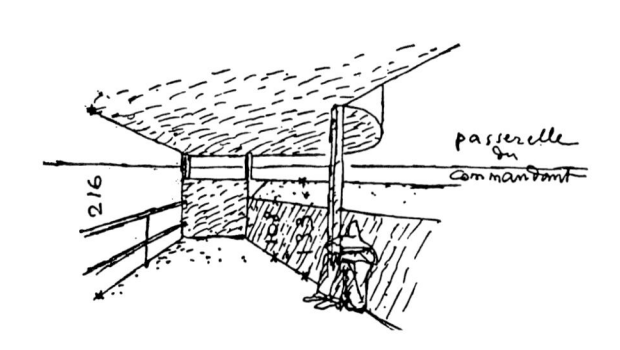

リバティー型貨物船の寸法体系、1945年（左）／モデュロール・マン、1950年（右頁）

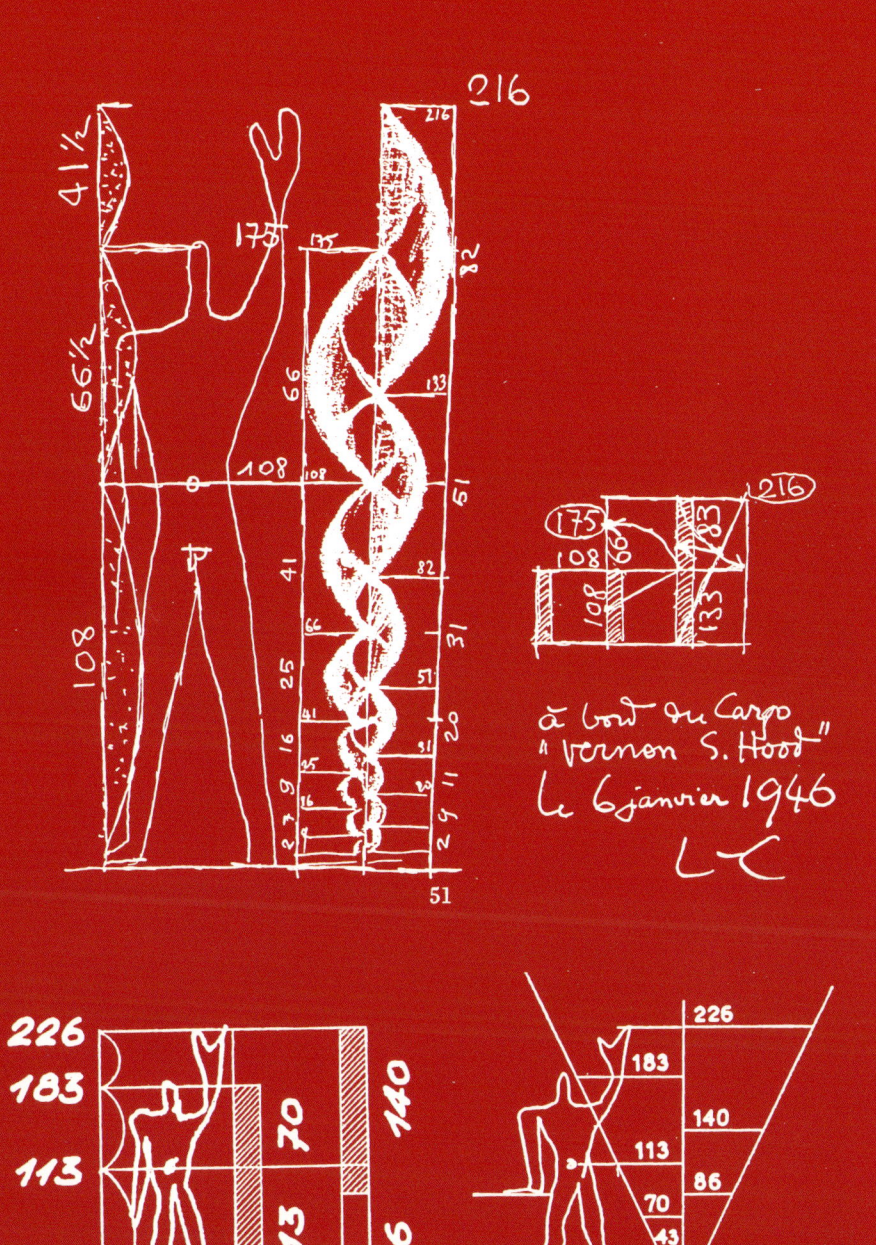

à bord du Cargo
"Vernon S. Hood"
Le 6 janvier 1946
L-C

ら午前0時まで使用させてもらい、すべての問題を解決し、システムを完成させた。そしてついに、1946年1月、彼の帰りを待たずして、サン＝ディエ市議会は投票により圧倒的多数でル・コルビュジエの計画案を否決したのだった。

ル・コルビュジエが『全作品集』の中で語っているように、サン＝ディエの計画案は「上流、中産、下層階級いずれからも」拒否された。左派寄りの人びとは、我が家をヴォージュ産の石材を用いてつくりたかったのだ——前述したように1930年代のル・コルビュジエならば、このような住民の要求を決して否定しなかっただろう。国の左派組織である Architects National Front（FNA）が、再建にあたっては最新の建設技術を採用し、伝統的材料を使わないよう呼びかけていたが、彼らの望みは変わらなかった。また、住民らが計画を拒否したもう一つの理由は、ル・コルビュジエによるプロジェクトの「独占」であり、彼らの参加する余地がまったくなかったことである。そしてさらに重要な点は、ル・コルビュジエが彼らの町の復興計画を「試験プロジェクト」と公言してはばからなかったことであろう。同様に、フランスキリスト教労働者連盟も彼の提出した計画を拒んだ。彼らの目にはル・コルビュジエの案は「集産主義的」なものとして映り、高層アパートは人びとの間の結びつきを弱めてしまうと考えたのだ。また彼らの念頭に「住宅トラスト」の既得権益を守りたいという打算があったことも否定できない。ル・コルビュジエはこのプロジェクトの挫折について、こんどはアカデミーや政治的保守勢力のせいにはできなかった。もう一つの復興プロジェクト、『ラ・ロシェル－ラ・パリスの都市計画』も同様の道筋をたどることになる。

失敗の原因をよりはっきりと浮かび上がらせる事例がある。プロジェクトの規模としてもサン＝ディ

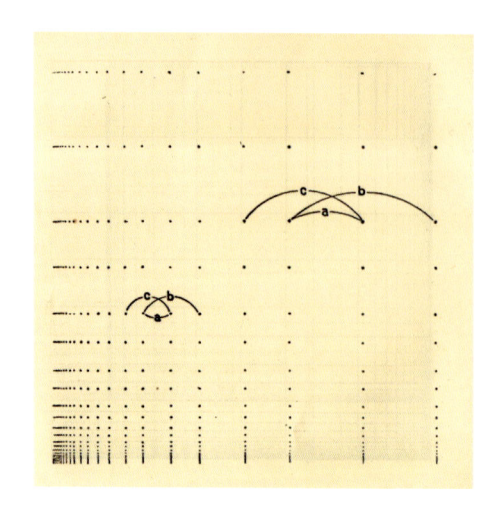

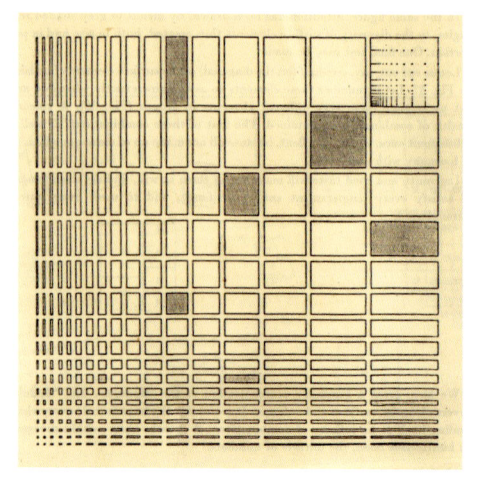

エに近いマオベルクの都市復興計画だ。プロジェクトを率いた建築家、アンドレ・リュルサはル・コルビュジエと同じく近代主義の建築家であり、CIAMのメンバーでもあったが、彼は住民の完全なる支持のもとプロジェクトを成功させたのである。ル・コルビュジエと対照的に、リュルサは第二次世界大戦がもたらした変化—社会が何を考え、何を求めるようになったか—について十分理解していた。敗北と占領が心に残した傷跡、ビシー政府に対する怒りは反体制的精神を育み、人権擁護の機運を高めた。また、その影響は生活のあらゆる場面におよんでいた。リュルサは、既に1930年代初めには、建物使用者との対話というものを計画、デザインプロセスにおける重要な要素として考えていた。彼はマオベルク市民と定期的に意見交換の場を設け、段階的に計画内容を固めていった。この過程を経ることで、空間的、形態的、そして計画プロセスそのものの革新性が抵抗なく受け入れられ、1947年に『ル・モンド』紙でアンドレ・シャステルが書いたように、財産の合理的再分配を促し、新たなかたちの共有財産を生んだのである。

　ル・コルビュジエは、フランスに戻ってから半年もしないうちに、再びアメリカ合衆国を訪れた。ソヴィエト・パレスのコンペで1等となったロシア人建築家、ニコライ・バソフとともに、彼はロックフェラーのチャーター機に乗り、ニューヨーク、ネルソン・ロックフェラー邸の上空を旋回した。パイロットはスパイ行為ではないかと疑ったが、目的は『国際連合本部』—戦前にル・コルビュジエが敗北を味わった、あの国際連盟宮の事件の「続編」ともいえる—の候補地を探すことであった。国連ビルの企画に初期段階から関わっていたル・コルビュジエは、敷地の選定にも参加し、フランスが作成した建物プログラムについての重要な報告書にも関与していた。彼が強調したのは、将来を見据

モデュロールにかんするスケッチ(左頁)
『国際連合本部』、ニューヨーク、
1947年（右）

えて考えるならば、運営上の実用的内容を満足するだけでなく、人間の新しい生き方を示すことが重要だという点であった。また、国連施設に課された数々の目標に加え、ル・コルビュジエは以下のような事項をかかげた。「仕事—家—余暇の間の毎日の移動を不要にする」、「主婦を家事労働の重圧から解放するために住宅を再編する」、「あらゆる人に学ぶチャンスをあたえる」、「エゴイズムを排除し、個人とコミュニティの価値を優先させる」というものである。

　国際連合プロジェクトにかかわる複雑な事項のいっさいは、戦前のジュネーヴ国際連盟宮コンペのような、ある意味で単純な政治的謀略とは無縁であった。戦後の政治運営に求められたのは透明かつ民主的なプロセスである。初代国連事務総長のトリグブ＝リーはまさにそうした信念をもつ人物であり、建物の設計にあたる国際的なデザイン委員会の設立を強く望んだ。ディレクターを務めるウォーレス・K.ハリソンが率いる委員会にはル・コルビュジエに加え、オスカー・ニーマイヤー、ロバート・モーゼズ、マシュー・ノヴィッキが特別顧問として名を連ねた。しかし、ここで採用された委員会方式によるデザインは、コンペに代わる「近道」というよりは、むしろトラブルを招く方向だったといえる。予定加盟国の数、当時想定されていた政治的影響力の大きさ、立地と運営の経済効果をめぐる利害関係など、意思の統一がきわめて困難な問題が山積していたからである。

　委員会のメンバーはル・コルビュジエの思想を尊敬はするものの、必ずしも彼の提案をそのまま受け入れる、あるいは彼にプロジェクトのチーフアーキテクトを任せることには賛成しなかった。委員会からしてみればル・コルビュジエのいうことは実用性に乏しく、これだけの規模と重要性のあるプロジェクトのマネージメントには向かない厄介者であった。さらに難しいことに、建築について何を

『ラ・ロシェル-ラ・パリスの都市計画』
1945−1946年

決めるにも常に無数の利害—政治的、個人的、経済的なもの—が関係していた。特に立地場所については政治がからみ、また、不動産価値を大きく左右する問題でもあった。ル・コルビュジエはこうした事態をうまく切り抜けることのできる人物では決してなかった。

　形態的にも、あるいは機能上も、ル・コルビュジエの国連本部プロジェクト案に特筆すべきところはない。リオ・デ・ジャネイロの保健教育省ビルと同様、直方体ヴォリュームの中に積み重ねたスラブ上に事務部門を置くという一般的な解決法を採っている。一説によると、ル・コルビュジエはこの計画について「集会ホールこそが王である」と述べたようだ。しかし計画内容を見ると、大きさからいってもホールよりもスラブの方が勝っている。しかしそれでも、この建築はニューヨークの摩天楼の歴史の中で初の、ピラミッド型でない「デカルト的」摩天楼として非常に重要な作品である。この建築は20年あまりにわたってマンハッタンの建築に影響を及ぼし続けた。政治的思惑、不動産的策略が織り混ざったものとして、この計画は歴史的にみても特異なケースだといえよう。

　ル・コルビュジエがフランス政府再建省の初代長官、ラウル・ドートリから大規模集合住宅の設計の話を持ちかけられたのは1945年、まだ連合軍がベルリンに向けて前進中のころである。当初は、プロジェクトにかかる費用は無条件で国が全額負担する予定であった。また、敷地は初めは特定されていなかった。候補にあがったのは、いずれもマルセイユの「ホメロスの詩のような風景の中にある」土地で、ル・コルビュジエによればドートリの「こよなく愛した」場所であった。ル・コルビュジエはすぐに計画に着手したが、結局、完成までに10の政権、7人の再建省長官が関わる長期プロジェクトとなった。ル・コルビュジエの計画をフランス政府の官僚たちは、すんなりとは受け入れてくれなかっ

『ユニテ・ダビタシオン』、マルセイユ、フランス、1952年：模型

た。当時、ル・コルビュジエの事務所にいたアンドレ・ヴォジャンスキーは「政府の人間」、「組織や個人」を相手にした「数え切れないほどの打ち合わせ、議論、形式的手続き」があり、「前例主義と無能さ」あるいは「嫉妬と悪意」から計画意図が理解されず、プロジェクト自体が座礁しかねなかったと回想している。

『マルセイユのユニテ・ダビタシオン』としてのちに知られるようになるこのプロジェクトは、1949年10月14日に定礎がおこなわれた。そして建物が竣工し、当時の再建省長官ウジュヌ・クロディウス・プチに引き渡されたのは1952年10月14日のことである。

ル・コルビュジエはまず最初に、計画案の作成と詳細な検討のための専門家チームをつくった。本書をここまで読んでいただくとわかるように、ル・コルビュジエは自己中心的な人物であった。彼は自分を孤独な冒険者、開拓者、あるいは殉職者として捉え、人びとにその姿を印象づけようとする。ル・コルビュジエは『全作品集』の中で、自分がおこなってきた「忍耐を要する研究」について、経験や記憶を運び、願望や熱意によって動かされながら、自分の中を川のように流れる探索の過程だったと回想している。そこには将来の発見へとつながる種子も含まれていた。しかし、彼は常に孤独だったとはいえ、全く１人だったわけではない。若い頃は親戚、恩師、親友と、そして後には施主、仕事上のパートナーたちとの交流が常にあった。例えばエドワール・トルーアン（第6章を参照）は施主でありながら、共同設計者といってもよいほど、プロジェクトの方向付けに重要な役割を果たしている。ヴォジャンスキーが書いているように、ル・コルビュジエの「唯我独尊」的な表向きのイメージ、つまり完全に１人でアイディアを生むのとは反対に、「彼は計画のきわめて初期の段階から、各

『ユニテ・ダビタシオン』屋上テラス、
写真：ルシアン・エルヴェ

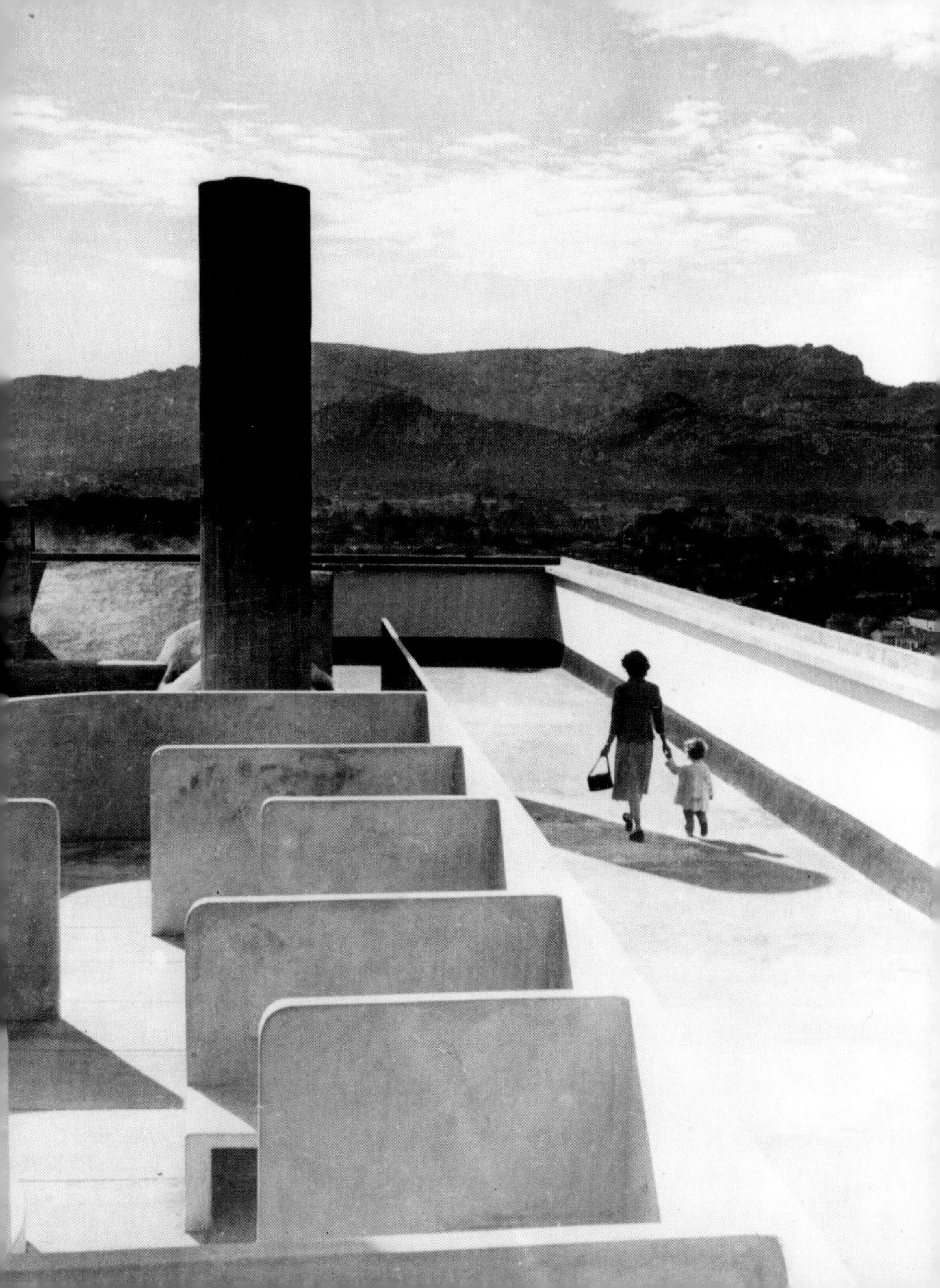

分野の専門家と協力し合うことの重要さをつねに認識していた」のである。シャルロット・ペリアン、そしてもちろんピエール・ジャンヌレも、各々のプロジェクトにおいてきわめて重要な役割を果たしている。このプロジェクトが自分にとって大きな意味をもつものになると直感したル・コルビュジエは、計画の当初から、万全の支援体制を整えることに余念がなかった。こうしてすぐさま「建設者のアトリエ（ATBAT）」という組織を立ち上げ、ユニテの設計に挑んでゆく。ATBATは行政、経営、技術、建築という4つのセクションからなるワークショップであり、各セクション内に複数の専門チームがあった。まもなくル・コルビュジエは、各専門分野間のやりとりがデザインの決定後にようやく始まり、思わしくない結果としてプロジェクトにはねかえってくることに気づく。そこで彼は、専門分野ごとに独自の判断で動くことのできる責任者を任命し、自分自身は建築の責任者としてプロジェクトに関わるかたちをとった。この中には航空機エンジニアのウラジミール・ボディアンスキーや、インテリアデザイナーのシャルロット・ペリアンがいた。

　ユニテ・ダビタシオンは1棟の集合住宅、あるいはル・コルビュジエの言い方を借りれば「住居を入れる箱」として、現代の建築の常識からすると、あまりに巨大である。1棟の大きさは、長さにして165メートル、高さ56メートル、奥行き24メートルであり、3.5ヘクタールの広大な緑地の中央に巨大なピロティに支えられて建つ。方角的には長手の立面が東西を向いている。足下の巨大ピロティには配管が仕込まれ、上部の設備機器へとつながっている。地上の開放された場所は動線と駐車場に供され、エントランスとエレベーター、管理用倉庫がある。また、地下には空調機械室とエレベーター機械室、ディーゼル発電機をおさめられている。18階建て、住戸総数337、1500人から1700人が暮ら

『ユニテ・ダビタシオン』室内の道路（上）、外壁ディテール（右頁）、写真：マイケル・レヴィン

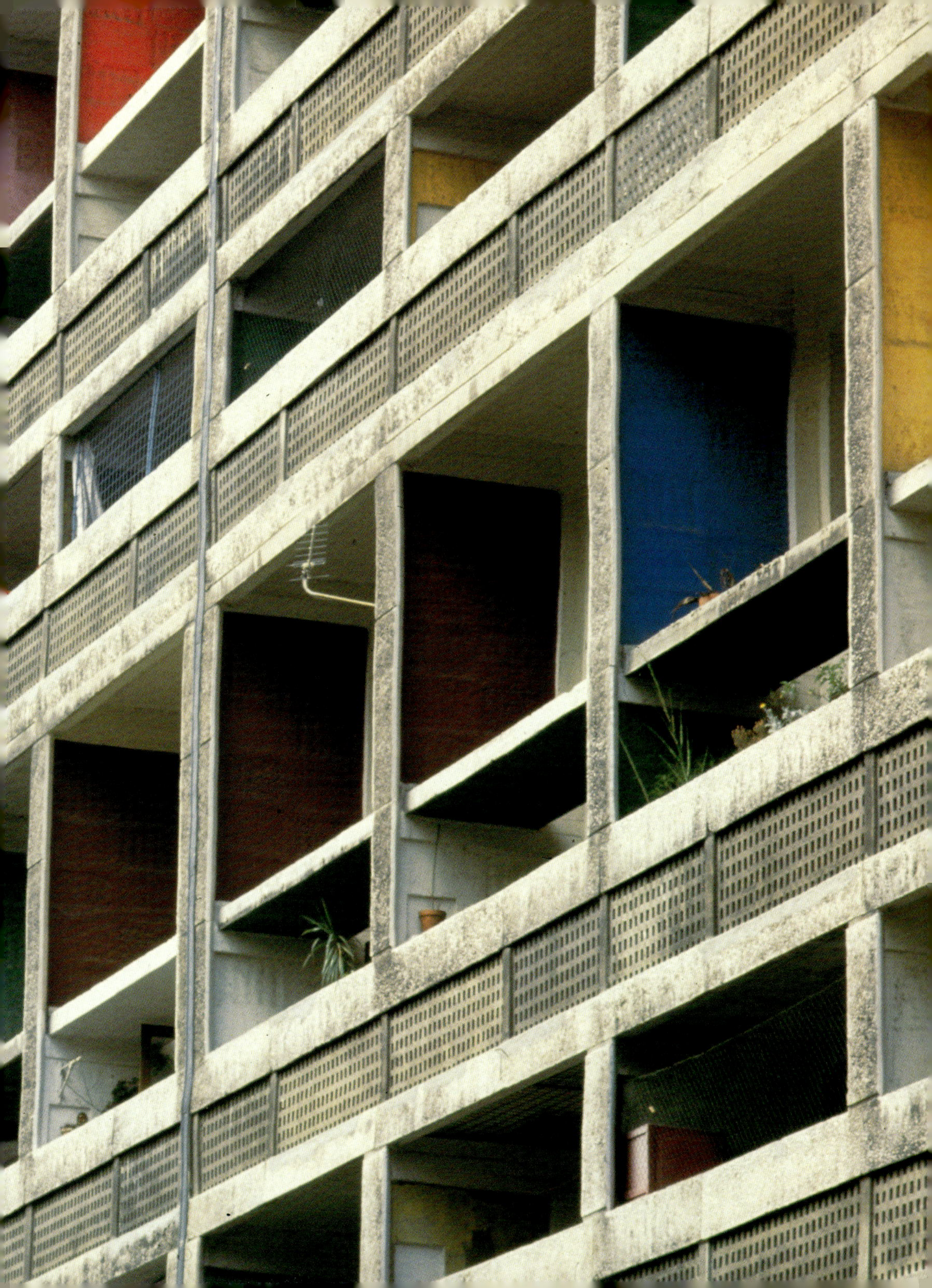

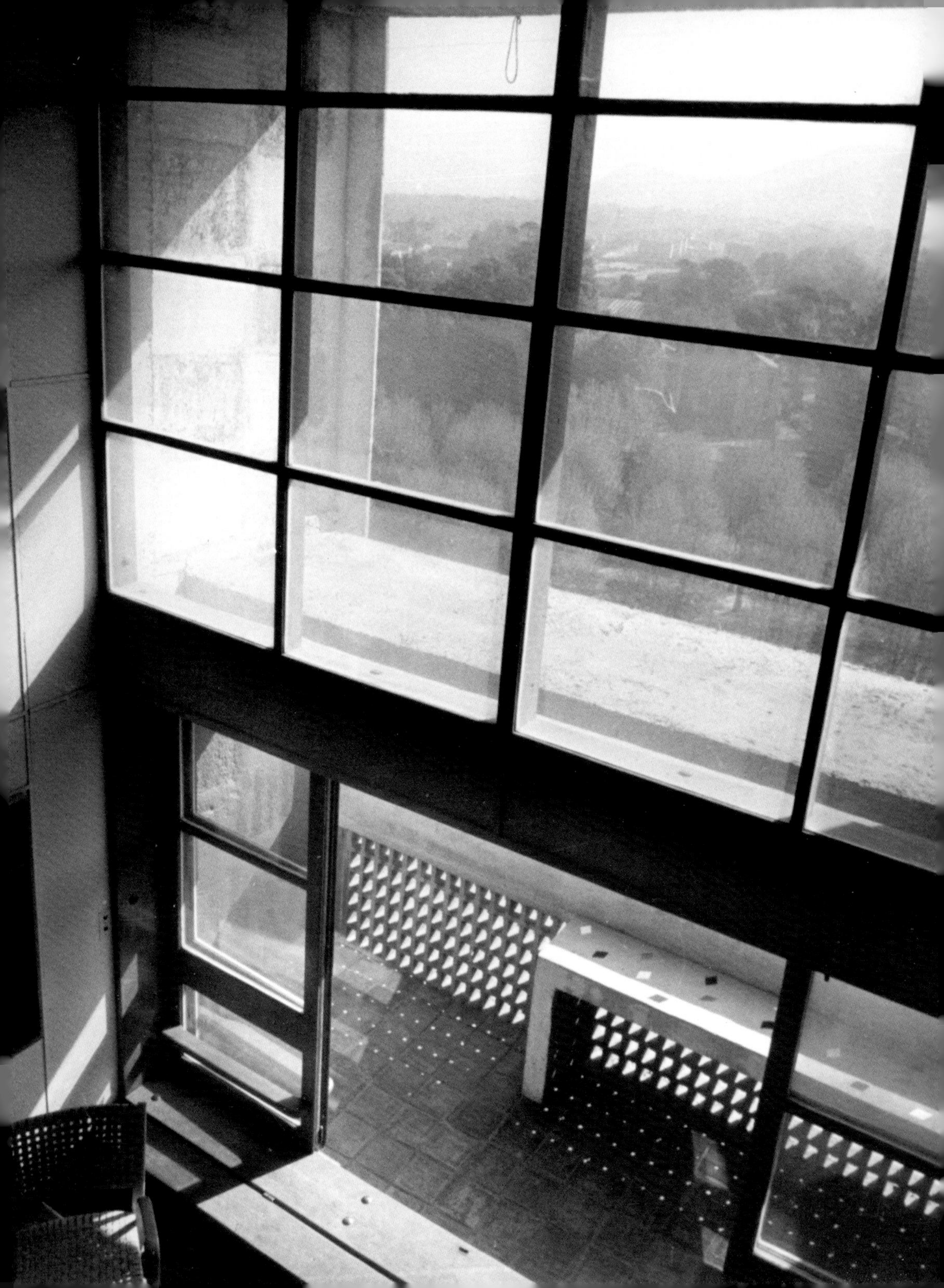

し、住戸タイプは単身者用から子供8人の家族用まで23種類ある。3フロアに住居ユニットが2個ずつ入る構成になっており、「室内道路」とよばれる共用廊下は3層に1か所ずつ、合計5か所しか必要ない。

各住戸は2層になっており、内部階段で結ばれている。天井高4.8メートルの居間は吹き抜け空間であり、3.66メートル×4.80メートルの大窓からは外の風景を見わたすことができる。キッチンには4口の電気コンロとオーブン、2槽式シンク、ディスポーザー、冷蔵庫、そしてワークテーブルまで備え付けられている。空調はセントラルヒーティング方式で、住戸間の隔壁は躯体打ち込みの鉛シートによって十分に断熱されている。

下から7、8層目の「室内道路」をはさんだ両側はショッピングセンターになっており、軒を並べる店では魚、肉、牛乳、果物、野菜、パン、酒、その他日用品など何でもそろう。さらにランドリーやクリーニング店、薬局、床屋、郵便局まであるという充実ぶりだ。同じ共用廊下に面して、ホテルの受付、バー、レストランもある。そして1920年代からル・コルビュジエが思い描いていた夢、住戸へのケータリング・サービスがようやく実現した。

最上階には幼稚園と医院が設けられ、そこから斜路を上っていったところが屋上庭園だ。子供用の小さなスイミングプールと遊び場、屋外運動場、300メートルのランニングトラック、そしてバーを併設したサンルームがある。まわりに見えるのは、コンクリートのテーブル、人工の丘、フラワーボックス、換気塔、屋外階段、野外劇場などのオブジェや設備—ル・コルビュジエがいうところの「屋外の家具」の数々。それら全てが周囲の景色の中に置かれたとき、息を呑むような光景が出現するのである。

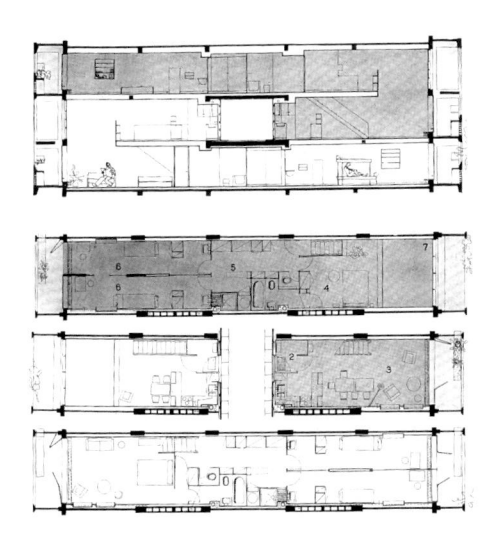

『ユニテ・ダビタシオン』リビングルーム吹き抜け（左頁）、
写真：ルシアン・エルヴェ／
相互にかみ合う住戸の断面と平面（左）

『ユニテ・ダビタシオン』
屋上テラスの子供用プール（上）、
写真：ルシアン・エルヴェ／断面図（右）

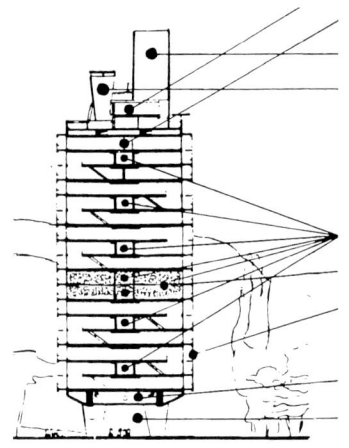

NORD

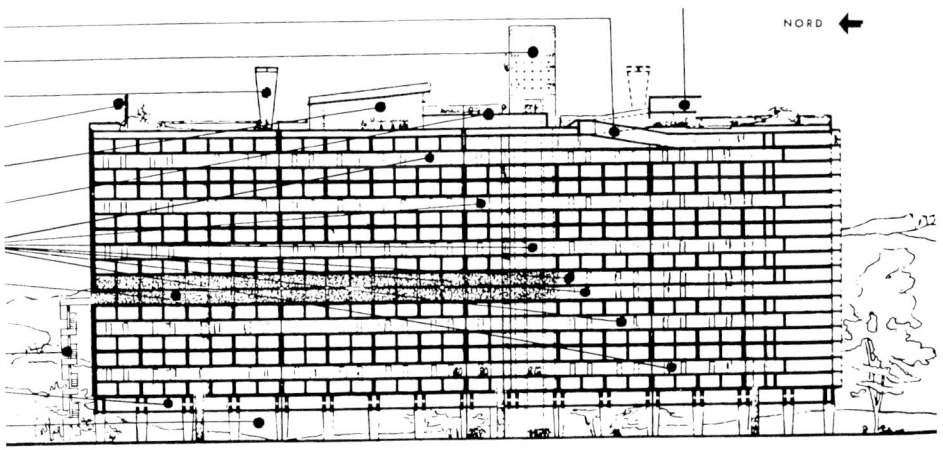

ユニテは鉄筋コンクリート造の建物である。ル・コルビュジエは木理の粗い板材を型枠に用い、コンクリートの表面に強い質感が残るようにした。ユニテの外観を形容するときに「ベトン・ブルート（荒々しいコンクリート）」という表現が使われる所以である。また、地中海地方の強い日ざしを遮るために、ル・コルビュジエはブラジルの保健教育省ビルやアルジェの摩天楼で試みた「ブリーズ・ソレイユ」をここでも用いている。

　ユニテ・ダビタシオンは、ル・コルビュジエの作品の中で最も発明的で、もっ影響力の大きいものである。他のプロジェクト同様、ユニテは1回かぎりの特殊解ではなく、一般性をもつプロトタイプ的建築としてデザインされた。自分の過去の作品の参照にとどまらず、それは30年間の探求を凝縮、体系化し、ようやくたどり着いた結果だといえよう。その過程は段階的であり、異なる時、異なる場での実験の蓄積である。まるで新たな生物が漸増、組み換え、あるいは突然変異によって進化するように、「忍耐を要する研究」をおこなうアトリエの中で生み出された。

　それ以前の作品と同じく、ユニテ・ダビタシオンにはル・コルビュジエの原理的、分析的アプローチをかいま見ることができる。当時の伝統的な集合住宅と比べると、彼の建築は歴史との結びつきが弱いように思える。しかし実は、他の作品同様、ユニテも過去の建築の引用、再定義、再構成の上に成り立っている。ル・コルビュジエは建築設計のルーティン的な手続きからは出発しなかった。慣例的な意味でのエントランスやロビーといったものはなく、新しい建築に必要な機能とは何かという視点から、廊下、壁、窓、バルコニー、屋根……あらゆるものが定義しなおされた。またこのプロジェ

『ユニテ・ダビタシオン』ピロティ
写真：ルシアン・エルヴェ

クトは自然環境を破壊してはならなかった。居住スペースが際限なく広がるのを許さず、建築ヴォリュームの中に高密度に集約し、建物が地面に接する部分は最小限とした。手つかずの地形が織りなす風景、土の上をゆるやかに流れてゆく風、そこにある生態系を守ることが優先された。構造体に制限されずにさまざまな広さ、かたちの住戸から選択することができ、ライフスタイルに幅をもたせることも重要な設計意図である。また、ユニテの住人は屋外の遊び場や文化的レクリエーション、レジャーの場を享受するだけでなく、外の人びとが心を打つ「ホメロス的」風景を楽しめるよう貢献するのである。

　ここまでがル・コルビュジエの分析的アプローチであり、以降、彼は自分がそれまで蓄積してきたデザイン語彙へと目を向ける。作ろうとするもの、要求を満たすものを記憶の中のさまざまなオブジェの中から選び出す作業である。何もないゼロの状態から新しい建築を構想したわけではない。

　地中海地方のそよ風を妨げず、自然の地形を傷つけない……そのためにはどう計画すべきか。これを考える過程でル・コルビュジエが思い至ったのはスイスの太古の民家—ピロティ上に建つ水上住居である。こうして36本の柱に持ち上げられた巨大積層スラブという構成が生まれた。地上は開放され、視線は建物の下を透過する。もう一つ彼の頭にあったものはローマの水道橋であろう。その巨大な線形の量塊が高く、長く、田舎の風景の中を横切ってゆくさま、地面と点で接しながら構築されているさまは、ランドスケープの「破壊」ではなく「創造」とよぶにふさわしい。

　構造的な制約に縛られずに、幅広いライフスタイルに対応するため、さまざまな住戸タイプをつくる方策を練っていたル・コルビュジエは、「ボトル棚」という着想を得た。ワイン棚は骨組みが一定

le navire

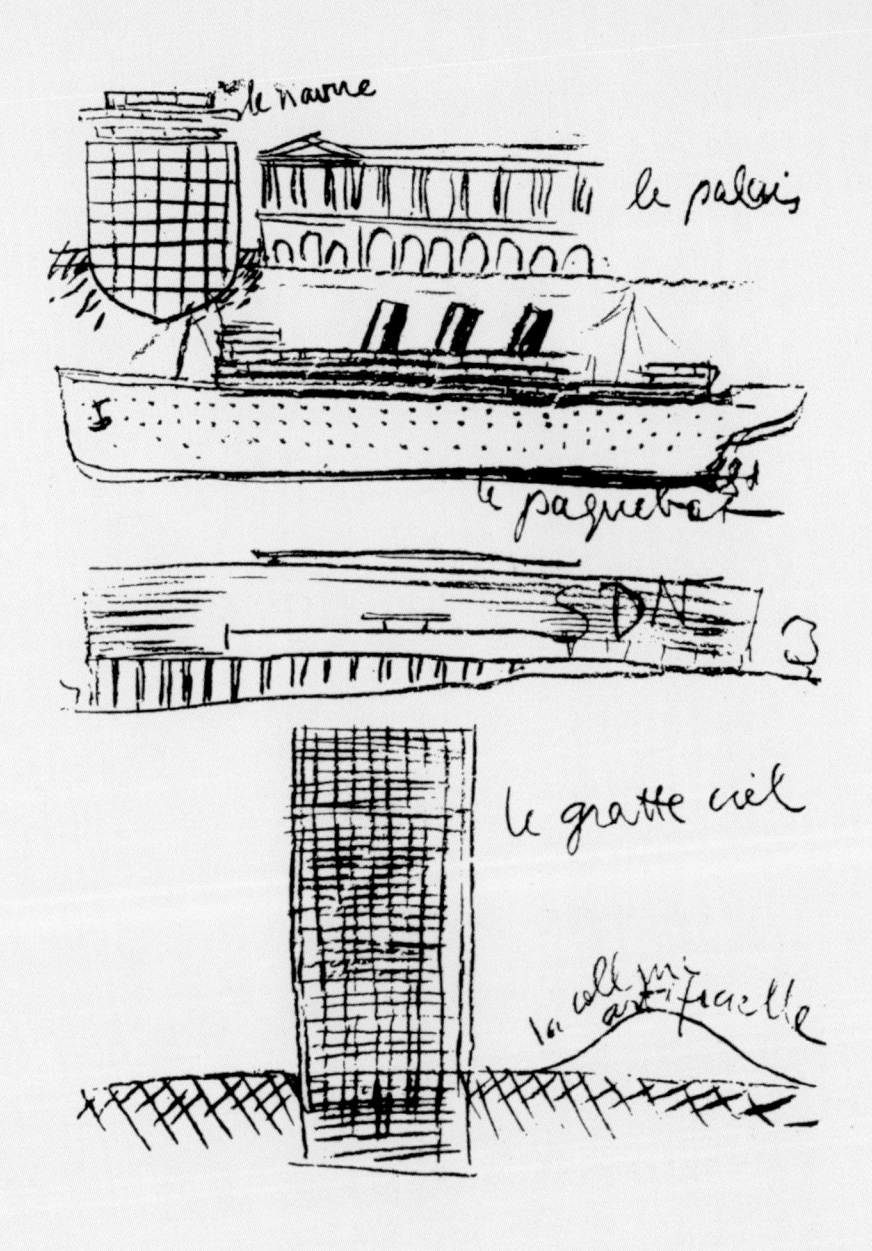

le palais

le paquebot

le gratte ciel

la colline artificielle

であるにもかかわらず、どんな種類、味、生産地、年代のワインボトルも容易に「差し込む」ことができる。

　「日光浴」、「テニスなどさまざまなスポーツ」、水泳、おしゃべり、その他の娯楽、「屋外での水治療(ハイドロセラピー)」に興じるユニテの住人が、眼前に広がる夢のような「ホメロス的」風景を楽しむというイメージ。ル・コルビュジエは客船上のデッキを頭に描いていた。そこでは乗客は屋外でゲームやスポーツをしながら、「すばらしく新鮮な空気を吸い」、水平線まで続く景色を楽しんでいる。

　水道橋、民家、ボトル棚、デッキ……これら参照する対象が決まったのち、次のステップはそこからの抽出、合成という作業だ。ピロティ、壁、屋根といった既知のヴォリュームにたいしてそれを合成し、新しい建築をかたちづくってゆく。もちろん、これはル・コルビュジエの思考プロセスを図式的に類推したにすぎない。彼が「忍耐を要する研究」の過程で、歴史を参照するのみでなく、つねに新しい解法を生み、それらを組み合わせ、改良し、再定義し続けたことは前にも述べたとおりである。ル・コルビュジエは問題にたいして「浮かべる」、「漬ける」、「発酵させる」というスタンスをとった。偉大な数学者アンリ・ポアンカレが問題を「壁に掛けておこう」といったことが連想されるような言い回しだ。結局、マルセイユのユニテは、発想がかたちになるまで30年近くを要した。

　ユニテは単なる新型機械、もしくは問題の解決法というだけにとどまらない。仮にそうであるとしたら、この建築の複雑さの説明がつかず、ましてや機能的破綻の言い訳など立たないからである。欠陥機械であり、効果に乏しい解決法でありながら、なぜこの建築が、時が経つほどに魅力を増し、普

宮殿と客船、国際連盟宮、摩天楼を比較したスケッチ

遍的な価値を感じさせるのか。この仮定から答えを得ることはできない。これを説明できる視点はおそらく一つだけだろう。ル・コルビュジエの建築は「住むための機械」であると同時に、人間の生命のモニュメント＝メタファーとしても機能しているのである。

　ユニテ・ダビタシオンをメタファーとしてとらえると、ル・コルビュジエは互いに関連性のない、あるいは反発し合うたくさんの部品——詩的感情を喚起するオブジェ——を新しい共存関係の中に据えているのがわかる。ピロティは環境への配慮のためだけにあるのではない。また、建物端部に設けられた巨大なコンクリートの避難階段は、明らかに船のスクリューシャフトを暗示しており、純然たる避難施設とはとらえがたい。これらはボトル、多彩色のかご、デッキ、アクロポリス丘の頂上……など統一性のない他のさまざまなオブジェ（これらもやはり詩的感情を喚起するオブジェといえよう）と一緒になって、新たな感情や思考を誘発するメタ・オブジェとなる。

　ユニテ・ダビタシオンが暗示しているものを言葉に置き換えるならば、「建物で過ごす人生は船上の旅だ」というメタファーになろう。これについては、つまらないアナロジーがさまざまな強引な解釈を生んできたことも事実である。人生にも旅にも始まりと終わりがあり、建物も船も1つの大きな運命共同体である、といった類いのものだ。しかし、私がここでいうメタファーとは、直接的に事実を示したり指示をあたえる類いのものではなく、詩や物語、あるいは芝居のように、背景を描き出すものである。私たちは、そこから当時の人びとの心の状態を読みとることができる。ユニテ・ダビタシオンは、戦後の日常生活が直面した苦境——日々のよろこび、仕事や余暇、学習にたいする意欲

ユニテ・ダビタシオンと客船の平面、立面

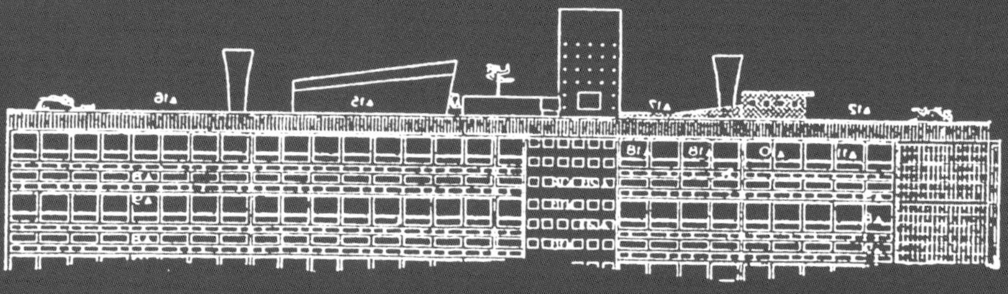

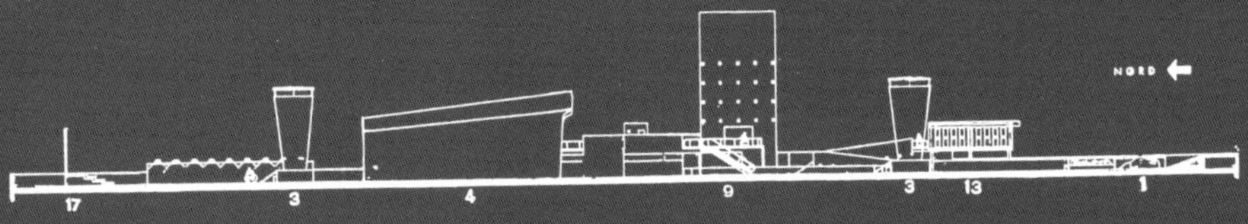
NORD
17
3
4
9
3
13
1

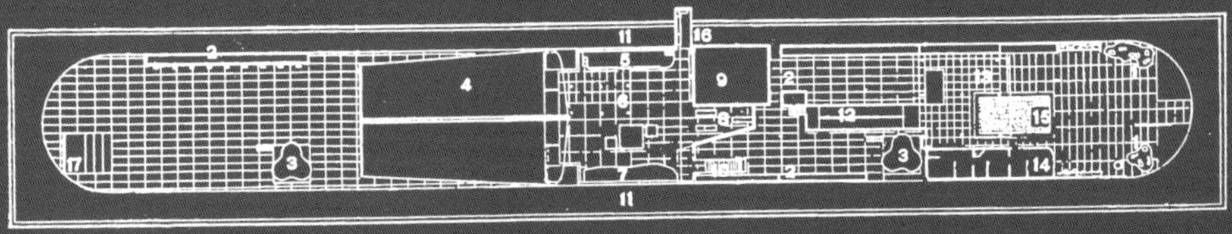
11
16
2
5
9
4
3
17
14
15
12
7
11

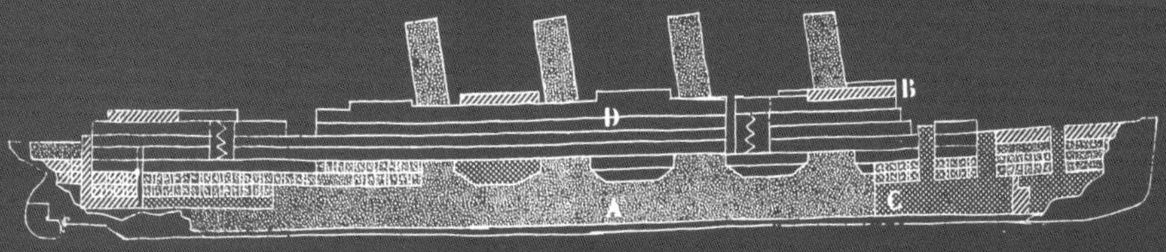
B
D
A
C

の喪失、コミュニティの崩壊―と、そこから逃れようとする思いを敏感に反映している。また、ユニテは自らすすんで矛盾を受け入れた建築だともいえる。ル・コルビュジエが提案し、建築に課した「住むための機械」という特質は、そこには実現していないからだ。しかし、別の見方をすれば、この矛盾こそが新たな人間の生き方の提示を可能にしたのであり、この作品が長年にわたって魅力をもち続けている理由だといえる。

　同じことが「ベトン・ブルート」についてもいえる。ユニテの外壁仕上げの粗さを、戦前の白い建築への反省としてとらえることは可能だ。1920年代から1930年代にかけて用いられた白いプラスターの外壁は、技術的には完全な失敗だったからである。水はけの悪いファサードは黒ずんでしまった。その後、彼は耐候性を期待して打ち放しコンクリートを使い始める。しかし、ユニテの荒々しさは当時の批評家には受け入れられなかった。スイス、オランダ、スウェーデンから建物を見にきた人びとは、表面の粗さが建材、施工技術の悪さによるものだと勘違いしたほどである。ル・コルビュジエが監理しなかった現場の中には、仕上げがきたないという理由で手直しされかけたものもあった。また、現場を見て、戦後の物資不足のせいでコンクリートの上に仕上げができなかったと思い込み、ル・コルビュジエに同情する人びともいた。

　しかし、彼の真意は別のところにあった。コンクリート表面の粗さは意図的なものである。型枠に用いる板材の木目や繊維の模様、割れ目の痕跡を残すために、コンクリートは打ち放しのまま仕上げをされていない。ル・コルビュジエは木製型枠の痕跡を「しわや出産斑」とよび、美しい効果―「コ

『ユニテ・ダビタシオン』屋上テラス

ントラスト」をもたらすために用いた。その「荒々しさ」、「強さ」、「自然さ」は近代的建設テクノロジーが可能にした精度、ディテール、完成度とは対極にある。表面の粗さ—「しわや出産斑」は、美学上の問題をこえて、テクノロジーを応用する「人間」というクリエイティブな存在の手、思考へと回帰しようという姿勢の表明のように思える。事実、ル・コルビュジエの用いた表現、つまり「しわ」と「出産斑」はまさに時間の経過、身体の歴史にかんする言葉である。アテネ、アクロポリス丘のプロピュライアから、石造にもかかわらず持ち送り部材が突き出しているのと同じく、それは人間による構築という行為、創造力と可能性の痕跡なのである。荒々しいもの、あるいは「未完成」という美学が暗示するのは移りゆく時の流れと、その中ではつかの間の存在にすぎない熱烈な時代精神である。こうしてユニテは、自らの歴史を建築に刻み付けたといえる。この建築がもつ他のさまざまなアイコンとあいまって、そこにはラスキンがいうところの「心の深層に響いてくる声」、「人類という過ぎ去りゆく波」との「謎めいた共鳴」が刻まれている。

　ピカソの『ゲルニカ』が、1937年にその後の戦争、破壊、虐待、ホロコーストを予言していたとするならば、ル・コルビュジエのユニテ・ダビタシオンは、後の世の生態系の崩壊、風景の破壊、生きるよろこびの喪失を見すえていた建築であろう。戦後、ル・コルビュジエは「住むための機械」をつくるエンジニアとしてだけでなく、認識論的、倫理学的な思考にもとづいて、劇的なメタファーを生む詩人としても歩みはじめる。

ドローイング、『モデュロール I』(1948年) より

「風景の音響学」「光の大砲」　　　　　　　　　　　　　　　　第06章

ル・コルビュジエは一つのプロジェクトに専念するということはしなかった。ドン・ファン的気質（たくさんのものの間で浮気をする傾向）があるといえるほど、彼は複数のプロジェクトに並行して取り組み、それぞれに没頭するが、特にどれか一つに限ってということはなかった。ル・コルビュジエのプロジェクトのどれもが、実現するかどうか定かではない以上、これが自衛策であったことは否定できない。しかし一方で、複数のプロジェクトを同時に進めるやり方は、感覚を刺激し、創作の可能性を広げるために必要なことでもあった。実行中の複数のプロセスから満足のいく解法をさがすのである。したがって、どんな発見も、建物として実現しようがしまいが、捨て去られることはなかった。ル・コルビュジエは、既に蓄積されているものと一緒に、来るべき時に備えて新しい発見を大事にしまいこんだ。

　マルセイユのユニテ・ダビタシオンを設計しているころ、ル・コルビュジエは地中海地方でのもう一つのプロジェクト、「ラ・サント・ボーム」にかかわるようになった。「1946年頃にマルセイユの地主、エドワール・トルーアンはパリに出てきた」とル・コルビュジエは『全作品集』の中で書いている。「彼はアカデミーの面々も含めて、あらゆる人びとに会い」、「岩山のふもと、アルプの谷でのプロジェクト」の計画案を作らないかと持ちかけた。トルーアンが求めたのは、ル・コルビュジエが「この壮大なる風景」とよんだ土地の中心に「建築的な場所、瞑想のための場所、会衆が土地に宿る精霊の崇高さに触れることができるような場所」をつくること、そして「田舎にふさわしい建築」であった。トルーアンの求めにすぐに応じたのは、ル・コルビュジエだけだった。

トルーアンは南フランスの測量技術者の家の生まれで、その家系は18世紀までさかのぼる。ル・コルビュジエによれば、トルーアンは何かの拍子で偶然、およそ百万平方メートルという手つかずの広大な土地を手に入れたという。伝説では、マグダラのマリアが暮らした神聖な洞窟がそこにあったとされ、ドミニコ修道士によって「防護」されていた。そのころフランスでは、戦後の復興とともに、新たにレジャー施設の需要が高まりつつあった。こうした需要を支えていたのは、1920年代から1930年代にかけて、ル・コルビュジエに邸宅や別荘を注文した若いエリート層ではない。戦後新たに登場し、社会の中核をなすようになった中産階級である。彼らはフランス南部を訪れ、予算が許す限り、海の近くに小さな土地を買い求め、そこでヴァカンスを過ごすようになった。これにより新たな市場が生まれたが、同時に新たな対策も必要となったといえる。目ざとい経営者たちは観光業という商売が成り立つことに気づいたが、地中海の風景が破壊されることを危惧する人間は、ほんのひと握りにすぎなかった。前述したように、ル・コルビュジエはアルジェで仕事をしているころ、すでにこの問題についてメッセージを発していた。

　トルーアンもまた、この問題に気づいていた。彼はたたき上げの人物で、ル・コルビュジエ同様、独学で地位を築いた男であった。美術史、聖マグダラにまつわる伝説、土地の歴史にかんする資料を蒐集し、視覚芸術に大きな関心をもっていた。彼は、自分の土地をこまごまと切り売りするよりも、デベロッパーとして大プロジェクトを立ち上げようと思い立つ。風景と一体化し、土地に根づく信仰をかたちにし、自然の美しさを際だたせるもの。もっと具体的に、彼は儀式と瞑想のための「岩の中

のバシリカ」を頭に描いていた。聖マグダラ記念館と2棟のリング状ホテル、レジャー施設を備えた、都市的な構想である。ル・コルビュジエにとって、トルーアンはクライアントである以上に、共に夢見ることのできるよいパートナーだった。

　このプロジェクトは、戦後という状況からして問題含みであった。当然のように、あらゆる方面からの猛反発にあう。大方の意見は、物資不足のなか、復興を急いでいる時期にふさわしくないということと、ランドスケープへの害が大きいということであった。それでもトルーアンは計画を改良する努力を続けた。最初はル・コルビュジエとの共同作業であったが、後には単独でおこなうようになり、それにもかかわらず、ル・コルビュジエの名前を使った。ル・コルビュジエはトルーアンにわざわざ名前の削除を申し入れなければならなかった。しかし、ル・コルビュジエはトルーアンのことを、共同設計者（実質的にそうであったとしても彼がほとんど使わなかった呼称）として紹介している。ジル・ラゴとマティルド・ディオンは、彼らの著書の中で、時が経つにつれてこのプロジェクトの投機的側面がしだいに明らかになってきた、と述べている。ル・コルビュジエはここでも時代の先を読んでいた。このプロジェクトは、20年後のヨーロッパにおいて、文化観光が大きなビジネスに成長することを予見していたのである。

　トルーアンが所有するラ・サント・ボームの土地は、きわめて特徴的で、皿のような地形の半分は絶壁、もう半分は周りからわずかに高く、セザンヌの絵画で知られるサント・ヴィクトワール山を北に望む。ル・コルビュジエがここの地形を分析して描いた一連の絵画もひじょうに魅力的である。

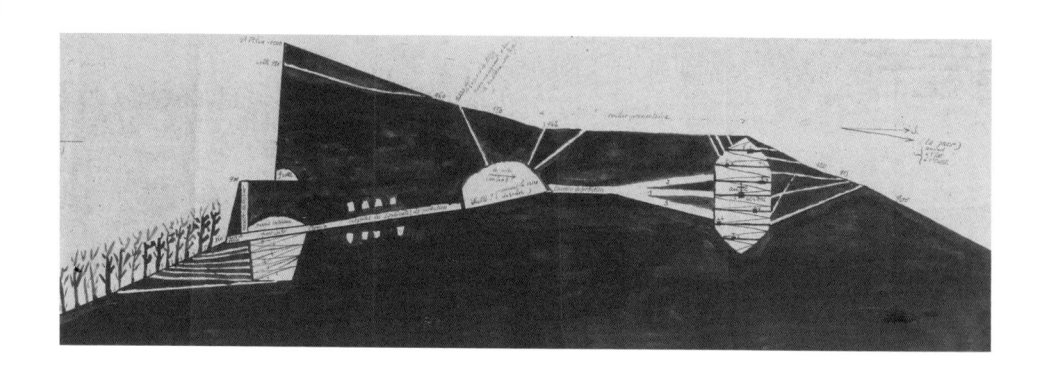

この地のスカイラインを現状のまま保ち、眼前に広がる感動的な風景を生かすために、ル・コルビュジエは「地中」のバシリカを構想した。ル・コルビュジエがたびたび用いた手法は、景色がすばらしいときほどそうなのだが、最初から風景の全貌を見せてしまわずに、限られた開口部からのみ見せるというものである。風景の価値を損なわないようにし、感動をもたらすためだ。このプロジェクトにおいては、風景を隠す、見せるという操作が基本となっており、それが最も劇的なかたちで現れている。建築の構造や表皮から内部へと注意をうながすこのバシリカは、山の上ではなく、岩の中をくり抜いてつくる建築である。ある意味では、外部の気候、風景と完全に無関係な内部空間として計画されたプロジェクトだといえる。採光は特殊な形状をした「光の大砲」による。ル・コルビュジエはハドリアヌスのヴィラを引用したといっているが、光にかんしていえば、アヤ・ソフィアの影響があったことは明らかである。「建築的プロムナード」は洞窟の入口から始まり、やがて岩山の反対側に至り、突然、目がくらむような光、遠くにひろがる海の景色の前に投げ出される。この一連の動きには、単なる空間体験以上のものがある。訪問者は地下のカテドラルの中、トルーアンのコレクションと光の演出がつくりだす幻想的な空間から現れ、現実世界のまぶしい光のもと、頭上にひろがる青空と彼方の海原を再発見する。ル・コルビュジエがここで再現したのは、東方への旅で彼が記録したイメージ——アクロポリスの頂上、パルテノン神殿の内陣(ナオス)の暗がりから聖職者たちが現れ、アッティカの山々がなす地平を見下ろす光景。のちにル・コルビュジエはこう表現している。「中には謎と薄明かり……そして外には現実の人びと」。彼はバシリカをつくるという発想に魅了されはしたが、宗教性ある

『サント・ボームのバシリカ』、フランス、1948年

いはシンボリズムをこのプロジェクトの中に見いだすことは難しい。ル・コルビュジエがここでめざした瞑想的、超越的な状態は、形而上学的なものではなく、人間の感情や知覚に訴えようとするものであった。マグダラのマリアの洞窟にル・コルビュジエが求めたもの。それは、レマン湖のほとりに母の家を建て、壁面に小さな開口をあけたとき、彼が求めたものとさほど違わないように思える。

　ル・コルビュジエとトルーアンは、バシリカの他にホテルも計画し、実験的にアルミ建材を使おうと考え、さらに、コンパクトな4棟の集合住宅からなる「シティ」も構想していた。計画内容は、1920年のシトロアン住宅とモノル住宅をベースにしている。1942年に北アフリカのシェルシェルに計画した集合住宅は、地中海建築を参照しつつ現代の要求に応えた作品であるが、住宅部分はこれを下敷きにしたと思われる。サント・ボームの住宅計画はユニテ・ダビタシオンという「ボトル棚」からボトルを取り出し、大地の上に整然と並べたもののように思える。これは、ル・コルビュジエが高層集合住宅に替わるものとして、高密度な低層集合住宅という可能性を考えはじめたことを示している。ランドスケープを視覚的に保全できること、効率的かつコンパクトであること、コミュニティのつながりを維持できることがその理由であろう。

　ル・コルビュジエが同時にいくつもの、時にはユニテとサント・ボームなど、矛盾するようなプロジェクトを並行して進めるのにはもう一つ理由がある。自己矛盾によって、彼は特定の領域内にとられることを戦略的に回避し、現実と、さらには自分自身の信念との間に一定の距離をとっていた。ル・コルビュジエが、自身の理論であるモデュロールが万能ではないことを認めていたことはよく知

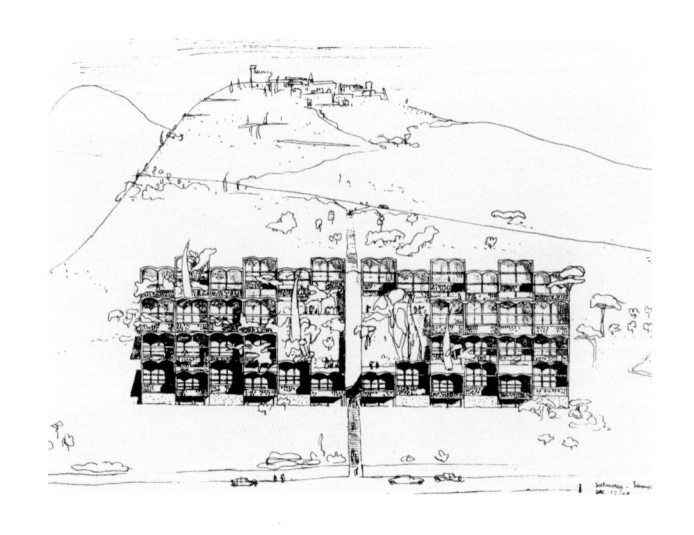

『ロック』休暇小屋、カップ・マルタン、フランス、1949年

られている。目の前の現実と整合しなければ、モデュロールを使用するなといっている。したがって、サント・ボームの住宅計画は、他の建築家がマルセイユのユニテの手法を無条件に転用すること、思慮なく、単に技術的あるいは事務的に適用することに対する批評行為ともなっている。しかし残念なことに、こうした彼のメッセージに耳を傾ける建築家は少なかった。

　トルーアンのために集合住宅をデザインした経験は、1948年から1957年にかけて設計、建設された二つの地中海地方の建築、『ロック』と『ロブ』に生かされることとなる。最初の方のプロジェクトであるロックは田舎に建つ小規模な分棟形式のホテルである。作品名はロックブリュヌという地中海沿岸の小さな町の名前からとられており、ロックはこの町の急斜面の中腹に建てられた。ル・コルビュジエが最初に計画のスケッチをしたのは1949年9月7日、お気に入りのカフェ *l'Etoile de mer*（ひとで）のテラスでボゴタのプロジェクトについて打ち合わせをしたときである。そのころ、ル・コルビュジエは、友人のアイリーン・グレイとJ. バドヴィッチが所有する近くのヴィラに滞在していた。ロックもまた、トルーアンのために計画した集合住宅と同じく、地中海の方向を向いて平行に並ぶ低層住戸群から構成されている。空中の街路というユニテの図式から逆転し、あたかも高層のボリュームをそのまま倒したかのように各住戸が大地に接している。2層の住戸ユニットはヴォールト屋根に覆われ、全体のスケールはモデュロールによって秩序付けられている。1950年に作成されたロックの第2案である「殻に覆われたホテル」は、ホテルとして機能するための最低限のユニットからできている。第1案では廊下だったところはテラスに置き換えられ、それぞれにシトロンの木が植え

『カップ・マルタンの小屋』、フランス、1950年

られた。また、階段のシステムと地下通路、エレベーターによってアクセスが容易になっている。

　ル・コルビュジエはこの地域がとても気に入り、カフェ l'Etoile de mer のオーナーであるロベルト・レブタートと親しくなった。彼とル・コルビュジエとの友好関係から生まれた二つのプロジェクトが『カップ・マルタンの小屋』と『ロブ』である。1957年のプロジェクトであるロブは、小さな土地に、ピロティをもつ5つのキャンプ小屋をつくるという、ひじょうに地味な計画である。ロブという名称はロベルトからとられたものだ。このようなプロジェクトにおいてもル・コルビュジエは一般に通用するコンセプトを求めた。ここで彼が示そうとしたのは、集住や高密、工業化、標準化といった概念が、自然とふれあいながら暮らすこと、自然の中をゆく小路、素朴なつくりの中庭にできた日かげ、敷地の特質、そして一帯の地形と、けっして矛盾しないということであった。こうした考えと対極にあると思われる、前述したユニテの設計、建設、広報活動がロブと同時期におこなわれていたことは驚くべきことである。

　ル・コルビュジエは自分のための休暇小屋、『カップ・マルタンの小屋』を作るにいたった経緯を記述として残している。1951年11月に夫人の誕生日祝いとして、カフェ l'Etoile de mer のテーブルの上で、45分もたたないうちにスケッチを描き上げたという。実現したものはこのスケッチから大きく変わっていない。年が明けるとすぐに施工の準備にとりかかった。ロックの敷地の下の方に位置するこの小屋は住宅、仕事場、休息場所という機能が凝縮された最小限空間である。大きさは、正方形平面の1辺が3.66メートル、高さは2.26メートル。計画のはじまりから施工図の作成完了まで、6か月を要した。家具や照明器具などあらゆるところが詳細にデザインされ、内装壁の仕上げに合板を用い

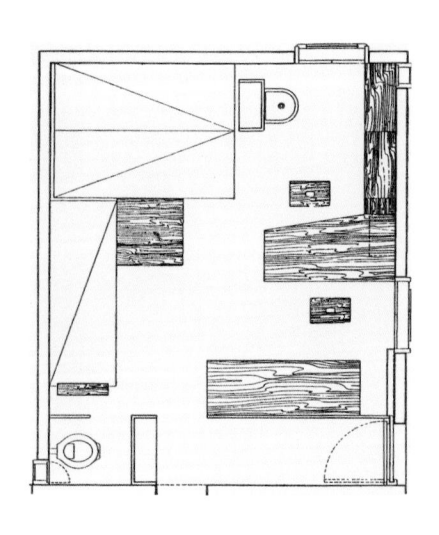

『カップ・マルタンの小屋』平面図（左頁）
作業をするル・コルビュジエ（上）
写真：ルシアン・エルヴェ

るなど、新たな試みがなされている。休暇小屋というきわめて個人的なものなので、ル・コルビュジエが1人で設計したように思われがちであるが、実施設計は事務所の複数のスタッフがおこなった。この建築でも、やはりル・コルビュジエは新しいプロトタイプ、実験的ユニテ・デ・ヴァカンスを模索していたのである。そこでは、医者がまず自ら新療法を試してみるように、ル・コルビュジエと夫人が実験台となった。

　ル・コルビュジエがカップ・マルタンの小屋を使い始めたのは、1952年8月5日のことである。しかし、手狭になってしまい、1954年には10数メートルはなれたところに仕事場用の小屋を増築することとなる。地元の人々はもともとそうしていたのだが、ル・コルビュジエも建築許可をとらずにこれを建てた。建設現場小屋のようなつくりの建物であり、部材の組立はレブタートがおこなった。ル・コルビュジエは、カップ・マルタンの小屋のデザインと出来映えをとても気に入っていたらしく、ブラッサイが1952年におこなったインタビューでは、自分の終の棲家にするのだと言っていた。そして7年後、ル・コルビュジエはその地で一生を終えることとなる。

　1930年代の建築家や芸術家にとって、ル・コルビュジエは、アインシュタインやピカソと同じく、新進的な人間像、現代の人間像を代表する人物——まさしく「新時代」をあらわす人物であった。彼らにとって、ル・コルビュジエの『ロンシャン、ノートルダム・デュ・オー礼拝堂』は衝撃的な作品であった。リヨンのアラン・クチュリエ神父の紹介により、ル・コルビュジエに設計が依頼されたのは、1950年代初頭のことである。不思議なことに、人びとは、戦時中のル・コルビュジエとビシー政権の親密な関係について、もはや許しつつあった。シャルロット・ペリアンと同じく、大方の認識は

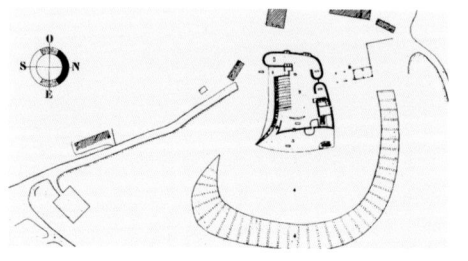

旧ロンシャン礼拝堂の廃墟、
カルネ・スケッチブック50パリーマルセイユ、
1950年（上）／『ロンシャン礼拝堂』へのアプローチ、
カルネ・スケッチブックE18-ロンシャン、1950年（下）

『ロンシャン礼拝堂』
フランス、1950年
写真：ルシアン・エルヴェ

「ル・コルビュジエは政治家ではなく」、理想家、改革者、技術者であり、「プロジェクトの実現のためなら悪魔とでも手を組む」というものだったからだ。しかし、ル・コルビュジエの目的は、けっして「個人的欲求」を満たすことなどではなく、「生命にかたちをあたえる」ことであった。また、ラ・サント・ボームの計画は、一般にはあまり知られていなかった。いずれにせよ、ロンシャンは人びとの期待を裏切るものだった。実用性からはなれ、真に信仰と儀式のためだけの建物であること、そして、形態の根拠が幾何学的に見いだせないのみならず、構造的にも不明快であること……こうしたことが作品に対する反発や怒りを招いたのである。20世紀の偉大な歴史家、ニコラス・ペヴスナーは著書『ヨーロッパ建築序説』の中でロンシャンを、「心を動かす謎めいた効果」ゆえに「史上最も議論された非合理主義のモニュメント」と言いあらわしている。まさしくそれが、ロンシャンにかんして、これほど深刻な懸念と激しい反応を招いた理由である。

　建築雑誌『カサベラ』1956年1月／2月号の紙面上で繰り広げられた、美術史家ジュリオ・C. アルガンと建築家エルネスト・ロジャース（同誌のディレクター）とのあいだの論争が当時の様子を物語っている。ロジャースは1940年代から1950年代にかけて活躍した世代に属し、ヒューマニズムと表現の独自性を重んじる建築家である。また、戦後復興期における物質的豊かさの追求、合理主義という名の下におこなわれる中央集権的な開発に批判的であった。ロジャースは、ル・コルビュジエのこの分裂症的な作品を「合理主義を超えようとする」力をもつもの、つまり当時の再開発における主流、標準的デザインという発想を超えるものであるとして賞賛した。さらに、議論の中で、ロンシャンが教会建築という枠組みを超えた作品である、という見方をしている。

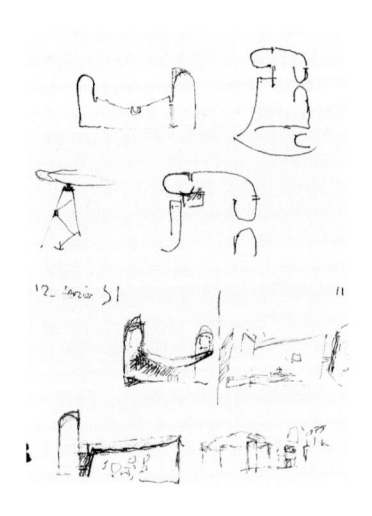

カルネE18、No.319、320、1951年：
ロンシャン礼拝堂のコンセプトスケッチ（左）
東側外観（右頁）、写真：マイケル・レヴィン

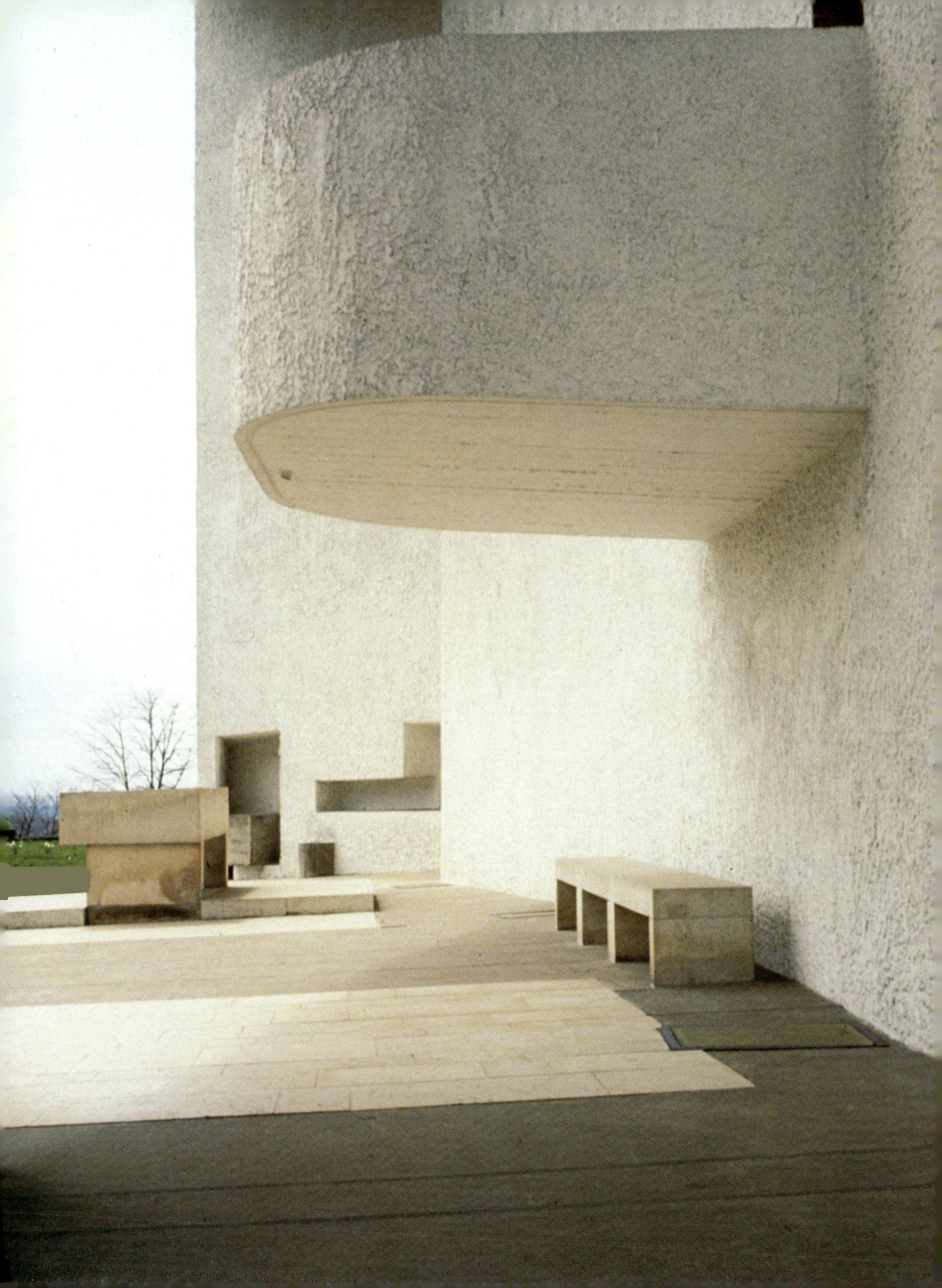

アーガンは、ロジャースの示した、ル・コルビュジエが合理主義を「超える」という見方は、「非合理主義擁護」を読み違えているにすぎないと批判している。アーガンにとって、現状を「超える」こと、あるいは体制の転覆は、むしろ合理主義の目ざすところであり、それを可能にするのは非合理主義への後戻りではなく、新たな合理主義であると考えていた。アーガンにしてみれば、ル・コルビュジエの作品は「ヨーロッパが目ざす合理主義というユートピア、理性に目覚めた人びととの誠実な行動」の足もとをすくう行為に等しかった。また、彼がどうしても許すことができなかったのは、宗教と深い関わりのない芸術家であるル・コルビュジエが、奇異な形態や劇場のような空間、催眠術的な光を用いて「哀れな大衆に信仰をうながす」、「祈るための機械」を作ったことだった。「住むための機械」を生み出した人間が、ついに「祈るための機械」を作るようになったのか、とル・コルビュジエとバチカンとの関係を危険視した。今日から見れば、アーガンの主張はこじつけ以外の何ものでもないが、イデオロギー的神話を必要とし、その裏付けを求めた、東西冷戦時代の風潮を物語っている。

　ル・コルビュジエは、このプロジェクトについて次のように紹介している。「1950－1955年、自由。ロンシャン、完全に自由な建築。大礼拝のほかにプログラムをもたない建築」。敷地は、年2回、1万2000人の巡礼者を集める礼拝の地として、とても長い歴史をもっている。しかしル・コルビュジエにとって宗教的な要求はデザインを左右するほどの大問題ではなかった。最も重要だったのは、「ランドスケープ、東西南北にひろがる地平」である。サント・ボームと同じように、それがデザインを牽引し、新たに建てられる人工物との関係を決定した。サント・ボームのバシリカの場合は地中に彫り込まれた「洞窟」建築だったものが、ロンシャンにおいては、風景に囲まれ、山の上に削り出された

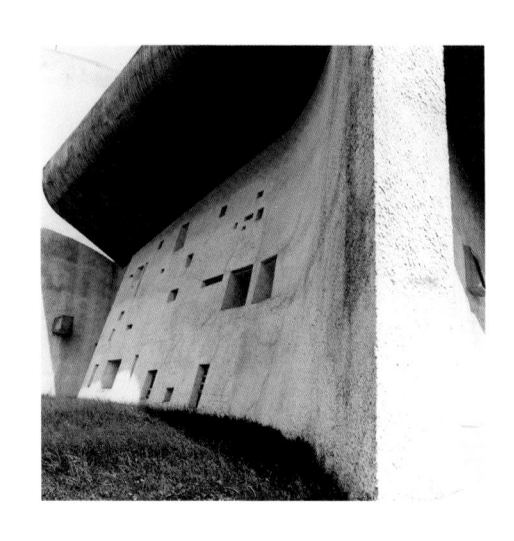

『ロンシャン礼拝堂』東側外観（上）
写真：ルシアン・エルヴェ
南側外壁にそって見る（左）
写真：マイケル・レヴィン

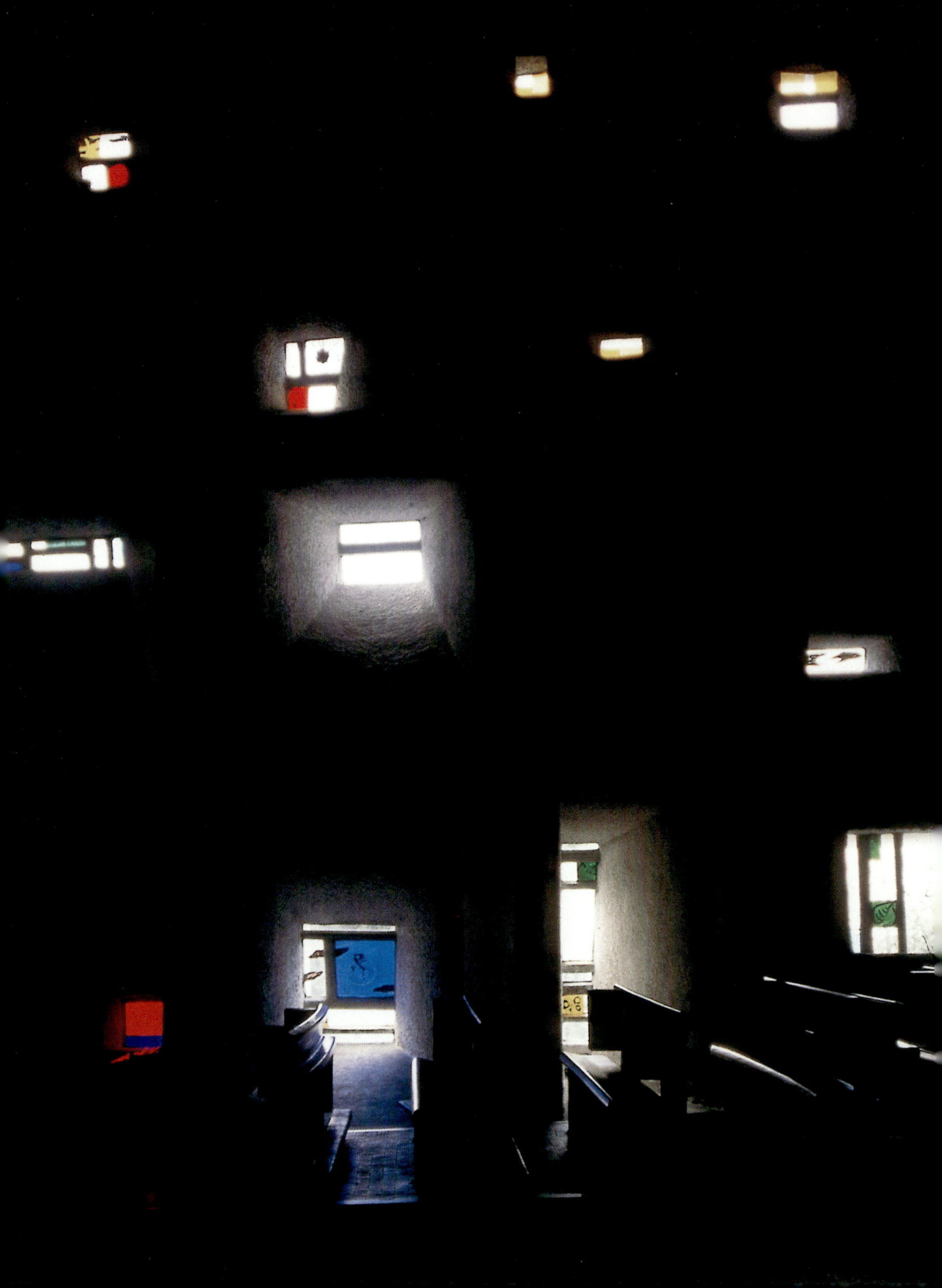

「頂上」建築として結実した。マルセイユのユニテのように、ロンシャンの設計過程でル・コルビュジエは過去の蓄積から多くを引用している。エーゲ海の預言者エリヤが描いたとおり、礼拝堂は山の頂に建てられた。直線で構成された直方体の「メガロン」型平面から立ち上がる壁は、来訪者を迎え入れるかのように湾曲し、風や日差しから守り、やがて舟型に沿うように変形する。全体の形態はまるで大地の曲率に呼応しているかのように見える。

ル・コルビュジエはたびたびこう言っている。ロンシャンのかたちは「大地に従い」、「音響学的な呼応─形態が奏でる反響として」生まれたと。これは、ル・コルビュジエの用いたメタファーの中で、最も意味を取りづらいものの1つだが、同時に最も魅惑的で刺激的なものだともいえる。彼はこの建物を楽器として、そして建物と周囲のランドスケープを巨大なコンサートホールとして見立てたのである。形態の引用は他にもある。サント・ボームと同じく、ル・コルビュジエは、遠い昔にアクロポリスの丘で観察し蓄積したもの─建築ヴォリュームと周囲の丘や山々がつくりだす形態との関係─を再び呼び戻している。アクロポリスの建築群は、それぞれは長方形だが、それらが互いになす角度は、内向きもあれば外向きもあり、鋭角であったり、鈍角であったりする。これは周囲の褶曲した地形や断崖と呼応し、凹凸をつくりながら湾曲するロンシャンの壁と重なる。また、ロンシャンに至るアプローチが、アクロポリスのパルテノン神殿へ向かう聖職者の螺旋状の列をもとにしていることも明ら

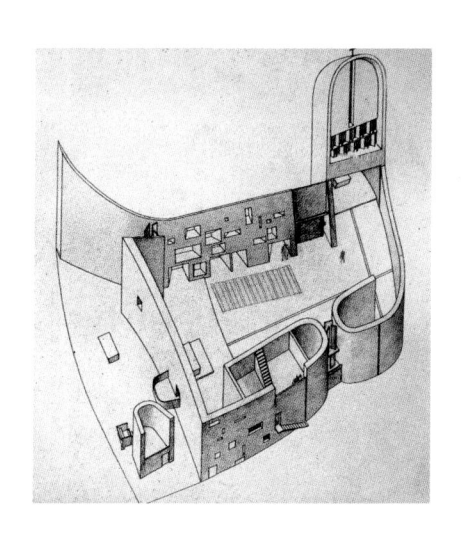

『ロンシャン礼拝堂』南側外壁の開口パターン（左頁・右上）
アクソノメトリック図（左上）、写真：ルシアン・エルヴェ

『ジャウル邸』、
ヌイィ・シュル・セーヌ、フランス、
1952－1956年（上）、
写真：ルシアン・エルヴェ
（右頁左より）1階平面図、2階平面図、
屋上平面図

かである。

　北側と西側は外側にふくらみ、閉じている。南側、東側は内側に向かって凹んでいる。3本の塔は、内外に曲面をつくりながら礼拝堂に光を落とし、あるいは下のニッチが聖具室や懺悔室となる。聖母マリア像は祭壇の上部、東側の壁面に安置された。東壁面は外からみると凹型になっており、司祭の声をよく反響するように考えられている。また、ほかのどの部位よりもロンシャンの屋根は謎だといえよう。ル・コルビュジエ自身はたびたび、1947年にニューヨークのロングアイランドで拾った「蟹の甲羅」からアイディアを得たといっている。しかし屋根の構造と形態はむしろ舟の形に似ており、石造の壁がそれを支えるさまは、何人かの男たちが舟を持ち上げているようにも見える。

　形態のみならず、表面の仕上げも「機械」からほど遠い印象をあたえる。しかし表面の荒々しさ、あたかも偶然できたかのような形態の裏には、実はモデュロールの繊細で精密な数学的秩序がかくれている。同じことが、これもやはり機械というイメージの対極にある、ヌイィ・シュル・セーヌの『ジャウル邸』についてもいえる。この作品はロンシャン礼拝堂が完成して3年後の1956年に、木々に

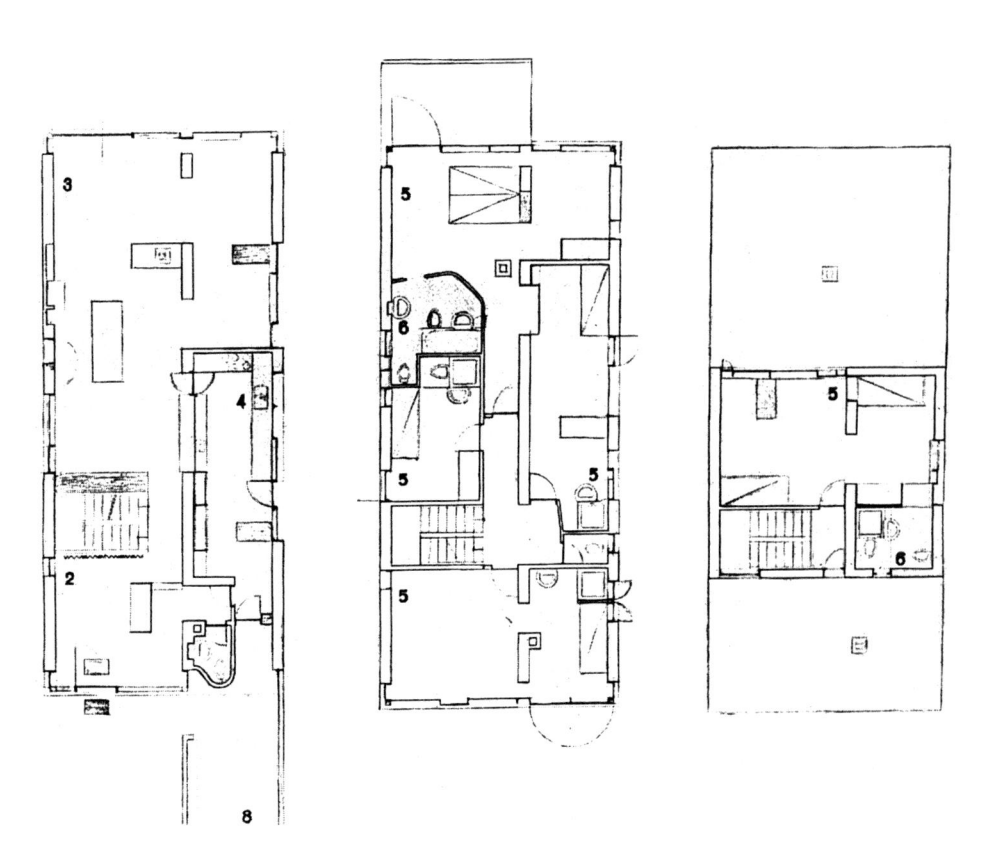

『ドミニコ会サント・マリイ・ラ・トゥーレット修道院』
アルブレール・シュル・エヴー、フランス、1957-1959年

囲まれた、郊外の比較的狭い敷地に建てられた住宅である。ル・コルビュジエの古くからの友人、アンドレ・ジャウルと息子のミシェルから、1951年に設計を依頼されたこの建築は、当時の世界中の若い建築家に多大な影響をあたえた。ル・コルビュジエの思考には大きな振れがあるが、根底にあるメッセージは、当時ルイス・マンフォードがもっていた考えと同一のものである。2人はともに、戦後復興期の近代建築、工業、都市計画が進みつつある方向に疑問を投げかけていた。

　1952年、リヨンのドミニコ修道会はル・コルビュジエに『ドミニコ会サント・マリイ・ラ・トゥーレット修道院』の設計を依頼した。礼拝堂以上に、修道院では、信仰に人生を深く捧げる生活が営まれるが、ル・コルビュジエと担当者のヤニス・クセナキスにとって、それは最重要課題ではなかった。むしろ、彼らの信条とは相反するものだったのかもしれない。ル・コルビュジエの先祖はドミニコ修道会の創始者、聖ドミニコによって滅ぼされた偶像破壊主義のカタリ派である。当時、ドミニコ会は科学技術に信頼をおく現代社会のなかで再び力を得つつあった。クセナキスのほうも、バルカン半島の偶像破壊主義思想から派生したギリシャの極左翼に傾倒していた。彼は祖国ギリシャで政治犯として死刑判決を受け、フランスに亡命していたのだった。ル・コルビュジエ同様、クセナキスは無神論者だった。もともと土木技術の知識があった彼は、同じくギリシャから亡命中であり、ル・コルビュジエのもとで働いていたジョルジュ・キャンディリスの紹介で1947年にエンジニアとして事務所に採用された。しばらくエンジニアとして腕をふるったクセナキスは、ル・コルビュジエにデザインの仕事をしたいと申し出る。快くそれを受け入れたル・コルビュジエが、「純粋なる幾何学」によるプロ

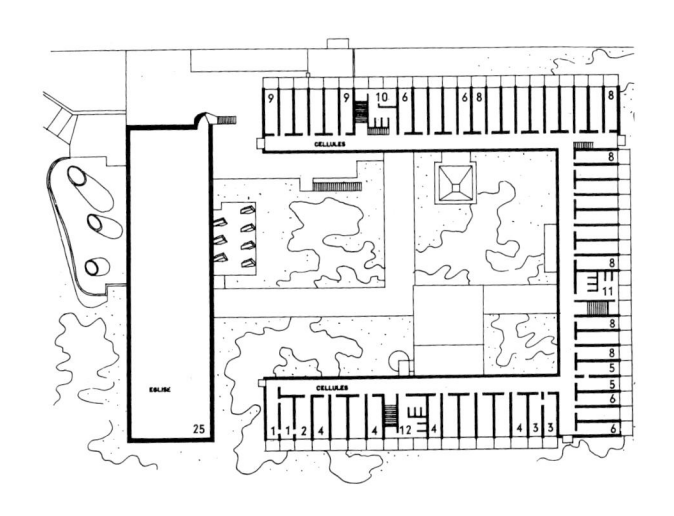

『ドミニコ会サント・マリイ・ラ・トゥーレット修道院』6階平面図

ジェクトとして、彼にあたえた仕事がラ・トゥーレット修道院だったのである。のちには光とリズムが新たな主題として加わる。ル・コルビュジエもクセナキスも、プロの建築家として当然ドミニコ会の信仰と慣習を尊重して設計した。クチュリエ神父は、戦後フランス社会において重要な役割を果たした人物である。修道院の設計をル・コルビュジエに依頼するよう画策したのは彼であり、その背景には現代アートによって宗教芸術を再生しようというイタリア、ドイツ、フランスのカトリック教会の動きがあった。こうした背景のもと、作家の信仰を問わず、アンリ・マティスやマルク・シャガールらによる作品が生まれた。クチュリエもル・コルビュジエも、現代アートとカトリック教会とのあいだに調和不能な点があるということは完全に無視した。この2人が宗教について話し合うことはなく、また僧侶らが口出しすることもなかった。

　おもしろいことに『全作品集1957-1965』に載っているラ・トゥーレットの宗教的側面についての解説文は、ル・コルビュジエではなく、キリスト教信者であるジャン・プチが書いている。この建築にみられるシンボリックな要素は、信仰を表わそうとしたものではなく、過去の宗教建築から引用された形態的要素である。クセナキスは、「閉じた長方形」という形態を過去のアトリウム型建築から公然と「コピーした」と述べている。この形態にかんしては、ル・コルビュジエは、他の先例を参照するときほど、デザインのやり直しをしていない。

　ラ・トゥーレット修道院には講師や修道士のための100もの宿泊室、複数の勉強室、労働とレクリエーションのためのホールが各々一つずつ、そして食堂、図書室、礼拝堂がある。この複合建築はピ

『ドミニコ会サント・マリイ・ラ・トゥーレット修道院』
モデュロールによる窓に面した廊下（左）
礼拝堂の光の大砲を上部より見る（右頁）

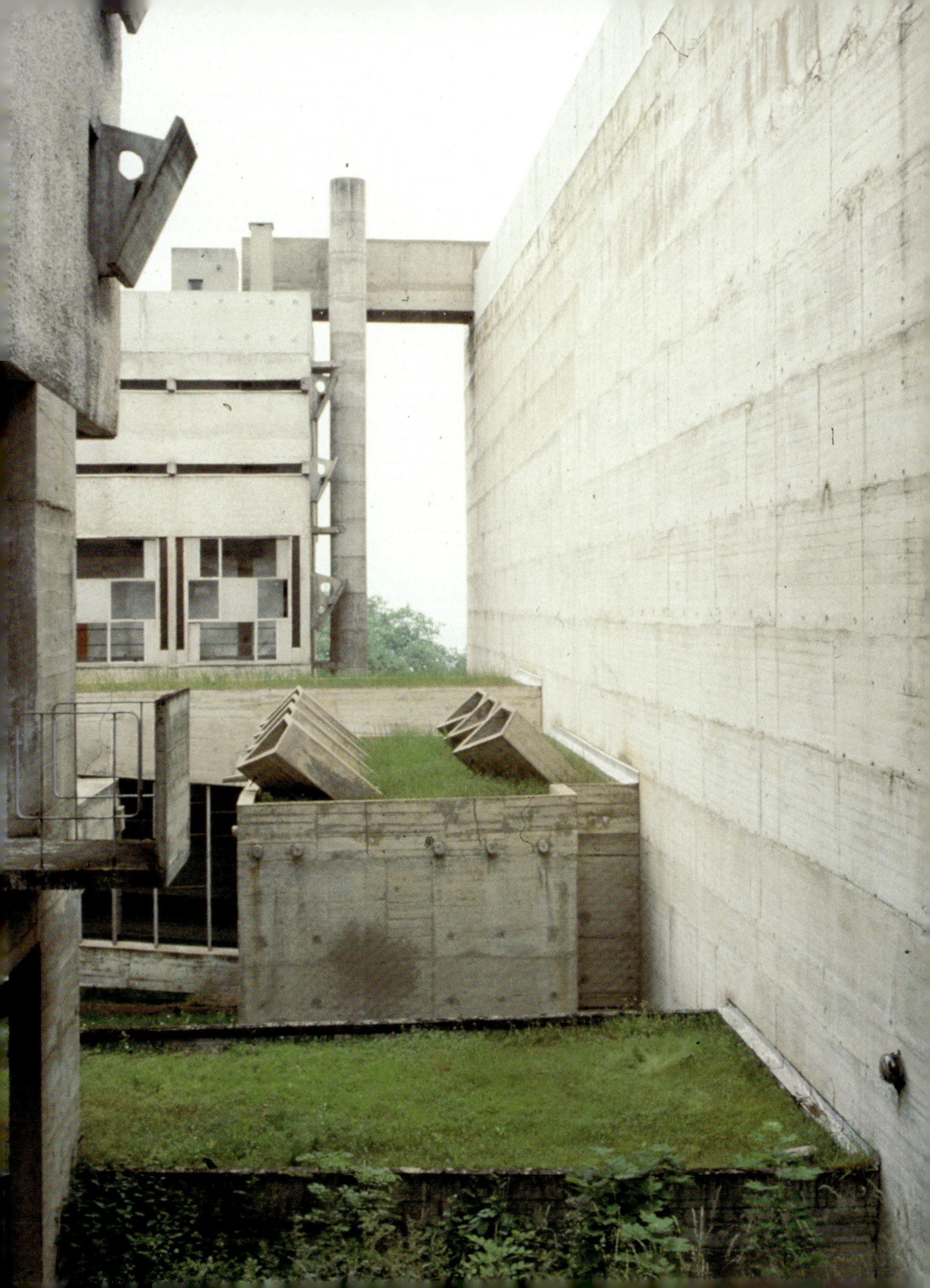

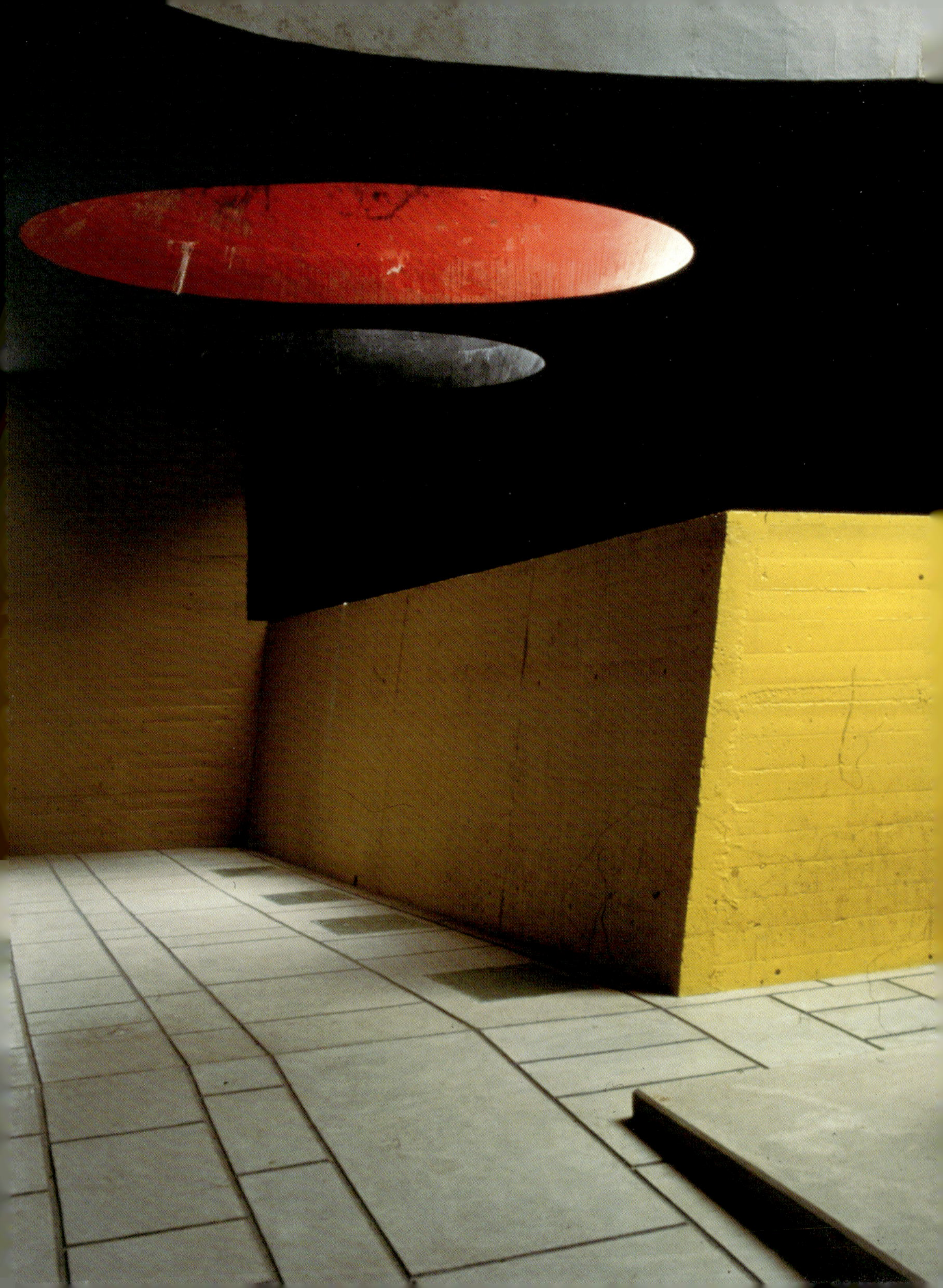

ロティの上に載っている。低層階には食堂と礼拝堂へとつながる十字形回廊があり、勉強室、労働やレクリエーション用のホール、図書室がその上を占めている。最上層には開放廊下と僧房がある。ヴォリューム構成は、ピラミッドを逆さにしたようなかたちで、バルカン半島の修道院建築、特にアトス山の修道院から引用したと思われる。

　ル・コルビュジエはデザインの過程で、ともに光に関係する二つの問題に直面した。人々が通行する大きなホールと長い通路の明るさを調整するために、ル・コルビュジエは縦長のガラスを用いた「揺れ動くような」窓というアイディアにたどりついた。この比較的シンプルなアイディアから、ガラスの幅に多様性をあたえるシステムを発展させ、革新的な形態要素を生み出したのがクセナキスであった。彼は反復的なリズムをモチーフとして使わずに、モデュロールの分割法にさまざまな周期、あるいは「直線上に」分布する点の「密度」という概念を導入した。こうした抑揚のシステムを生み出す基礎となったのは、エンジニアとしての経験だけでなく、音楽の知識、そして前衛音楽との関わりである。異なる芸術領域にまたがった創作行為が生んだのは、空間的効果だけではなく、建築的要素を周期的なリズムでもって配列する新しい手法だった。もう一つ、クセナキスとともにル・コルビュジエが開発したのは、ロンシャンで試みた天井からの拡散光をさらに発展させた「光の大砲」である。2人の協力関係は後まで続き、さらに大きな結果をもたらす。クセナキスの現代音楽と数学にかんする造詣の深さはル・コルビュジエを夢中にした。というのも、この二つの分野は、ル・コルビュジエが憧れを抱きつつも、ついに習得できなかった分野だからである。またル・コルビュジエはクセナキスの政治的信条におけるモラル──現代のカタリといえるような──とギリシャ建築を見ながら暮らしてきた生の経験に大きな魅力を感じていた。

『ドミニコ会サント・マリイ・ラ・トゥーレット修道院』礼拝堂内部

「石のドラマ」   第07章

ル・コルビュジエの一生の中でおそらく最高の栄誉といえる仕事——インド、パンジャブ州の新しい州都「チャンディガール」の建築および都市計画は、彼のもとに偶然もたらされた。現在の位置に新都市を建設する構想は、1947年にインドが独立し、旧英国領パンジャブ州が二分された直後から持ち上がっていた。州の大部分がイスラム教国家パキスタンの領土となった後、インド政府は現実問題として、もともといる住民や新たに流入してきたヒンズー教徒、シーク教徒難民たちのために、新たな行政、商業、文化の中心となる都市を必要としていた。また、新たな国家としてのアイデンティティ、国力を象徴的に内外に示すためにも、新しい都市が求められ、ジャワハルラル・ネルー自身、これを第一に考えていた。

　1948年3月末には新都市の建設位置が特定される。新州都の予想人口は建設時で15万人、将来的には50万人を見込んでいた。隣接地の住民による反対運動が政治抗争に発展する場面もあった。しかしパンジャブ州の主任技術者P. N. ターパルはすぐにニューヨークの都市計画家アルバート・メイヤーらに計画を依頼し、1949年末にはマスタープランが完成していた。メイヤーはこのプロジェクトに適任だった。彼にはすでにインドでの実績が十分あり、発展途上国の住宅問題にも精通していたからだ。また、ネルーとは戦時中からの知り合いであった。さらに付け加えると、彼は、戦前のアメリカ合衆国においてサニーサイドガーデン、ラドバーンやグリーンベルト構想を実現したクラレンス・スタインの親友でもあった。クラレンスの計画は自然と人工的環境とのバランスを保ち、歩車分離と開放的な地域環境を実現するものであったが、メイヤーもこの思想を受け継ぎ、地域性を加味しながら、チャ

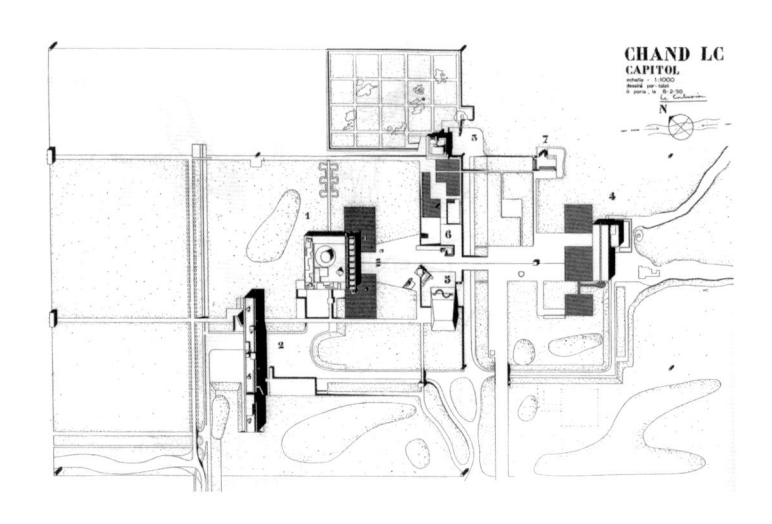

『チャンディガール』配置図、インド

『議事堂』と『総合庁舎』、
チャンディガール、インド
写真：ルシアン・エルヴェ

ンディガールのマスタープランを作り上げた。メイヤーはまた、ニューヨークの国連本部設計委員会にポーランドを代表して参加した若手建築家、マシュー・ノヴィッキ（スタインから彼を紹介された）を招いた。まもなくノヴィッキは設計に参加し、気候や文化などの地域的特性を反映させながら公共施設や集合住宅のプロトタイプを設計し、特にレジャー施設に力を入れながら、近隣計画を詳細に練り上げた。1950年中ごろには、基本計画はかたまり、あとはインド政府の承認を待つばかりであった。しかし、その年の8月31日に、ノヴィッキはインドからアメリカへ渡る途中、飛行機事故で亡くなってしまった。

インド政府の代表者であるP. N. ターパルとP. L. ヴァルマは、ノヴィッキの代わりとなる建築家をさがした。そして1950年11月に、ターパルとヴァルマは、セーブル通り35番地のル・コルビュジエの事務所を訪ねてきたのである。しかし、ル・コルビュジエは良い返事をしなかった。彼らは次にロンドンに向かい、発展途上国での業務実績があり、近代建築を地域の気候風土に適応させる取り組みをしている英国人建築家、ジェーン・ドリューとマックスウェル・フライに会った。ターパルとヴァルマは2人にメイヤーの作ったマスタープランの建築的部分を実施してほしいと依頼した。交渉の途中で、ドリューとマックスウェルがプロジェクトのあまりの壮大さと責任の大きさに難色を示したので、ターパルは、ル・コルビュジエをチームに加えてはどうか、と提案した。これにはマックスウェルも首を縦に振り、こう言った。「それはあなた方にとってたいへん名誉なこと。私にとっては、予期せぬ恐れ多い事態です」。その年の12月に、ターパルとヴァルマは再びセーブル通りを訪ねた。ル・コルビュジエは今度は依頼を受け、当時パートナーシップを解消していたピエール・ジャンヌレ

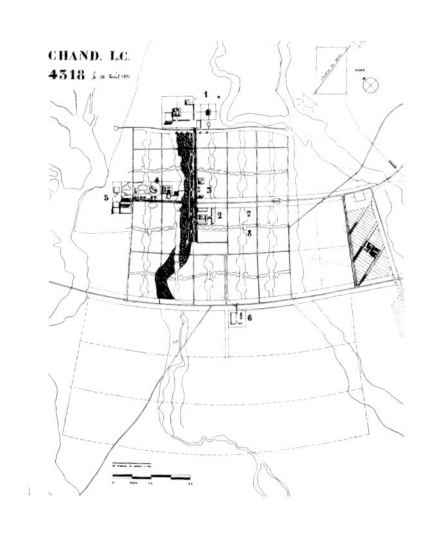

『チャンディガール』コンセプトスケッチ、1952年（右頁）、配置図（左）

12 avril (2)
52

をプロジェクトのメンバーに加えた。

　予想できることだが、ル・コルビュエはメイヤーとノヴィッキが作った計画に従いはしなかった。彼はメイヤーの提案の内容に異議を唱えたのではなく――実際、メイヤーの設定した主題のほとんどは最終的にル・コルビュジエの計画の中に盛り込まれている――他人のつくった計画の下で自分がデザインをする、ということに耐えられなかったのである。1950年、カピトルに建てる建築の設計依頼を受けると、メイヤーが来る前にカピトル全体の計画をやり直すため、すぐに現地へと赴いた。

　ル・コルビュジエは1951年3月に、1か月もかけずに計画をやり直してしまった。それほど凄まじいスピードで完成できたのは、計画をまったくのゼロから始めたのではなく、実はメイヤーのマスタープランを「修正」していたからである。さらにいうと、変更の内容はけっして新たな発明ではなく、CIAMのアテネ憲章にできるだけ近づけた、というものであった。ル・コルビュジエは、実用的なラドバーンの設計思想よりも、複雑で手のこんだ「7Vのシステム」とよばれる7つのルートを採用した。残念なことに、これにより当初メイヤー案にあった連続的な緑地ゾーンは失われてしまった。ル・コルビュジエの個人的な理由により変更した部分もあり、戦前のパリの都市計画で彼がおこなったのと同じように、軸線や形態配列を強調した、モニュメンタルな性格が加えられた。また風景と都市の統合という主題のもと、ル・コルビュジエは、ヒマラヤ山脈のふもとを流れる2本の川にはさまれた広大な大地と調和する姿を思い描いていた。

　周囲の自然と建築が呼応しあうさまは、ル・コルビュジエのドローイングやルシアン・エルヴェの

写真に引けを取らないほど、実際にドラマチックである。現在、チャンディガールは、いわば巨大アートとして建ち、1970年代のランドスケープアートのさきがけともいえる。ル・コルビュジエはモデュロールを用いて建物を配置した。しかし、社会的にみれば、計画内容は受け入れがたい部分も含んでいる。ル・コルビュジエは計画地全体を幾つかの自己完結した部分に分けるにあたって、インドの差別的階級制度をそのまま行使し、ゾーンごとに異なる階級をあてがった。

マスタープランの問題が一段落すると、ル・コルビュジエは、こんどは主だった公共建築の設計に取り組んだ。一方、住宅やその他の近隣施設はル・コルビュジエが概要を示し、それにもとづいてフライ、ドリュー、ピエール・ジャンヌレが設計した。

ル・コルビュジエがチャンディガールで最初に設計した建築は『高等裁判所』である。1951年にはすでに設計が開始されていた。建物の使用が開始されたのは1956年3月である。若いころのル・コルビュジエを魅了した、陸橋のモチーフがこれほど大きな影響を及ぼした実作は他にはない。この巨大構築物の中にはさまざまな裁判、事務関係の施設がおさめられている。ル・コルビュジエは「亜熱帯」という地域性に根ざした皮膜をつくろうと考えた。内部空間は、長手の2面を奥行きが1.4メートルの「ブリーズ・ソレイユ」によって覆うことによって保護した。日よけの役割に加え、雨対策のために、ブリーズ・ソレイユは上にいくほど手前にせり出している。立面のパタンが中断したところの3本の柱壁ははだかで立ち、そこが入口へとつづく巨大なポルティコになっている。柱が支えているのはパラソルのような巨大な屋根であり、内部空間の上に日陰をつくり、また雨よけとしての役割も果たす。

『高等裁判所』、チャンディガール
1951-1955年
写真:ルシアン・エルヴェ

『高等裁判所』外観、1階平面図、写真:ルシアン・エルヴェ

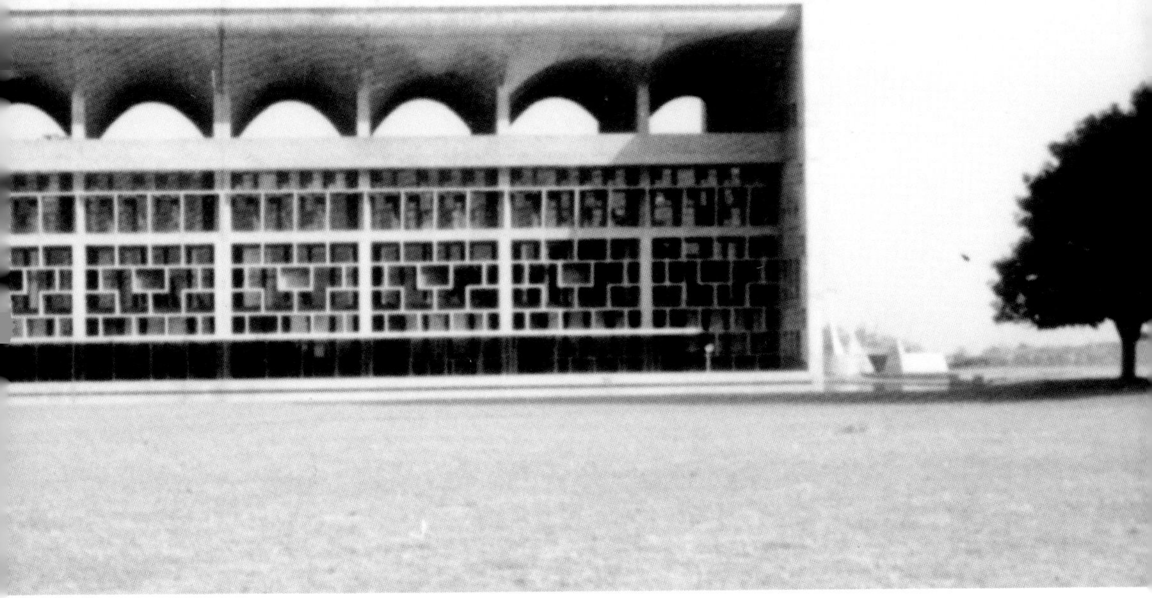

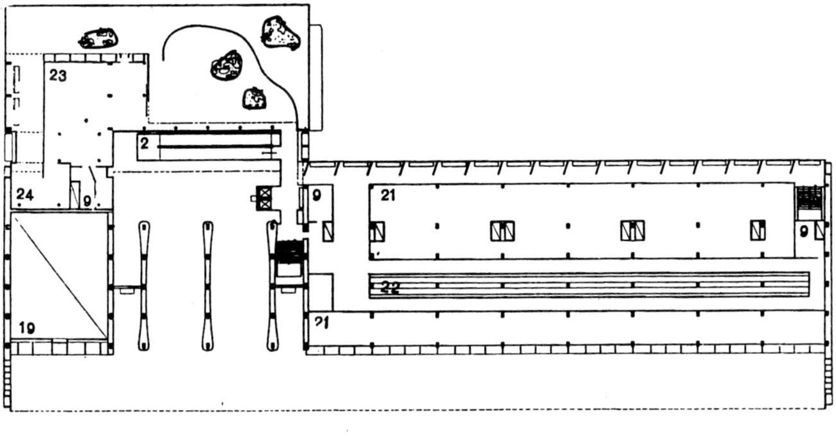
23
2
24
9
9
21
9
22
19
21

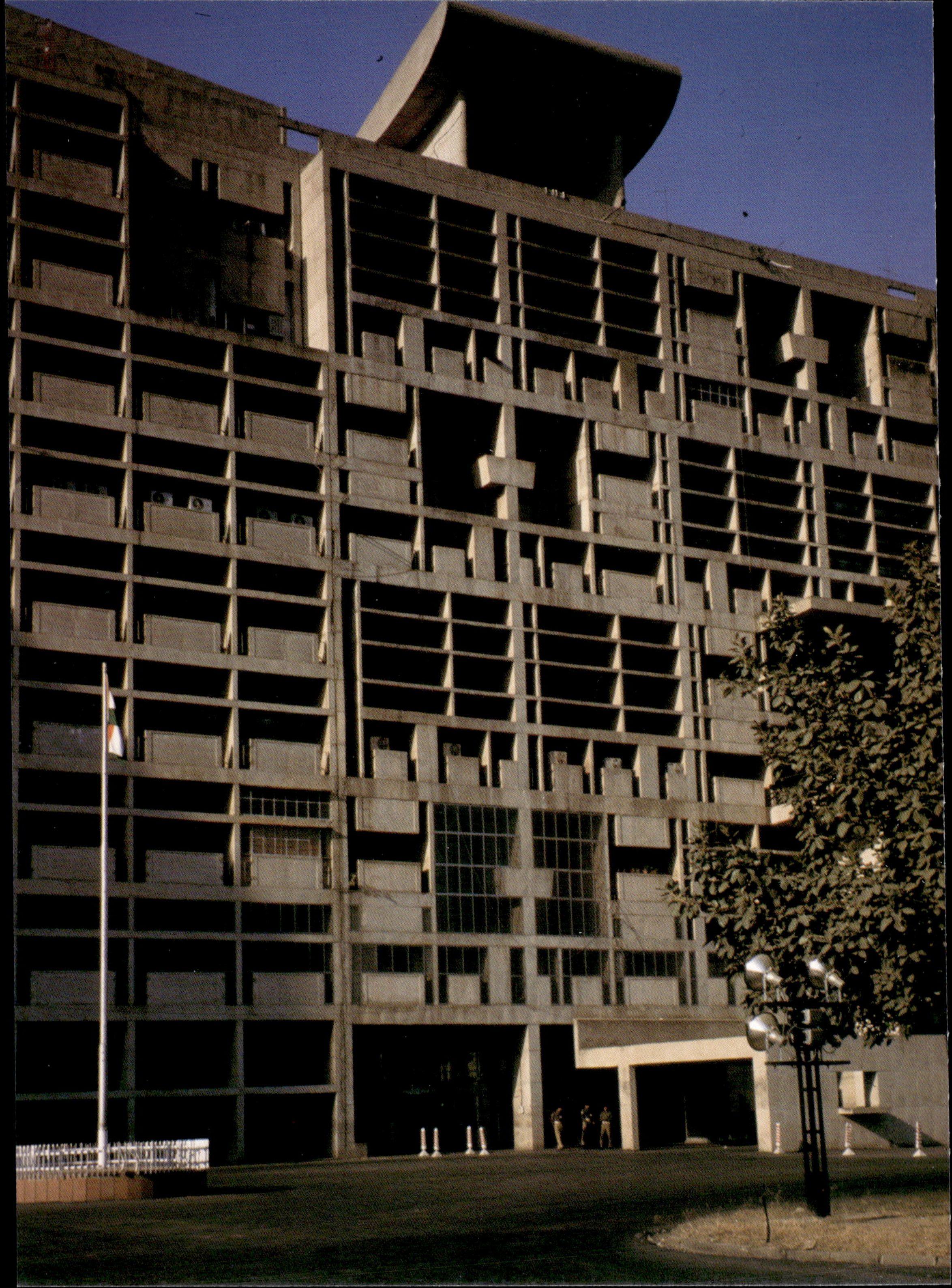

マックスウェル・フライによれば、フライとドリューがル・コルビュジエをムガール帝国の遺跡に案内したとき、「日陰部分に空気を通す」という室内気候のアイディアを彼に紹介したことが、着想のきっかけとなったという。しかし、ル・コルビュジエがそれよりも以前にアイディアを得ていたことは明らかである。1928年の『カルタージュの家』で、既にこれを使っていた。ただし、その土地の建築を見たことが、パラソルのアイディアをより明確にし、実践する上での重要なきっかけとなったこともまた確かである。パラソルとブリーズ・ソレイユは、どちらも地域の精神を重視したという象徴的ジェスチャーとしては成功したが、室内気候を調節するという実質的機能を満足に果たすことはできなかった。

　法廷の音響環境を調節するために、ル・コルビュジエは合計650平方メートルにもおよぶタペストリーをデザインした。「グレート・ホール」と名付けられた法廷には144平方メートル（12×12メートル）のもの、他の小法廷用にも8つのタペストリーがデザインされた。ル・コルビュジエは、モデュロールを用いたおかげで、デザインをコードに変換し、パリの事務所から電信で現地の職人に伝達できたと誇らしげに語っているが、実際は、現地でタペストリーの制作にあたっていたのは囚人や農民たちであり、そのようなことが可能だったとは考えにくい。

　ル・コルビュジエが『総合庁舎』の設計に着手したのは1951年である。建物は1958年に完成した。長さ254メートル、高さ42メートルの長大な構築物という構想は、ユニテ・ダビタシオンを下敷きにしている。この建物の中には議会をはじめ、あらゆる行政機関が入っている。側面は垂直のブリー

『総合庁舎』エントランスまわり、チャンディガール、1951-1958年、
写真：マイケル・レヴィン

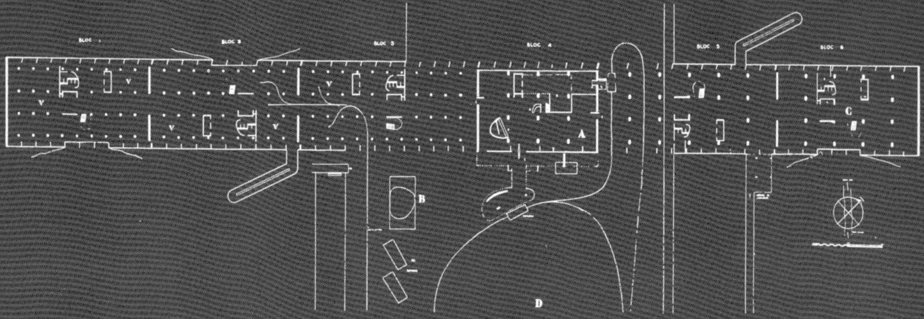
A
B
C
D

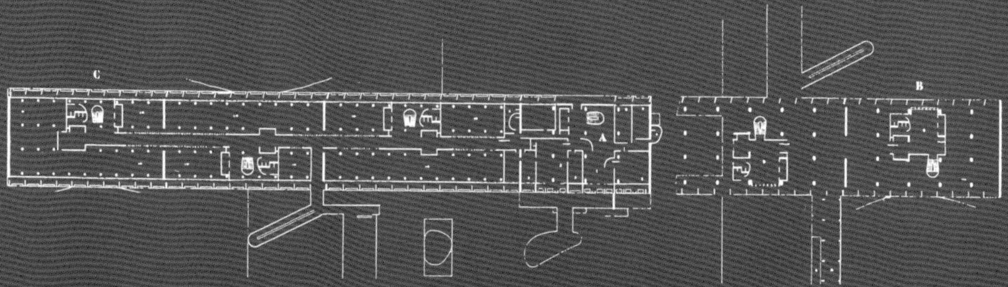
C
A
B

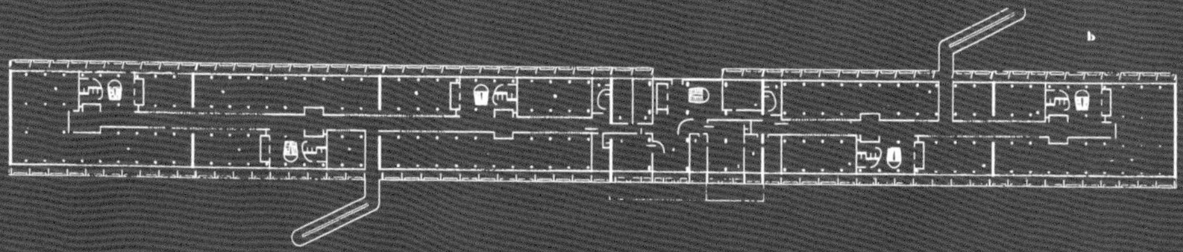
b

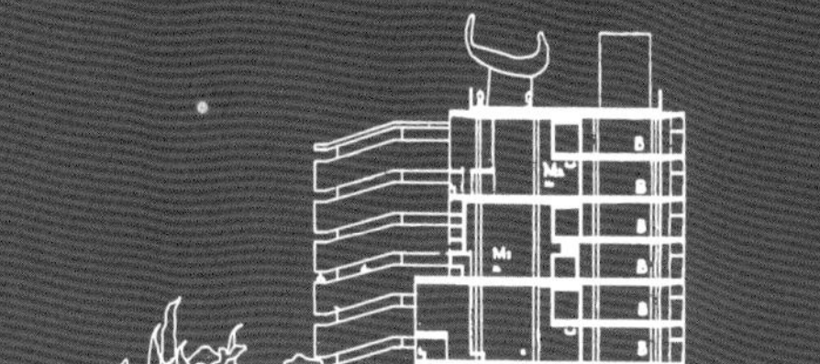

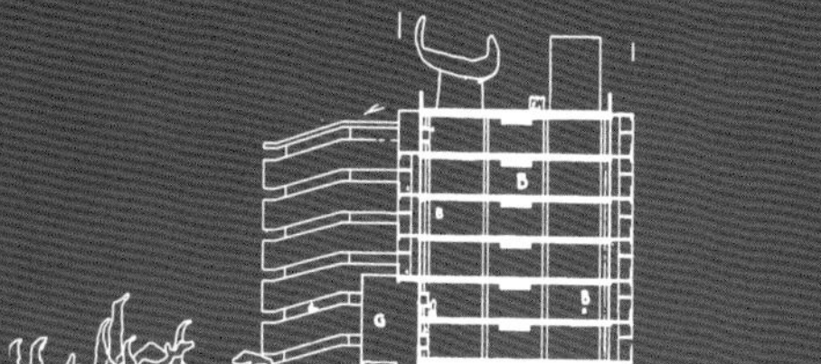

ズ・ソレイユ—「揺れ動くような」リズムを刻む、1万枚ものコンクリートのフィンからなるシステム—によって、強い日差しから守られている。しかし、ユニテの場合と違い、そこには内部の、この場合は執務空間についての、いかなる研究の成果も見られない。エレベーター、階段室に加えて、建物前後に1つずつ大きなコンクリート造のスロープが突き出ており、垂直の動線をまかなっている。屋上はレセプションの用に供される。

　『議事堂』は他のどの建物よりも長い期間を要した。ル・コルビュジエが設計を始めたのは1952年だったが、完成したのは1962年である。前述の2つの建物と比較しても、この建物は内容的に最も複雑である。ラ・ロッシュ邸型（すべての機能が外形にそのまま現れる形式）の構成を採用した彼の初期の作品、ソヴィエト・パレスとは異なり、インドに建てたこの議事堂はサヴォア邸の神殿的な図式を使ってつくられた。しかし、より詳細にみると、この構成が実は正方形平面の中に4つの図式—3つの「総合庁舎」と1つの「高等裁判所」—を含んでいることがわかる。その中心に残ったアトリウムのような空白の中に、双曲面を回転させた形の議場が配置されている。議場内部には演台が設けられていない。電気音響設備が導入されており、演説は各人の席上で行われるのである。音響システムの設計は、フィリップス社との連携のもとに進められた。正方形の輪郭と円形の議場との間は、特に決まった用途をもたないロビーとなっており、接客や会合あるいは政治的「ロビー活動」のための場所である。議場の天井は、冬には日射を取り入れ、夏には外に反射し、春分と秋分時には内壁に光を投影する形態になっており、政治家たちに、自分たちが宇宙の一部であるという感覚をもたらす。

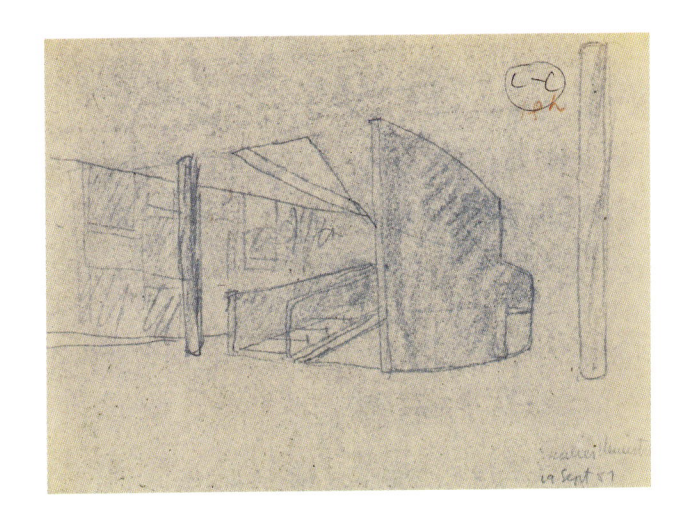

『総合庁舎』（左頁上より）1階平面図、
基準階平面図、断面図／スケッチ（右）

『議事堂』と『総合庁舎』、チャンディガール
(上)、写真：リアーヌ・ルフェーヴル
『議事堂』(右頁上より) 立面図、断面図、
(右頁下左より) 1階、2階平面図

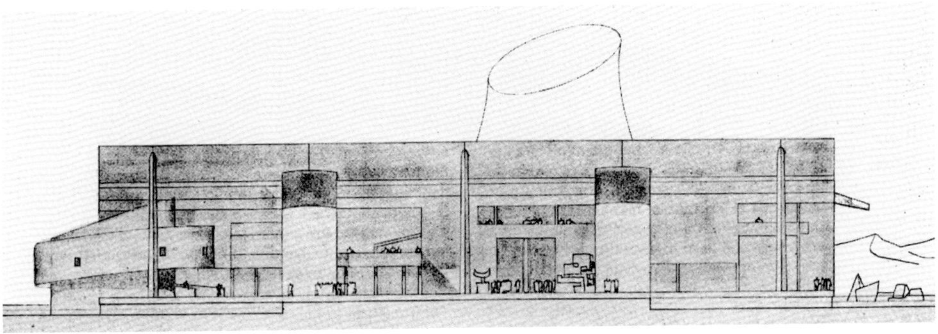

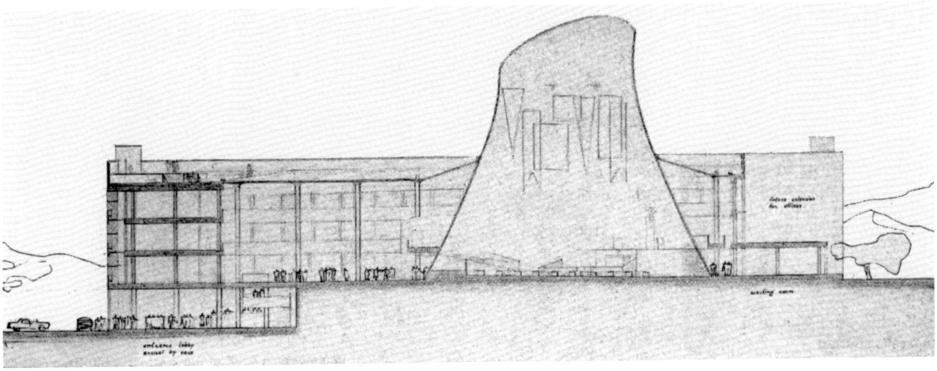

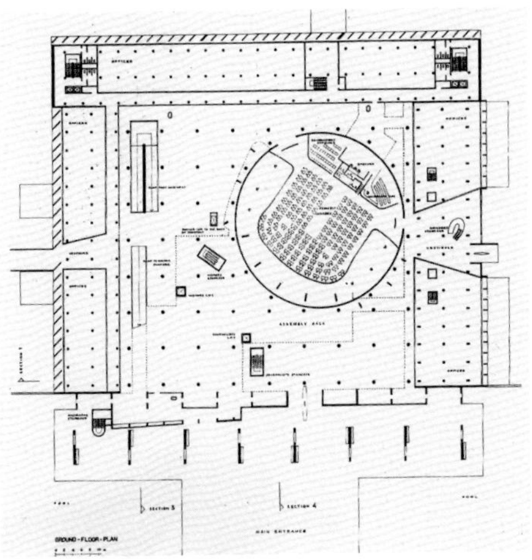
SECTION 3
SECTION 4
MAIN ENTRANCE
GROUND-FLOOR-PLAN

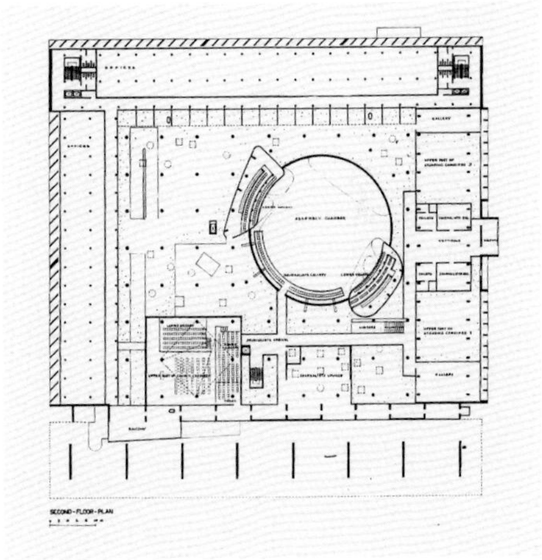
SECOND-FLOOR-PLAN

『ショーダン邸』、アーメダバード、インド
1954-1957年

「総合庁舎」と「高等裁判所」をこの建物の構成の中で再利用したのは、何もル・コルビュジエが突然アイディアに窮したからではない。彼は公共性、調和、統一といった問題を、地域性や現代性と同等に重視し、建物相互をなんとか関連づけようと模索していたにちがいない。これまでみてきたように、ル・コルビュジエは1920年代から公共的な施設を含む都市計画案を発表してきた。しかし、チャンディガールにおいて、彼は初めて「近代建築がつくる都市」というものを現実につくる立場に立たされたのである。

　ル・コルビュジエは、チャンディガールのモニュメンタルな公共建築をつくるかたわら、製糸産業の中心地アーメダバードでいくつかの個人邸宅を手がけた。一見すると斬新なこれらのプロジェクトは、戦前にフランスでおこなった建築的実験の結果を慎重かつクリエイティブに、地域性や気候風土といった新たな条件のもとに適用していったものだといえる。施主の1人はミル・オーナー協会の事務局長、スロッタム・ハーテッシングであった。しかし、設計が完了すると、彼は設計図をショーダン氏に売却してしまった。このような経緯で『ショーダン邸』が生まれた。ショーダンの指定した敷地は、ハーテッシングの土地とは別だったが、ル・コルビュジエはそれによってプランを変更することはなかった。ショーダン邸は1957年に竣工する。ル・コルビュジエ自身もいっているように、空間構成の基本原理は1929-30年のサヴォア邸にならっている。日射を遮り、風を導き入れるコンクリートのかごの中に正方形平面をおさめるという図式だ。サヴォア邸と同じように、斜路上に「建築的散

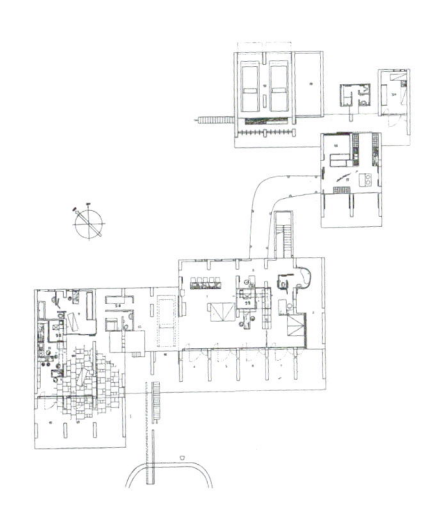

『サラバイ邸』1階平面図

策路」が展開し、相互に重なり合いつつ、さまざまな高さに設けられた床をつないでいる。過酷な気候のため、屋根の上は使っていない。

同じ頃、マノラマ・サラバイ夫人も、父親から受け継いだグジャラート州、アーメダバードの土地で2人の息子と暮らすため、邸宅の設計をル・コルビュジエに依頼した。こちらは、言うなれば熱帯版のマンドロー邸である。奥行きのある長方形平面は、複数の柱間の反復からなり、前面はひさし下の外部空間となっている。ここでは、豊かに生い茂った緑を見ながら、屋外での時間を楽しむことができる。また、外部空間に卓越風をとり入れられるように方位を決定した。床にはモデュロールによって寸法を割り出したマドラス・ストーンを使っている。ル・コルビュジエはマドラス・ストーンを保管して、インドでの作品の大部分に用いたという。

ル・コルビュジエの設計図を売ったハーテッシングは、その代わりに、サバルマティ川沿いの土地に建てる『ミル・オーナー協会本部』—インド製糸業界最大の組織の本部—の設計を彼に頼んだ。庭園の中に建つ、協会の管理業務と各種集会のための建物である。建物の中には事務室や会議室、集会室、食堂、講堂があり、その他の部分は、決められた用途のない接客、会合のための場所である。ル・コルビュジエが依頼されたのは、形式にとらわれた組織のための建物ではなく、どちらかというともっとくだけたビジネスクラブ的な場であった。彼にとってこれは、インドに滞在している間つねに取り組んできた問題—熱帯地域の気候風土、社会文化といった特殊な条件のもとで近代建築の思想を適用すること—への解答をプロトタイプとして提出する、またとないチャンスだったといえる。ショー

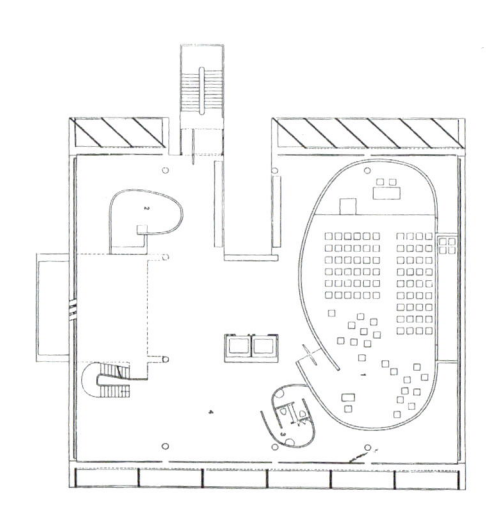

『ミル・オーナー協会本部』第4層の平面図（左）と写真（右頁）、写真：ルシアン・エルヴェ

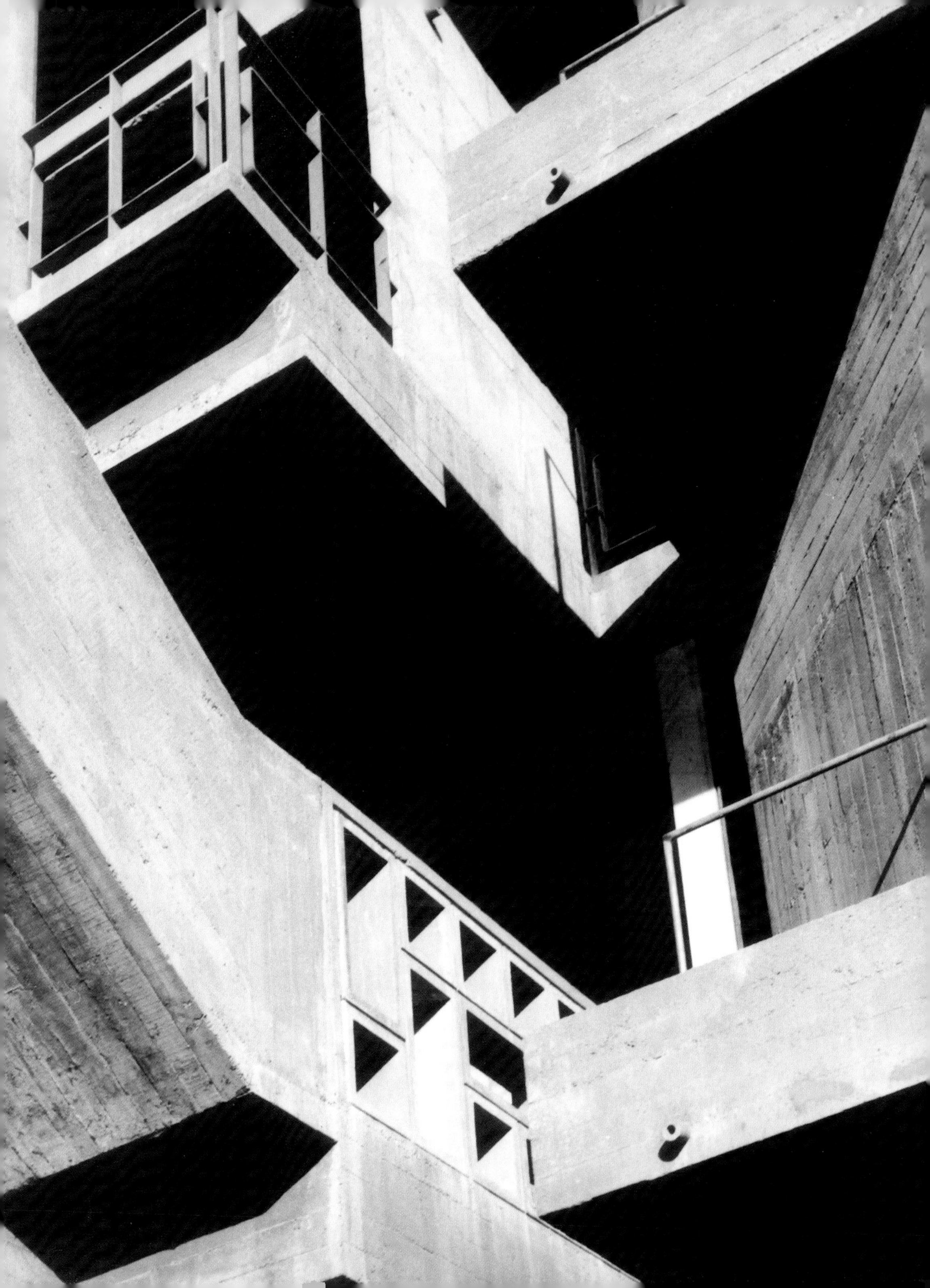

ダン邸と同様に、ここでもサヴォア邸型の構成が採用された。建物の立方体ヴォリュームには換気用に開口があけられ、同時に卓越風が通るような形状の何種類かの日よけが外部を覆った。東西面には角度のついた薄いフィン、「ブリーズ・ソレイユ」が設けられ、その面が中断する部分に向かって長い斜路が上ってゆく。斜路はやがて階段下に達し、そこからさまざまなレベルの床面へと動線がつながっている。建築的散策路の上に展開する光景はきわめてドラマチックだが、階段に手すりがないなど、そのために冒険をしていることも事実だ。『全作品集』第6巻の中でル・コルビュジエは、ショーダン邸に注意深く設けた空洞部分は、換気や日よけのためだけではないことを強調している。もう一つの目的は、周囲の景観を生かすことであった。目の前を流れる川の風景、足を半分水につけて涼む孔雀や牛、バッファロー、ロバとともに綿製品を洗ったり染めたりする職人たちの営み。建物の屋上は夕刻以降の催しに使えるよう計画された。

　もしも、運命のいたずらがル・コルビュジエとチャンディガールとを結びつけていなかったら、私たちが今日彼の建築作品や業績全般にたいして抱くイメージは、異なるものになっていただろう。つまり、あふれる才能と知識をもちながらも、同時代の人間からは認められず、その能力に見合うプロジェクトを実現する機会を得なかった建築家として記憶されたにちがいない。しかしチャンディガールにおいて、ル・コルビュジエは詳細に──アンドレ・マルローの『反回想録』から引用するならば「壁紙にいたるまで」──都市を設計し、そして実現させた数少ない建築家の一人として歴史に名を残したのである。

『ミル・オーナー協会本部』(左) と『総合庁舎』(右頁)
写真：2点ともルシアン・エルヴェ

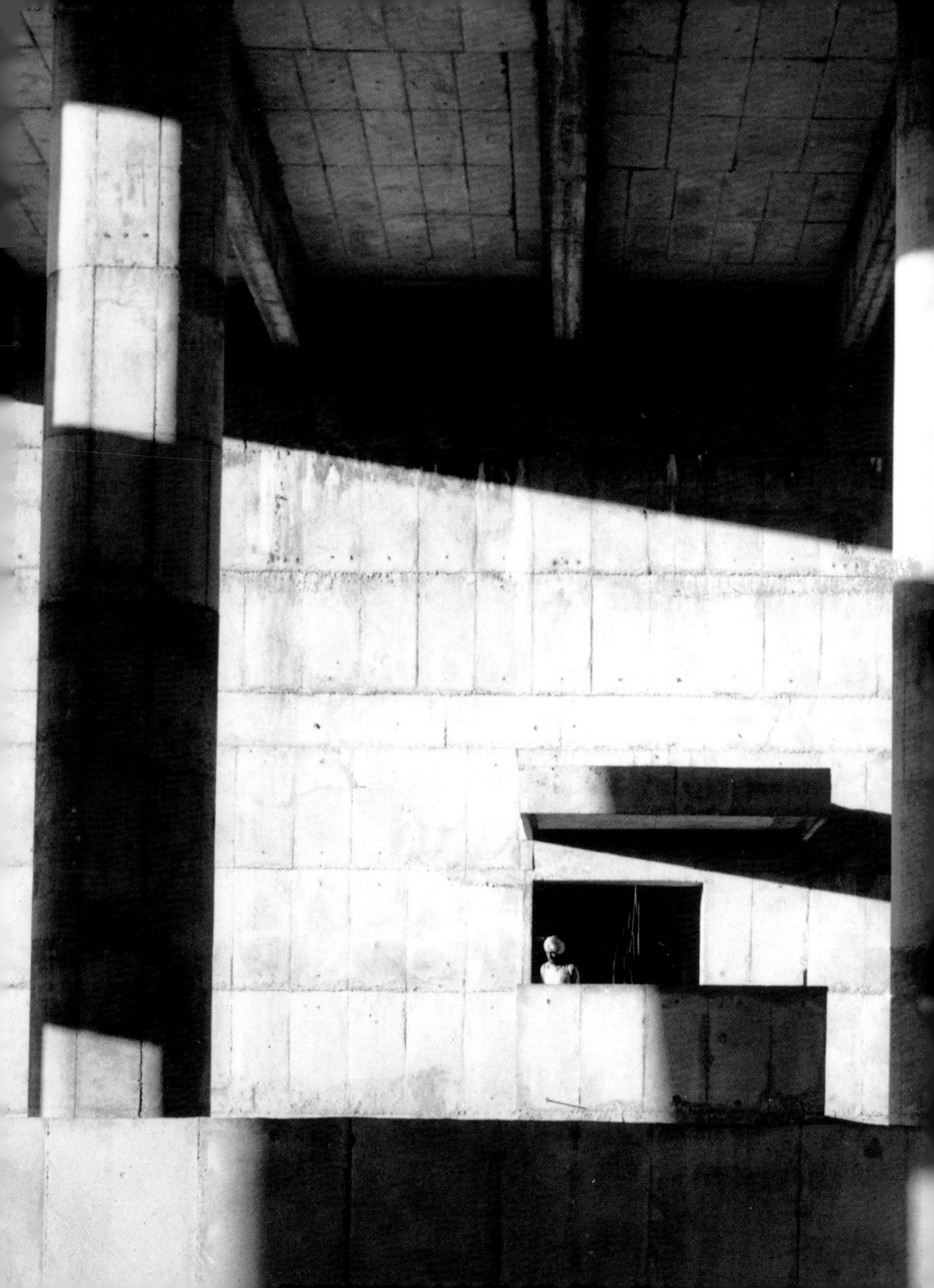

皮肉なことに、ル・コルビュジエがもしもチャンディガールを実現させていなかったら、私たちは彼をもっと革新的な人間として見ていたのではないだろうか。チャンディガールには、いろいろな意味で、前進が感じられない。これは、インドの歴史文化を振り返ってデザインに取り入れた、ル・コルビュジエの偉大な、しかしきわめて表層的な努力のことを指しているのではない。プロジェクトに正面から向き合うために必要な、建築を構想する上での基本的なスタンスが、それまでとは違った。すでに言及したように、地域特有の気候風土に対応するための工夫を除けば、1920年代の公共建築やオフィスで考えた内容からそれほど進歩していない。そればかりか、都市計画レベルの問題として敷地をとらえなければならないはずが、静的な形態構成の美学にとらわれるあまり、彼の主張する交通工学的な理論に直結するはずの、物や人の動きさえも十分に考慮されていないという有様であった。インドでのル・コルビュジエは、老いを意識しつつある自分の世代のために「新たなモニュメンタリティ」を打ち立てる、という誘惑にかられた。そして、新しい生き方、よりよい環境を求める自分自身、そして若い世代の野心を封じ込めてしまったのである。

　機能という面からみると、チャンディガールは都市としても建築としても成功したとはいえない。まず、歩行者と自動車のどちらにたいしても、満足な交通システムを提供できていない。市民の社会生活を支えるために必要な諸々のサービスや公共施設も不十分である。デザインに旧来の使い方を受け入れるだけの自由度がなく、かといって新しい使い方に応えることのできる都市基盤が整備されていたわけでもなかった。その結果、交通は混沌とした状況となってしまった。また、ル・コルビュジエ

記念碑『開いた手』、チャンディガール、インド、1969年、写真：リアーヌ・ルフェーヴル

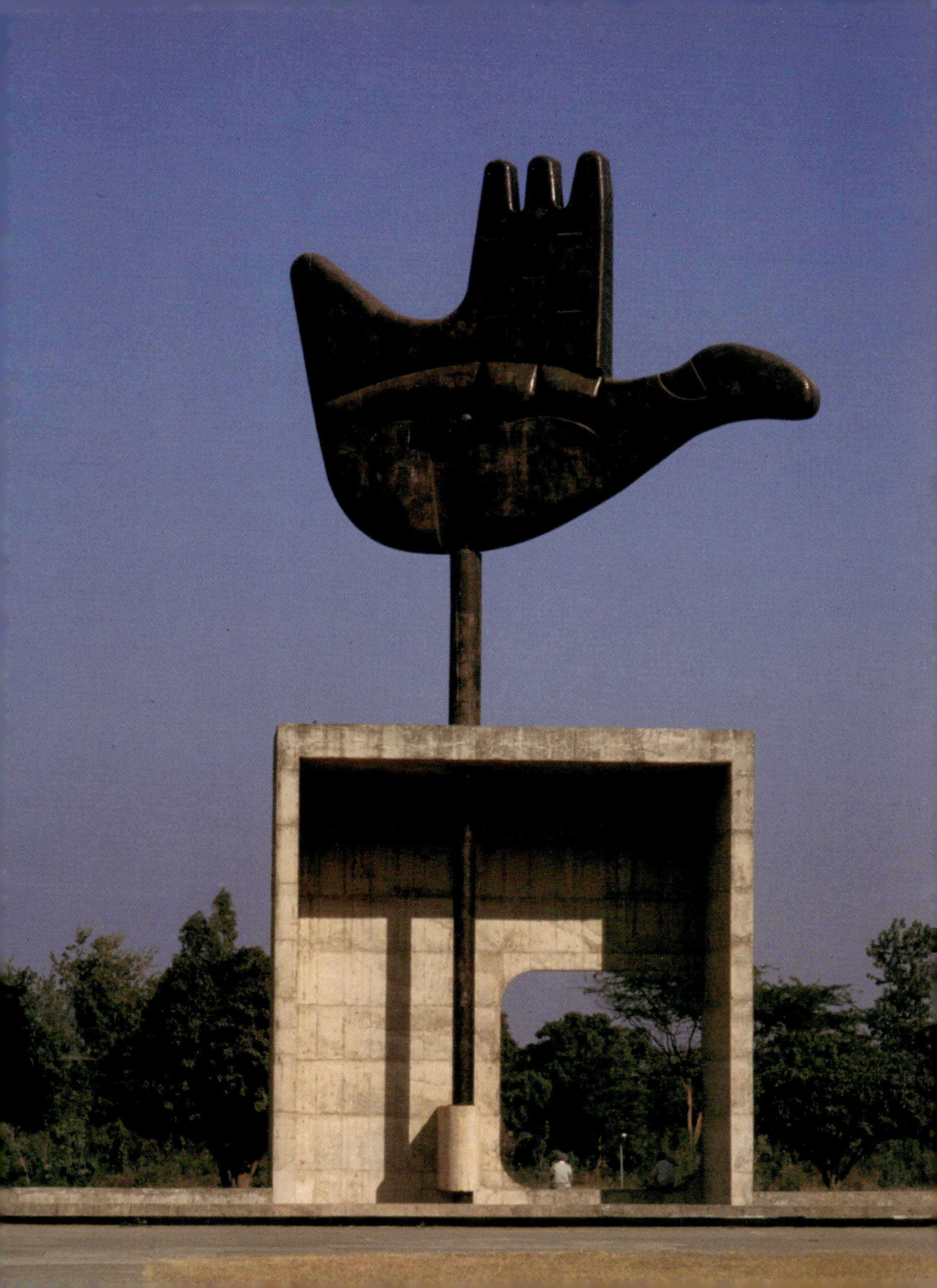

が考案した、日射やグレア、空気の流れ、湿度を調節するためのさまざまな装置および構成は、実は想像と先入観の上に成り立っていた。結果は、手の施しようのないものだった。ル・コルビュジエがチャンディガールで直面した問題の難しさは、間違いなくそれまで彼が経験したことのないものだった。それは1人の人間、あるいは一つの設計事務所の許容範囲をはるかに超えていたといえる。しかし問題の多くは、ル・コルビュジエがプロジェクト全体を包括するコンテクストに目を向け、他の人びとと問題を共有しながら解決してゆけば、回避できていただろう。

　ル・コルビュジエはチャンディガールの中心に彫刻を置くことにこだわった。インド、世界、そして自分が属する時代を表現した彫刻。それは同時に未来へ向けた表現でもある。テーマとして彼は「開いた手」を選んだ。「手」は抽象的図形あるいはシンボルとして、幼少時から彼が好んで用いたテーマである。激しいメッセージを発する1937年のヴァイヤン＝クチュリエ記念碑においても、さまざまな形態要素の中で、「手」には形態的に、あるいは図像として、特別な重みづけが与えられている。ヴァイヤン＝クチュリエの政治的信念とは別の問題として、当時希望の灯が消えつつあったヨーロッパでたたかうこの人物のカリスマ性に魅了され、ル・コルビュジエはこの彫刻をデザインした。一方、チャンディガールの「開いた手」は圧倒的な自然の中、唯一ランドスケープに対峙する形態としてつくられた。何かを宣言するようなヴァイヤン＝クチュリエ記念碑とは対照的に、それは手招きをするようなしぐさで今日も残っている。

　亡くなる前のインタビューで、ル・コルビュジエは自らすすんで「開いた手」についてコメントし、

その中で、左派や右派といった偏狭な意味での「政治的意図を込めたものではない」と明言している。「人間と万物」との関係をあらわし、そして「すべてが可能であり、あらゆる争いをなくすことができる」ことを理解した人間を表現したのだと。彼はさらにこう付け加えた。「私たちは戦争に備えることをやめなければならない。平和の営みである発明をするのだ。開いた手……受け入れ、与えるために開かれた手」。しかし皮肉なのは、彼がこのメッセージを込めたマニフェストを打ち立てようとした、まさにこの都市において、他の意見を排除しながら独善的に建築をデザインしたという事実である。

　チャンディガールは、ル・コルビュジエのナルシスト的なまでの自己欺瞞、物事が自分の考えた通りになるはずであり、説明せずとも、自分の建築が無条件に受け入れられるはずだという過剰な自信によって、大きな損害を被った。当時ル・コルビュジエの事務所で働いていたインドを代表する建築家、ドーシは、ル・コルビュジエと彼を尊敬する地元の関係者との間に「対話はなかった」と述べている。「彼は質問を求めなかったし、彼らは質問しなかった」。もしも、そのような対話がおこなわれていたら、デザインはもっと厄介で、長い時間を必要としただろう。しかし、過ちの多くは、対話によって未然に防ぐことができたにちがいない。

　ル・コルビュジエがチャンディガールを設計したとき、彼はすでに60歳代という年齢に達していたが、これは彼の建築の最終到達点ではない。「新たなモニュメンタリティ」に否定的な、若い世代の建築家たちの考えを知っていたル・コルビュジエは、新たな建築を構想しつつあった。

「デカルトの構造体」 第08章

1950年代の終わりには、セーブル通り35番地に世界中からたくさんの重要プロジェクトが舞い込むようになった。ようやく、ル・コルビュジエの「忍耐を要する研究」が成果を発揮するときが来たのである。彼はどの作品もオリジナルだと主張したが、過去のアイディアや経験をふたたび呼び戻し、建築化してゆく方が容易であることに違いはなかった。事実、晩年のプロジェクトのいくつかは、そうした方法によってデザインされたといえる。しかしそこからは、探求、試行錯誤、発見というプロセスを経て、あるいは周囲の抵抗に遭いつつ、プロジェクトを実現させたときほどの満足感を得ることはできなかった。ル・コルビュジエのもつカタリ派的な気質、幼いころから受けてきた教育、それらは過去のアイディアの焼き直しに安住することを良しとしなかった。また、ル・コルビュジエは『全作品集』の作者であり、自らの建築作品あるいは時代そのものを記述する歴史家でもあった。作家、歴史家、どちらの役を演じるにしても、『全作品集』には新たな最終章がぜひとも必要だったのだ。革命的であると自ら表明し、世界を「見る」新しい方法を人びとに示すことで新たな世界をつくる……このような革命をおこした人間が玉座に腰掛けたままでいられるはずがない。アインシュタインとピカソが晩年に転機をむかえて減速したように見えるのとは対照的に、ル・コルビュジエは、晩年になっても、リスクを承知で斬新な建築的実験を続けたのである。

『ル・コルビュジエ・センター』、チューリッヒ、1963－1967年、
写真：マイケル・レヴィン

東京の『国立西洋美術館』で、ル・コルビュジエは1929年からあたためてきたアイディアをついに実現する機会を得た。科学教育センター『ムンダネウム』のために計画された、スパイラル状に「無限に成長する」建築的散策路である。かつて人民戦線が政権についていたころにも、この空間的コンセプトは複合文化センターの計画案として浮上したが、実現はしなかった。国立西洋美術館において、ル・コルビュジエは、さまざまな芸術分野の統合を指向するような建築を構想した。かつてル・コルビュジエの事務所で働いていた2人の日本人建築家がプロジェクトに協力した。前川國男は1928年、坂倉準三は1931年から在籍していた。計画はピロティ上に載った閉じたヴォリュームと、隣に建つ実験劇場「奇跡の箱」からなる。ヴォリューム内の空間は中心に向いており、スパイラル状に分割された。しかし、設計の過程で、理想的な図式が現実に合うように修正されたようであり、当初のアイディアにあったユートピア的性格は失われてしまった。これこそが、晩年にル・コルビュジエが直面した創作上の危機であり、実際いくつかのプロジェクトではそれから逃れることができなかった。同じことがいえるプロジェクトとして、これもアートに関係する施設だが、チューリッヒの『ル・コルビュジエ・センター』（1963-67年）がある。こちらは長年のあいだ彼の頭の中にあった、2枚の傘型屋根をもつ建築である。

『カーペンター視覚芸術センター』
ハーヴァード大学、ケンブリッジ、
マサチューセッツ州、1961-1964年
写真：ユジーン・リュウ

また、ハーヴァード大学の『カーペンター視覚芸術センター』は、アーメダバードのミル・オーナー協会の建物と同じく、ル・コルビュジエが過去につくり出した形態要素、ルール、構成をもとにデザインされたアメリカ合衆国唯一のル・コルビュジエ建築である。ピカソの『ゲルニカ』を展示した、1937年パリ万国博スペイン館の2人の設計者のうちの1人、ホセ・ルイ・セルトは、当時グラデュエート・スクール・オブ・デザインの学部長になっていた。彼は1958年10月に、個人的な手紙を通してル・コルビュジエにアプローチする。その後まもなくして、正式な依頼がル・コルビュジエのもとに届けられるが、多忙を理由にル・コルビュジエはそれを断った。そこで、当時ハーヴァード大学で教鞭をとっていたギーディオンは電話で彼を説得にかかった。アメリカで蔓延する「表層的」建築に抵抗するためにこの仕事を引き受けてほしいと。これには、ル・コルビュジエは皮肉たっぷりに「ギーディオン船長」の指令の下で「救世主」役を演じる器ではないと返答した。しかし、結局はセルトが粘り勝ちし、またセルト自身もプロジェクトに協力者として参加することになった。

　ル・コルビュジエは1959年11月にハーヴァードを訪れ、3日間セルトの家に滞在し、建物のプログラムと敷地条件を検討しながら、セルトとの共同作業の進め方についても話し合った。ハーヴァード大学の示したプログラムはきわめて自由度の高いものであった。というのも、大学側がル・コルビュジエに期待していたことは、建物にかんする提案だけではなく、この建築が教育プログラムに与える効果を含めた全体だったからである。大学側にはもともと、視覚芸術センターをキャンパス内の人びとに開かれたものにしたいという意向があった。ル・コルビュジエがハーヴァードを訪れたとき、ジャクリーン・ティルヴィットはケンブリッジ界隈を案内し、敷地を通ってハーヴァード・スクエアの交通センターへと歩いてゆく学生の流れについて説明した。これを受けて、ル・コルビュジエは、大学のみならず街の人びとにたいしても開かれた都市的建築をつくろうと思い立つ。その結果、ル・コル

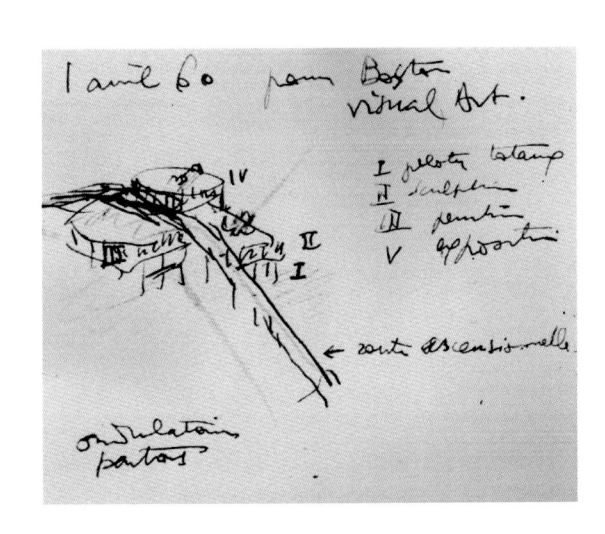

『カーペンター視覚芸術センター』
コンセプトドローイングに描かれた斜路

ビュジエは、周囲の主だったレンガ造建築の軸線に合わせて配置をするのではなく、街路や隣接するフォッグ・ミュージアム、ファカルティ・クラブにたいして斜めに建物を配置した。

　カーペンターセンターは、ル・コルビュジエの他のどのプロジェクトよりも、都市に開かれた「建築的散策路」だといえる。S字形の斜路は並行に走る2本の街路のあいだを結んでいるが、片方の街路側から上りはじめて建物の中を通過し、もう片方へと下ってゆく。そしてワークショップ、展示スペース、事務室などが入った5層分のヴォリュームがこの斜路を包み込むようにして配置されている。建物内部はガラスの大開口によって斜路と視覚的に連続している。そして、斜面の頂点は、内部空間を下りてゆくもう一つの斜路と連絡していた。

　ル・コルビュジエのコンセプトは尊重され、忠実に実施された。入念に仕上げられすぎたといった方が適当かもしれない。セルトは国内最高レベルの施工精度を要求した。東京の美術館がそうであったように、ル・コルビュジエ特有の「ベトン・ブルート（荒々しさ）」は受け入れられなかったのである。ル・コルビュジエはきれいに仕上がったコンクリート面を見て「貧弱だ」と一蹴した。しかし、彼にとって最も耐え難い変更点は、斜路のシステム、斜路の形にかんするものであった。室内のほうの斜路は、勾配の関係で、建物の中におさめることが困難であることが判明したのである。また、屋外の斜路は、ル・コルビュジエが考えたとおりに地面まで下りることができず、街路を邪魔するような接続のしかたになってしまった。5月27日に、ル・コルビュジエ不在のまま、竣工式が取りおこなわれた。欠席の理由は健康上の問題と年齢であったが、同時期にインドとの間を行き来していた彼にとって、はたしてそれが本当の理由だったのだろうか。この建物もまた、単に目的を達成するための機械—この場合は教えるという機能—なのではなく、学ぶための場所をつくるメタファーだといえる。内部と外部の環境のダイナミックな対話、内部の人びとと外部から見る人びととの対話がそこに生まれる。

『カーペンター視覚芸術センター』配置図、各階平面図（右頁）、斜路を見る（左）、写真：ユジーン・リュウ

UP

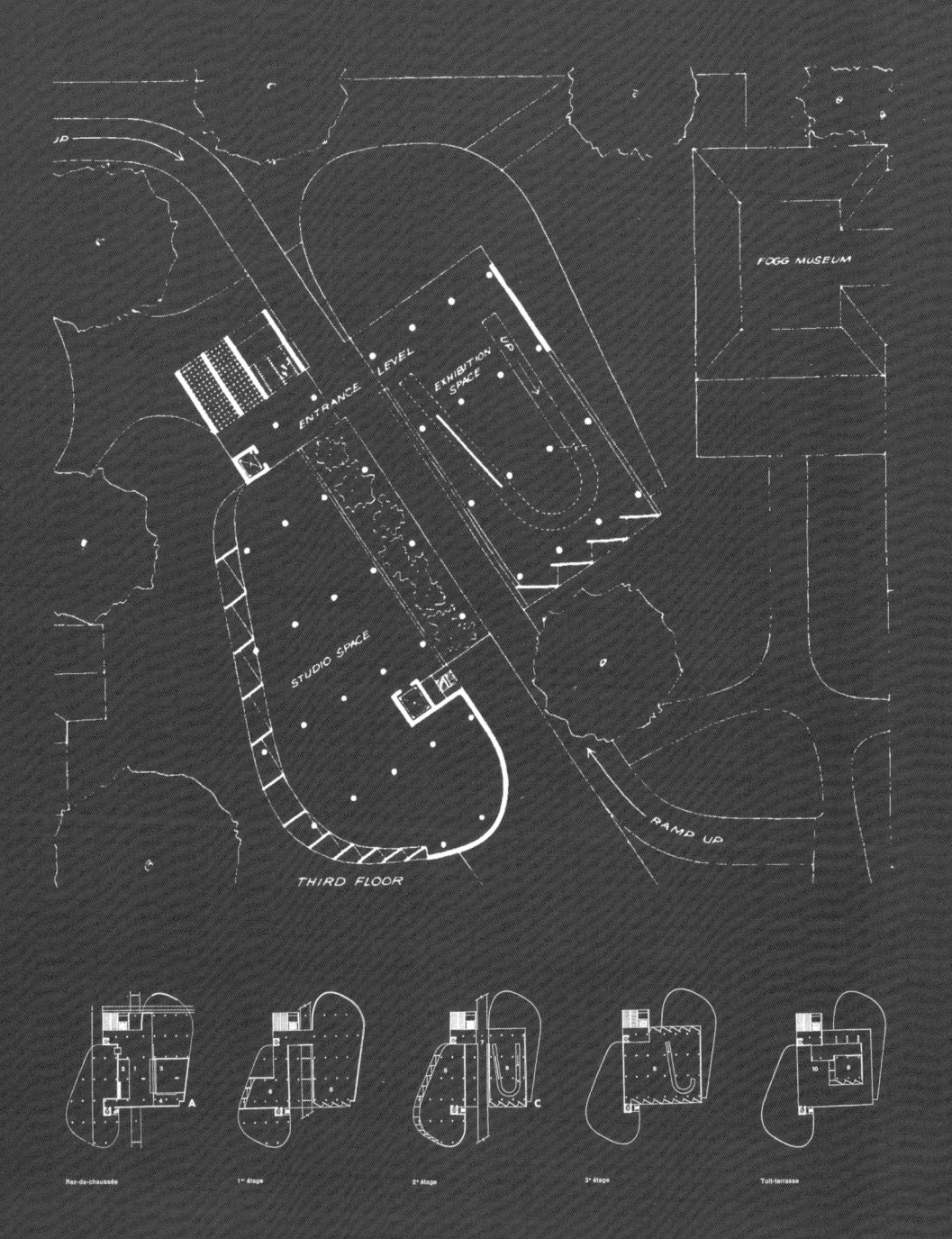

FOGG MUSEUM

ENTRANCE LEVEL

EXHIBITION SPACE

UP

STUDIO SPACE

RAMP UP

THIRD FLOOR

Rez-de-chaussée | 1ᵉʳ étage | 2ᵉ étage | 3ᵉ étage | Toit-terrasse

1956年初旬、フィリップス社はル・コルビュジエに1958年ブリュッセル博に出展するパヴィリオンの設計を依頼した。『フィリップス館』として知られるこのプロジェクトは一種独特である。フィリップス社の構想はマルチメディアのショー、つまり空間、色彩、光、映像、音楽による芸術を一つの構築物の中につくるというものであった。ここでは外観はさして重要ではなかった。プロジェクトの当初から、ル・コルビュジエは2人の協力者とともに仕事を進めた。音楽を担当した作曲家のエドガー・ヴァレーズと、建築デザインと技術的内容を担当した事務所スタッフ、ヤニス・クセナキスである。クセナキスはこのショーのために、7分間の楽曲『メタスタシス』を作曲した。フィリップス社の照明デザイナー、ルイ・カルフはこのプロジェクトの発案者の一人であり、クライアント側の代表者を務めた。プロデューサー的な役割を果たした彼は、各作業工程が遅滞なく進められるように目を配った。プロジェクト契約が交わされたのは1956年10月であった。後の段階ではジャン・プチのアレンジによる映像のモンタージュを作製するために、フィリップ・アゴスティーニが加わる。建設プロセスの大部分は自動化され、驚くべきことに、フィリップス社の製品は一つも展示されなかった。

　ル・コルビュジエはプロジェクトの早い段階で、人体の器官のアナロジーを用いて空間的コンセプトを固めた—「胃」のアナロジーである。人びとはそこに入り、見て、聞き、消化して外へ出る。ここでの建築の役割は、人びとの動きを内部に包みこみ、音響学的、視覚的に最適な環境を用意することだった。ル・コルビュジエが1930年代に都市計画を発表したとき、既にメディアというものを意識していたことは確かである。また、外観がなく、内部を通り過ぎてゆく経験のみが意味をもつという点では、このプロジェクトは、サント・ボームの地中のバシリカに似ているともいえる。当初、形態

『フィリップス館』、ブリュッセル、ベルギー、1958年：外観
左写真：ル・コルビュジエ財団所有、右写真：ルシアン・エルヴェ

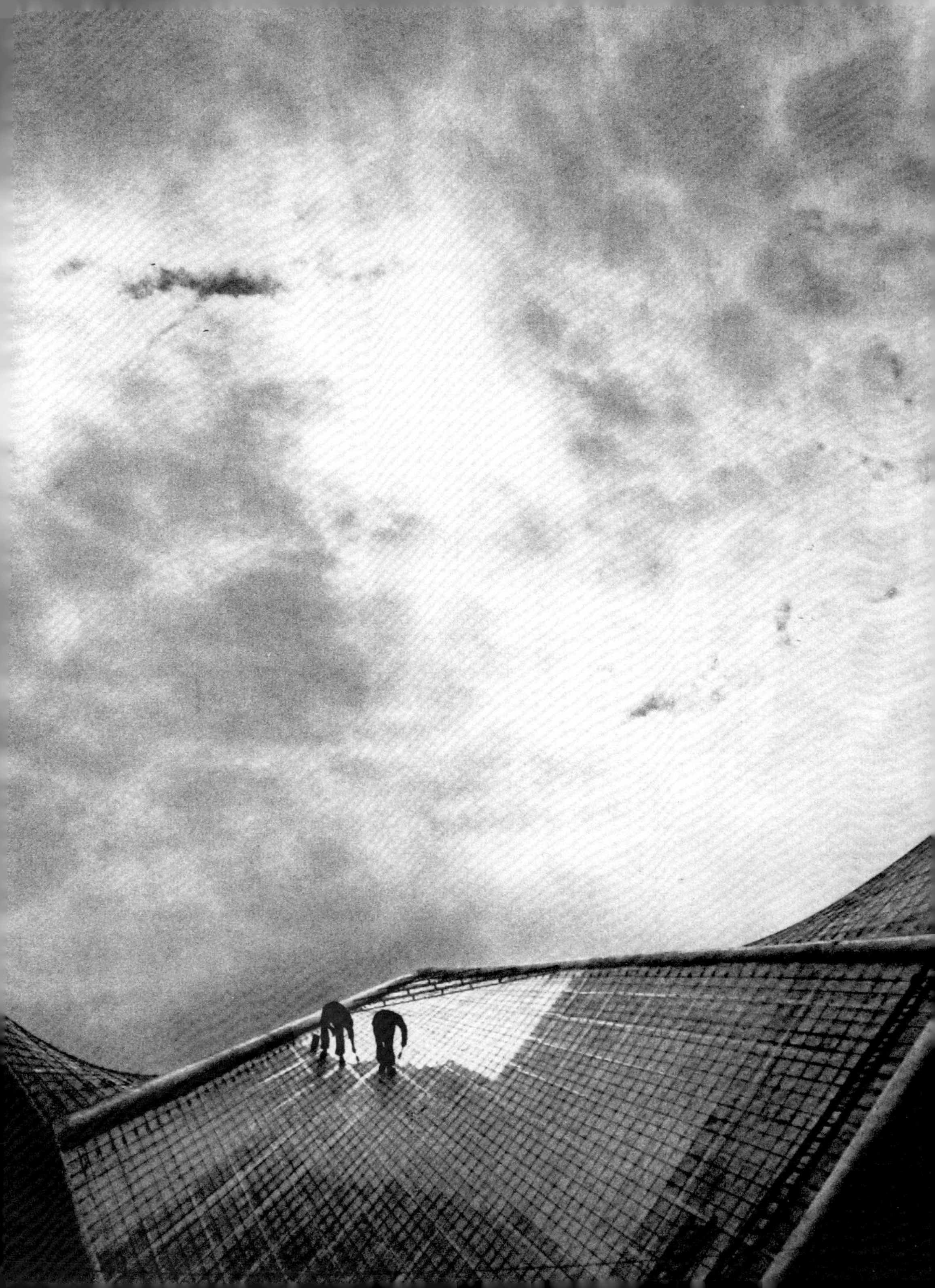

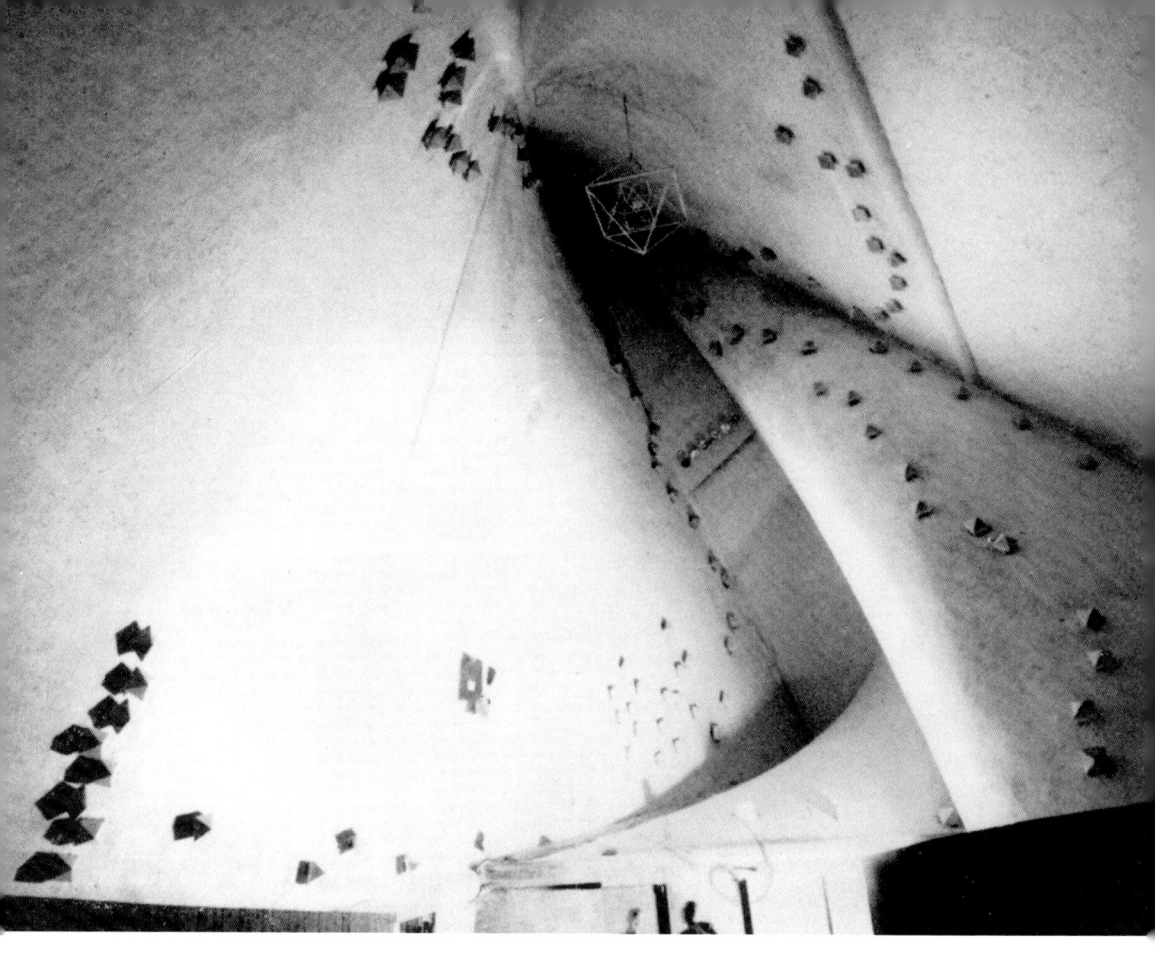

『フィリップス館』天井と音響システム（上）
写真：ルシアン・エルヴェ
／吊り構造による膜屋根（右頁）

を成り立たせるために、ル・コルビュジエは胃のような平面形にガラス瓶のような構造体を被せたものを考えた。それは平面上は成立したが、壁と屋根の架構をつくるのは難しかった。そこで、ヤニス・クセナキスは（マーク・トライブの記述によると）1937年のパリ博で彼が用いたような、構造と皮膜が分離した構造形式を提案した。フィリップス館においてクセナキスが提案したのは、双曲放物面の形をしたシェル面を用いて幾何学的な構造体と皮膜をつくることであった。この方法は力学的に合理的だっただけでなく、実際の施工工程を合理化することができた。双曲放物面は当時の流行でもあった。メキシコではフェリックス・キャンデラが双曲放物面を使って大きな成果をあげていた。また、マシュー・ノヴィッキもノースカロライナ州のドートン・アリーナや、注目を集めたいくつかのコンセプチュアルなプロジェクトで双曲放物面を用いていた。

　けっして単純とはいえない平面形状に上屋を架けるときの、クセナキスの洗練されたやり方は、こうした他の例と比較しても、ユニークなものだった。砂でつくった鋳型の中にコンクリートを打設して床をつくり、その上に壁を立てた。架構体は仮設足場材によって定位置に設置され、その後、網目状に張られた2重のケーブルによって支えられた。

　多くの構造的な問題はあったが、デルフト工科大学のブリーデンバーグ教授と彼の事務所による創意工夫、経験によってなんとか乗り超えることができた。しかし、一方で解決されない問題もあった。しだいに大きくなりつつあった、ル・コルビュジエとクセナキスとの間の軋轢だ。クセナキスは協力者として自分の名前が表に出てしかるべきだと主張した。それにたいしてル・コルビュジエは、当初はそれを拒んだが、最終的には了承している。しかし、1959年8月に、ル・コルビュジエは何の通知

AN EN SITUATION 1 : 300

もなしにクセナキスを事務所から締め出し、解雇してしまった。その後、クセナキスは建築をやめ、音楽活動に専念することとなる。1年後、ル・コルビュジエはアソシエートとして彼を再び迎えたいと打診したが、彼はそれには応じなかった。

　クセナキスがプロジェクトにどれほど貢献したかはさておき、「膜空間」の内部にヴァーチャル・リアリティをつくり出したというル・コルビュジエの業績の大きさは計り知れない。先見の明をもち、晩年にもかかわらずリスクを承知でプロジェクトに挑んだのは、他ならぬル・コルビュジエ自身であり、それを実現したことは、未だ見ぬ建築を予言する革新的な行為であった。時代がようやく彼に追いついたのは、21世紀に入ってからのことである。

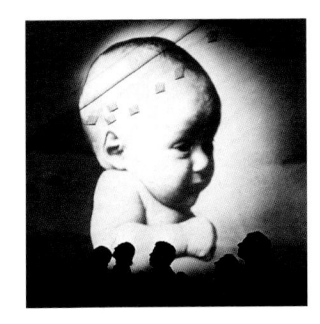

『フィリップス館』平面とテント的架構のコンセプトドローイング（左頁）と内部に映し出された映像（上）
ル・コルビュジエ財団

1960年代のはじめ、ル・コルビュジエによる新プロジェクトが発表された。『ヴェネツィア病院』の計画である。患者1200人、利用者4000人という大規模プロジェクトだ。病院は垂直に積み上げるべきだ、という当時の計画学的常識とは正反対のこの計画案は、チームXのフランクフルト・センターと同じく3層しかない。1階には都市へのアクセス、サービス動線、そして一般用エントランスがある。2階はデイ・ケア、特別治療部門、リハビリセンター、そして3階は入院患者と外来のゾーンである。街の建物の平均的高さにあわせて、この建物の高さは13.66メートル内外に抑えられ、ほとんどの部屋の天井高は2.26メートルとなっている。この病院は重病患者を対象としていた。想定では、入院期間は15日間、そのうち最初の5日間はベッドに寝たきりである。ル・コルビュジエの計画は、寝たきりの期間、立ち上がってから回復するまでの期間、これら両方の段階に対応している。このプロジェクトは、ル・コルビュジエの作品の中で最も図式的なものであり、実際に建設されることを想定した図面というよりは、むしろコンセプトを表明するダイアグラムといった性格が強い。天窓採光のみで景色の見えない病室、サービス動線と諸室の関係など、計画内容のいくつかは、不可能とまではいかないまでも、疑問を抱かざるをえない。しかしコンセプチュアルな図式としては、重要なプロジェクトであるといえる。

　1960年代になると、ル・コルビュジエの新プロジェクトは、もはや世界を震撼させるニュースではなくなっていた。これは彼の近作に目新しい内容がなかったからだけではなく、ル・コルビュジエを模倣し、形態を重視した彫刻的でモニュメンタルな建築をつくる建築界全体の風潮にたいして、次第に批判が高まっていたからでもある。当時、ル・コルビュジエと酷似した作品はひじょうに多かった。

『ヴェネツィア病院計画』、イタリア、
1964－1965年
敷地図（左頁）と平面図（上）

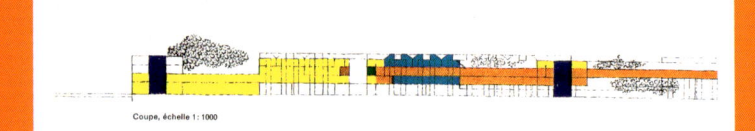

Coupe, échelle 1:1000

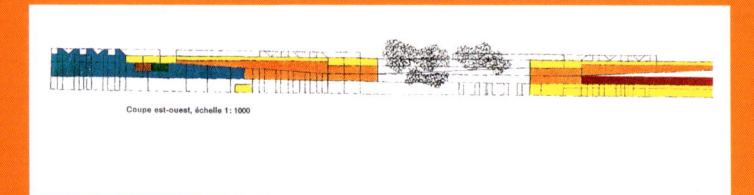

Coupe est-ouest, échelle 1:1000

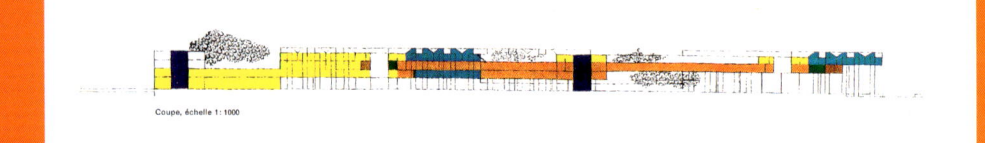

Coupe, échelle 1:1000

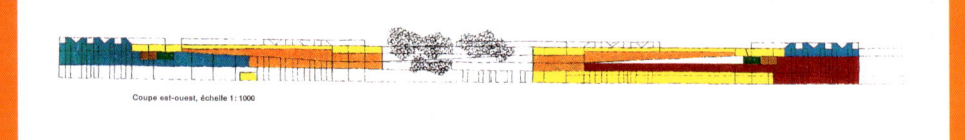

Coupe est-ouest, échelle 1:1000

また、戦後の近代建築が人間どうしのつながりやアイデンティティ、コミュニティに及ぼした弊害が明らかになってきたのもこの頃だ。若い世代の建築家たちは、その原因は、周囲との脈絡なしに建つ彫刻のような高層建築と「ユニバーサルスペース」がつくりだす内部空間にあると考えた。代わりに彼らが求めたのは低層の、「廊下」や「街路」といった馴染みのある要素を用いた建物であり、人間どうしが実際にふれあうことのできる場所であった。最も活発な活動をしていたのがチームXである。興味深いことに、メンバーの中には、ル・コルビュジエの事務所にかつて勤めていた人物が3人いた——シャドラック・ウッズ、ジョルジュ・キャンディリス、アレックス・ジョシック、いずれもル・コルビュジエが解雇したスタッフだった。彼らの考えは、文章や講演記録からも窺い知ることができるのだが、それが最も端的に表れているのは彼らのコンペ案であろう。そのうちの一つはフランクフルト・センターの再開発計画である。他の2人もそうだったが、ウッズは事務所を去った後もル・コルビュジエとの親交を続けており、このコンペ案をル・コルビュジエに見てもらうことにした。ちょうど、ル・コルビュジエがヴェネツィア病院の計画と格闘していたときのことである。中心市街地からはずれ、細長い島の北西、歴史的街区の中にある敷地は、彫刻的な建築を建てるにはあまりにもデリケートな場所だった。ル・コルビュジエはウッズに、図面を見ておくので次の日にもう一度取りに来てほしいと言った。その日、ル・コルビュジエはそれがあたかも自分の案であるかのような素振りで、図面を事務所のスタッフに渡したのだった。

ウッズは私に個人的にこの話をしてくれた。そしてル・コルビュジエの死後、ハーヴァード大学で開かれた回顧展でこのプロジェクトを展示したとき、ル・コルビュジエのチーフ・アシスタントだったジュリアンからも同様の話を聞くことができた。はたして、ル・コルビュジエがアイディアを盗んだといえるのであろうか。ウッズもジュリアンもそうは考えていない。創作上の限界を超えるための、不器用で、痛々しく、賢明でない、ル・コルビュジエなりの時代との対話のしかただったのだ。ル・コルビュジエはヴェネツィアの街並みを重視した結果、病院の計画案ができたといっている。しかしヴェネツィア病院の案を生んだのは、どちらかというと建築をとりまく新たな状況、時代がめざす新たな目標——もう一つの新しい「新時代」であった。

『ヴェネツィア病院計画』断面図

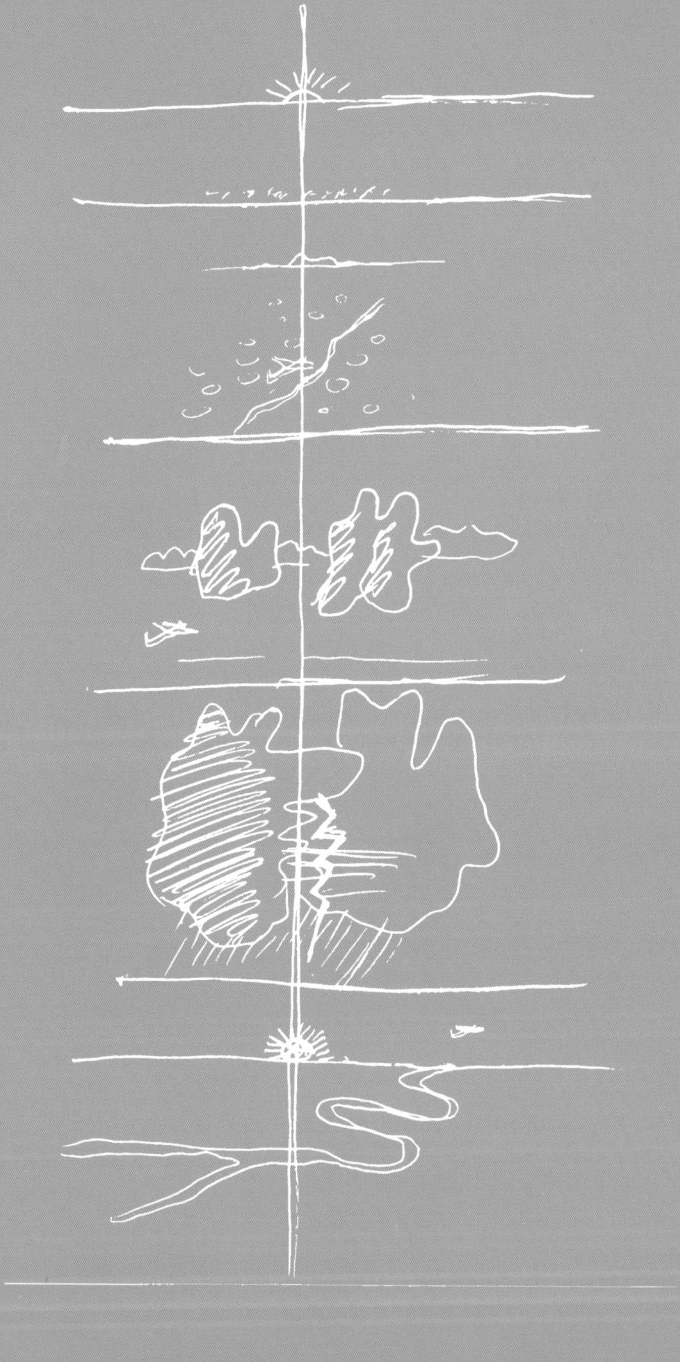

「すべては海に還る」

　20世紀初め、「すべては建築である」とル・コルビュジエが宣言したとき、彼には建築や都市をデザインし、使う人間がもっている通念や願望を描きなおそうという決意があった。全世界に向けられた野心は、芸術や環境がひとびとの活動を許容し、意味作用を生じ、行動を促すことを目標としていた。つまり、建築の物理的側面のみならず、象徴的側面をも射程に入れていたのだ。こうした問題に取り組み、実現させた建築家はル・コルビュジエをおいて他にはいない。それはやがて新しい「機械」と「メタファー」の詩学へと発展してゆく。したがって、「近代的人間像」を構築した建築家とよべるのはル・コルビュジエのみである、といっても過言ではない。そしてよくある結論は、ル・コルビュジエが同時代の人びとに個人的な世界観を押しつけた超人的、カリスマ的人物であるというもの、もしくは、プラトンと哲学についての有名な言いになぞらえて、ル・コルビュジエ以後の建築家の業績は彼の脚注にすぎないなどと宣言するものである。

　私の見方はこれとは少し違う。彼の業績は—建築的比喩を使うと—長いデザインと建設のプロセスから生み出されたものである。この長いプロセスの中でル・コルビュジエの天賦の空間的思考力、家族との確執や絆に根ざす心理的衝動、故郷で植えつけられた潜在意識、そして歴史的な制約あるいは可能性があいまって、独特の認識力が育まれた。彼はこのプロセスのことを「忍耐を要する研究」とよんだ。「研究」はこれまで見てきたように、「観察すること、それは発見し発明することだ」という基本原理を実践することから始まった。極端なまでの事例の蒐集—彼はそれらを「詩的感情を喚起するオブジェ」とよんだ。あるいは、後に「新時代の道具を鍛造する」ときに引き出される、新たな意味を内側に秘めたオブジェと言った方が適当かもしれない。15年ほどの短い期間にル・コルビュジエは「ピロティ」、「ドミノ」、「自由な平面」、「屋上庭園」などの新しい道具を用いて、さまざまな種類の建物—「宮殿、シー・スクレーパー、ヴェルギリウスの夢」—で実験する。彼はその後も生物の進化のように、新たなテクノロジーや社会文化的条件に適応できるように道具を組み合わせ、工夫改良し、開発し続けた。また、これを都市的スケールへ広げようとした時期は、第二次世界大戦の勃発とそれに先立って起こったさまざまな悲劇と重なってしまう。ル・コルビュジエは戦時中の時期をふり返って「過ちと新時代の幕開けのはざま」と表現している。彼が生まれながらにしてもつ、あるいは「研究」によって身につけた知性が欠陥を露呈したのも、ちょうどその頃であった。分析とアナロジーによってデザインに飛躍的な革新をもたらす能力をもつ一方で、彼の視界には一党独裁主義の台頭と戦争が投げかけた道義上の問題は入ってこなかった。ル・コルビュジエの考えでは、よい住宅をつくり、生活内容を向上させることのほうが、戦争よりも長期的には重要な問題だったのである。戦後の復興期、彼は「ユニテ」をつくるため、ふたたび詩的感情を喚起するオブジェ—「小屋、ボトル棚、客船」—を使用する。そして、建築をつくる新たな方法を開発した結果、「風景の音響学」、「光の大砲」など新たな環境デザインの道具が発明され、公共建築やチャンディガールの「平原の中での幾何

学的出来事」など、大規模な舞台において活躍した。しかしながら、ル・コルビュジエの偏った思考はしばしば道義的な問題を無視してしまう。このことは新たな可能性を拒む要因ともなった。誤解と偏見を生み、予期せぬ、意図に反した失敗を招いた。私たちは「近代的人間像」を構築したル・コルビュジエから、創造性が及ぼす力とその限界について知るとともに、20世紀という時代の失敗と成功が何であったかを学ぶことができる。

　ル・コルビュジエは自分の生命力に陰りが見えはじめると、技術革新を通じて生き残りをはかろうとする先祖譲りの気質から、新たなデザインツールの開発にふたたび乗り出す。このとき彼が生み出した建築の「デカルト的精神」は、かつてデカルト的だと自ら説明した摩天楼よりも、はるかに本来のデカルト哲学の精神に近いといえる。社会の激動、異文化との遭遇、新しい道具の発明、予想外のデータといった条件下で生まれたという点でも、デカルト哲学の手法に似ている。確実な方法、捉えやすく簡潔な方法を求めて、しだいに古い考えを新しいものに取り替えてゆく、最小限の思考の枠組みを提案した。晩年のル・コルビュジエは、戦後の近代建築がコミュニティにたいして及ぼした害、次第に高まる変化と選択への要求に敏感に反応していたようだ。また、フィリップス館やヴェネツィア病院のような晩年の重要作品では、彼は人間どうしのコミュニケーションの幅を広げ、マルチメディアによる新しい仮想空間をつくるためのデザインツールを開発した。

　建物は決して有限の構成物ではない。限定のない最も基本的な構造、生物の分化を許容する大地のようなものであり、そこではあらゆるものが自然の摂理に従って海へ還る。建築がつくる環境の中では自由に発生、進化がおこり、未来へ向かって、そして人間にとって無限の可能性が開かれている。

『ユニテ・ダビタシオン』、ナント、フランス、写真：ルシアン・エルヴェ

訳者あとがき

　本書は、Alexander Tzonis, *LE CORBUSIER, THE POETICS OF MACHINE AND METAPHOR* Universe Publishing, New York, 2001の全訳である。そこにはル・コルビュジエのもつ多様な顔、機械とメタファーの両義性を内包した建築の「詩」が綴られている。新精神を掲げ、激しく怒り、改革者たろうとする姿、アクロポリスやアドリアノープルなどを旅し、記録し、生涯にわたり参照する姿、白い建築、輝く都市、詩的感情を喚起するオブジェ、ベトン・ブルート。これらが、色鮮やかな頁を繰るごとに、まるで複数のプロセスが別々に進行してゆくかのような印象をあたえる。

　本書の冒頭で述べられているように、ル・コルビュジエにかんする情報の量は膨大である。文献や図面だけではない。彼の手による建築作品の多くが今も存在し、私たちは実物を見て、触れることができる。しかし奇妙なことに、実物を見ることは、必ずしも他の媒体から得たイメージと合致して安定した状態をつくりはしない。先鋭な理論と英雄的スローガンとは別の系列に属するものがそこにあり、時にはノスタルジックな感情さえ覚えるのである。こうした矛盾が、ひとびとを魅了し、今日においてもなお、ル・コルビュジエが汲み尽くせないテクストとしてある理由の一つであろう。建築の「詩」について著者がもっとも明確に述べているのは、ユニテ・ダビタシオンにおけるメタファーに言及した部分である。「私がここでいうメタファーとは…詩や物語あるいは芝居のように背景を描き出すものである。」つまり、客船のデッキ、アクロポリスの丘から見る光景、パルテノン神殿の列柱、ボトル、多彩色のかごなど、互いに関連性のないオブジェが、新たな「詩的感情」―ユニテにおいては、大戦直後の人びとの心が希求する光景―を喚起するのだ。時代の空気といってもいいかもしれない。したがって、私たちは今、ル・コルビュジエの作品を見るとき、理論の実現よりもむしろ、20世紀の近代的精神が挑んだ可能性と限界を見ているのであろう。

　翻訳にあたり、他の文献からの引用部分は、日本語訳が入手できるものについては、できる限りそれに従ったが、断片的な引用のため意味が取りづらくなるところなどは、表現を変えさせていただいた。また、作品名や書名は原則として『』書きで表記し、原文のままの方が適当だと思われるものについてはイタリック体とした。

　最後に、本書を翻訳する機会と、原稿についての重要な助言をくださった富永譲氏、遅れがちな訳者の筆に辛抱強くつきあってくださった鹿島出版会の相川幸二氏に、またお世話になった友人たちに、この場を借りて感謝したい。

2006年8月、マルセイユにて　　繁昌　朗

BIBLIOGRAPHY

Benton, T., (1987) *The Villas of Le Corbusier 1920–1930*, Yale University Press, New Haven, Ct.

Besset, M., (1968) *Qui était Le Corbusier?*, Skira, Genève.

_____, (1976) *Le Corbusier*, Rizzoli, New York.

Brady, D., (1985) *Le Corbusier, an Annotated Bibliography*, Garland, New York, London.

Brooks, H. Allen, (1997) *Le Corbusier's Formative Years*, University of Chicago Press, Chicago, Ill.

Chiambretto, B., (1987) *Le Corbusier à Cap-Martin*, series Monographies d'architecture, Éditions Parenthèses, Marseille.

Cohen, Jean-Louis, (1987) *Le Corbusier et la mystique de l'URSS; theories et projets pour Moscou, 1928–1936*, Mardaga, Bruxelles.

Curtis, W. J. R., (1986) *Le Corbusier, Ideas and Forms*, Phaidon Press Ltd., London.

Dudley, G. A., (1994) *A Workshop of Peace; Designing the United Nations Headquarters*, MIT Press, Cambridge, Mass.

Evenson, Norma, (1966) *Chandigarh*, University of California Press, Berkeley, Calif.

Fishman, Robert, (1977) *Urban Utopias in the Twentieth Century*, Basic Books, New York.

Frampton, Kenneth, (2001) *Le Corbusier*, Thames & Hudson, London.

Fuchs, W. and Wischer, R., (1985) *H VEN LC; Le Corbusiers Krankenhausprojekt für Venedig*, Dietrich Reimer Verlag, Berlin.

Gans, Deborah, (1987) *The Le Corbusier Guide*, Princeton Architectural Press, Princeton, N.J.

Gauthier, Maximilien, (1944) *Le Corbusier ou l'architecture au service de l'homme*, Denoël, Paris.

Gresleri, Giuliano, (1979) *L'esprit nouveau: Parigi–Bologna costruzione e ricostruzione di un prototipo dell' architettura moderna*, Electa Editrice, Milan.

Gubler, Jacques, (1987) *Le Corbusier; Early Works by Charles-Edouard Jeanneret-Gris*, St. Martin's Press, New York.

Henze, Anton, (1963) *Le Corbusier, La Tourette; Le Corbusier's erster Klosterbau*, Keller, Starnberg.

Hervé, Lucien, (1970) *Le Corbusier: As Artist, As Writer*, Éditions du Griffon, Neuchatel.

Jencks, Charles, (1973) *Le Corbusier and the Tragic View of Architecture*, Harvard University Press, Cambridge, Mass.

_____, (2000) *Le Corbusier and the Continual Revolution in Architecture*, Monacelli Press, N.Y.

Jenger, Jean, (1993) *Le Corbusier; l'architecture pour émouvoir*, Découvertes Gallimard, Paris.

Jullian de la Fuente, Guillermo, (1968) *The Venice Hospital Project of Le Corbusier*, Wittenborn, New York.

Kaufman, Emil (1933) *Von Ledoux bis Le Corbusier; Ursprung und Entwicklung der Autonomen Architektur*, Verlag Dr. Rolf Passer, Vienna.

Le Corbusier (1950) *L'Unité d'Habitation de Marseille*, Le Point, Souillac.

_____, (1997) *The Final Testament of Père Corbu*, a translation and interpretation of *Mise au Point* by Ivan Zaknic, Yale University Press, New Haven, Ct.

Lucan, J., (1987) *Le Corbusier, une encyclopédie*, Editions du Centre Pompidou, (collections Monographie), Paris.

Moos, Stanislaus von, (1979) *Le Corbusier: Elements of a Synthesis*, translated by Beatrice Mock, Joseph Stein, and Maureen Oberil, MIT Press, Cambridge, Mass.

Papadaki, S., editor, (1948) *Le Corbusier: Architect, Painter, Writer*, Macmillan, New York.

Pauly, Danièle, (1997) *Le Corbusier: La chapelle de Ronchamp*, Fondation Le Corbusier, Paris & Birkhäuser Publishers, Basel.

Petit, Jean, (1970) *Le Corbusier, lui-même*, Forces-Vives, Editions Rousseau, Genève.

Ragot, G. & Dion, M., (1987) *Le Corbusier en France; projets et réalisations*, Electa, Milan, Paris.

Sbriglio, Jaques (1992) *Le Corbusier: L'Unité d'habitation de Marseille*, Éditions Parenthèses, Marseille.

Sekler, E. F. & Curtis, W., (1978) *Le Corbusier at Work, The Genesis of the Carpenter Center for the Visual Arts*, Harvard University Press, Cambridge, Mass.

Serenyi, P., (1975) *Le Corbusier in Perspective*, Artists in Perspective series, Prentice-Hall, Englewood Cliffs, N.J.

Taylor, Brian Brace, (1980) *Le Corbusier; la Cité de refuge, Paris 1929–1933*, Équerre, Paris.

Treib, M., (1996) *Space Calculated in Seconds: The Philips Pavillion, Le Corbusier, Edgard Varèse*, Princeton University Press, Princeton, N.J.

Turner, Paul V., (1977) *The Education of Le Corbusier*, Garland, N.Y.

Viatte, G., (1987), *Le Corbusier et la mediterranee*, Éditions Paranthèses, Marseille.

Vogt, A. M., (1998) *The Noble Savage, Toward an Archaeology of Modernism*, MIT Press, Cambridge, Mass.

Walden, Russell, (1977) *The Open Hand: Essays on Le Corbusier*, MIT Press, Cambridge, Mass.

BOOKS BY LE CORBUSIER

Jeanneret-Gris, Charles-Edouard (Le Corbusier), (1912) *Étude sur le mouvement d'art décoratif en Allemagne*, Haefeli & Cie, La Chaux-de-Fonds.

_____, (1918) *Aprés le cubism*, Paris.

_____, (1923) *Une petite maison, 1923*, Le Carnet de la recherche patient, n. 1, Girsberger, Zürich.

_____, (1924) *Vers une architecture*, G. Crès et Cie, Paris.

_____, (1925) *L'art décorative d'aujourd'hui*, G. Crès et Cie, Paris.

_____, (1928) *Une maison – un palais*; "À la recherche d'une unité architecturale," G. Crès et Cie, Paris.

_____, (1929) *The City of Tomorrow and Its Planning*, Payson & Clarke, New York.

_____, (1930) *Précisions sur un état présent de l'architecture et de l'urbanisme*, G. Crès et Cie, Paris.

_____, (1933) *Croisade, ou, le crépescule des académies*, G. Crès et Cie, Paris.

_____, (1935) *Aircraft*, The Studio, Ltd., London.

_____, (1935) *La ville radieuse, éléments d'une doctrine d'urbanisme pour l'équipment de la civilisation machiniste*, Éditions de l'Architecture d'Aujourd'hui, Boulogne.

_____, (1938) *Des Canons, des Munitions? Merci! Des logis … S.V.P. … Pavillon des Temps Nouveaux*, Éditions de l'Architecture d'Aujourd'hui, Boulogne (Seine).

_____, (1942) *Le modulor, essai sur une mesure harmonique à l'echelle humaine applicable universellement à l'architecture et à la mécanique*, Éditions de l'Architecture, Paris.

_____, (1942) *Les maisons "murondins,"* E. Chiron, Paris.

_____, (1943) *La charte d'Athènes*, Plon, Paris.

_____, (1945) *Les trois établissements humains*, Collection ASCORAL sections 5a and 5b: Une civilisation du travail, 7, Denoël, Paris.

_____, (1947) *The Four Routes*, Dennis Dobson, London.

_____, (1948) *Le Modulor*, Paris.

_____, (1948) *New World of Space*, Reynal and Hitchcock, New York.

_____, (1950) *Le Modulor 2*, Paris.

_____, (1950) *Poésie sur Alger*, Falaize, Paris.

_____, (1950) *Unité d'habitation à Marseille de Le Corbusier*, Le Point, Mulhouse.

_____, (1953) *The Marseilles Block*, Harvill Press, London.

_____, (1955) *Poème de l'angle droit*, Tériade, Paris.

_____, (1957) *The Chapel at Ronchamp*, Praeger, New York; Architectural Press, London.

_____, (1958) *Le poème électronique, Le Corbusier*, Éditions de Minuit.

_____, (1960) *Creation is a Patient Search*, Praeger, New York.

_____, (1960) *L'atelier de la recherche patiente*, Vincent, Fréal et Cie, Paris.

_____, (1966) *Le voyage d'Orient*, Éditions Forces-Vives, Paris.

_____, (1966) *Mise au point*, Éditions Forces-Vives, Paris.

_____, (1968) *Dessins*, Éditions Forces Vives, Paris, Geneva.

_____, (1973) *The Athens Charter*, Grossman, New York.

Le Corbusier Sketchbooks, in 4 volumes, edited by A. Wogensky and F. de Franclieu, MIT Press, Cambridge, Mass.

Œuvre Complètes, 1910–1965, published in 8 volumes, edited by Willy Boesiger, 1st volume co-edited with O. Stonorov, 3rd volume edited by Max Bill, Girsberger, Zürich, 1930–1971.

The Le Corbusier Archive, in 32 volumes, edited by Allen H. Brooks, The Garland Architectural Archives, General Editor Alexander Tzonis, Garland, New York, 1982–1984.

訳者略歴

繁昌 朗（はんじょう・あきら）
建築家。1971年東京都生まれ。東京工業大学大学院修士課程修了。1996～2004年、富永譲＋フォルムシステム設計研究所に勤務し「ひらたタウンセンター」（2003年日本建築学会作品賞）などを担当。2004年にatelier FISHを設立。国士舘大学、東京デザイン専門学校非常勤講師。主な作品に「レストラン・ワーヤキン」「葉山の家」「丸亀のレストラン」など。2005年より「日本工業大学百年記念館」の設計に参加。訳書に『近代建築の証言』（共訳、TOTO出版）がある。

ル・コルビュジエ
機械とメタファーの詩学

発　行	2007年3月7日　第1刷発行Ⓒ
著　者	アレグザンダー・ツォニス
訳　者	繁昌 朗
発行者	鹿島光一
発行所	鹿島出版会 100-6006 東京都千代田区霞が関三丁目2番5号 電話 03-5510-5400　　振替 00160-2-180883

無断転載を禁じます。
落丁・乱丁本はお取換えいたします。

ISBN978-4-306-04466-1　C3052　　　Printed in Singapore

本書の内容に関するご意見・ご感想は下記までお寄せ下さい。
URL:http://www.kajima-publishing.co.jp
E-mail:info@kajima-publishing.co.jp